무슬림을 위한
낙타 전도법

요단

모슬렘을 위한
낙타 전도법

2009년 5월 30일 · 제1판 1쇄 발행
2010년 8월 20일 · 제1판 2쇄 발행

지은이 ㅣ 케빈 그리슨
옮긴이 ㅣ 이명준
펴낸이 ㅣ 안병창
펴낸데 ㅣ 요단출판사
158-053 서울특별시 양천구 목3동 605-4
기 획 ㅣ (02)2643-9155
영 업 ㅣ (02)2643-7290~1   Fax (02)2643-1877
등 록 ㅣ 1973. 8. 23. 제13-10호

ⓒ 요단출판사 2009

정가 11,000원
ISBN 978-89-350-1231-2 03230

이 책의 성경 구절은 개역개정을 인용하였습니다.

이 책의 저작권은 요단출판사가 소유하고 있습니다.
출판사의 사전 승인 없이 책의 내용이나 표지 등을 복제, 인용할 수 없습니다.

요단인터넷서점 www.jordanbook.com

THE CAMEL

How Muslims Are Coming to Faith in Christ

by Kevin Greeson

The Camel
Copyright © 2007 WIGTake Resources, LLC.

Published by WIGTake Resources, LLC, PO Box 1225,
Arkadelphia, AR 71923 e-mail: WIGTakeResources@pobox.com
All rights reserved
Korean Edition Copyright © 2009 by Jordan Press
605-4 Mok-3dong Yangcheon-gu
Seoul, KOREA

감사의 글

나의 멘토 사미르(Samir)에게

"이 두 사람에게 그들의 큰 칼을 들려 보내십시오. 그런 다음 나의 양옆에 그들을 세워 주십시오. 만일 내가 코란에 없는 말을 하면 그들에게 나를 죽이라고 말하십시오."

충만한 믿음으로 사미르는 코란을 가지고 모슬렘 군중에게 복음을 전하기 시작했습니다. 그는 복음(코란을 넘어 복음에 이르게 하는 일)을 전하는 일에 단 한 번도 실패한 적이 없었습니다. 그의 열정은 나에게 전달되었고, 언제나 새로운 통찰력을 주었을 뿐 아니라, 대부분 선교사들이 너무 멀고 위험한 지역이라고 꺼리는 곳이어도 담대하게 그곳에 있는 모슬렘에게 복음을 증거하는 방법들을 도전하여 새로운 단계로 전진하도록 나를 이끌었습니다.

나의 형제 무쿨(Mukul, 1961-2006)에게

"형제님, 걱정하지 마세요. 하나님은 일하고 계시며 우리는 함께 그분이 일하시는 곳을 찾아서 그분의 사역에 동참하면 됩니다."

무쿨 형제는 언제나 나를 이렇게 위로했습니다. 그는 사역을 처음 시작할 때부터 13년 동안 우리와 함께 사역하여 자신의 사역지에서 2천 명이 넘는 모슬렘이 주께로 돌아오는 현장을 목격한 사람입니다. 이 책이 출판되기 6개월 전, 무쿨 형제는 6백만 명으로 추정되는 수피(Sufi) 모슬렘 공동체에서 하나님의 역사하심을 발견했습니다. 몇 명의 지도자들이 침(세)례를 받고서 자기 종족인 수피 형제들에게 이 무쿨 형제의 이야기를 전하기 위한 인도 대륙 선교여행을 계획했습니다. 무쿨 형제는 어제 죽으면서(2006년 10월 16일) 내게 마지막 말을 남겼습니다.

"지금 이 순간, 내 질병과 육체적 연약함 때문에 당신에게 다 말하지 못하는 어려움이 있지만 나는 하나님을 100퍼센트 신뢰합니다. 그분은 모든 괴로움과 문제 속에서 우리를 구원해 주신 분임을 믿습니다. 내가 다시 일어날 수 있다면 인도로 가겠습니다.
제 병의 치유를 위해 기도해주세요. 다시 당신을 만날 것이라 확신합니다. 당신을 꼭 보고 싶습니다."

그분의 이름과 능력 안에서
무쿨 드림

매일 나를 축복한 가족들에게

저는 『하나님을 경험하는 삶』의 저자인 헨리 블랙가비(Henry Blackaby)와 낙타 전도법 전도자이며 저의 동료인 랜디(Randy)에게 큰 빚을 졌습니다. 그리고 특별히 리(Lee)와 레아(Leah)부부, 스티브(Steve)와 칼라(Carla)부부, 데이비드(David), 마이크(Mike), 던(Duane)과 크리스티(Kristy), 로레타(Loretta) 그리고 IMB(Internatial mission Board)와 SBC에게 감사드립니다.

케빈 그리슨

모슬렘 격언

"우리는 알라께서 100개나 되는 이름들을 가지고 계심을 알고 있습니다. 알라께서는 당신을 알고자 자신께 예배하는 자와, 그 자녀들에게 자신의 99개 이름을 계시하셨습니다. 하지만 마지막 100번째 이름만은 알라께서 오직 낙타에게 말씀하셨습니다. 그래서 낙타는 한 마디 말도 못하게 되었답니다."

〈낙타의 비밀 중〉

낙타의 비밀

"이러므로 또한 하나님이 그를 지극히 높여 모든 이름 위에 뛰어난 이름을 주사 하늘에 있는 것들과 땅에 있는 자들과 땅 아래 있는 자들로 모든 무릎을 예수의 이름에 꿇게 하시고 모든 입으로 예수 그리스도를 주라 시인하여 하나님 아버지께 영광을 돌리게 하셨느니라."

〈빌립보서 2:9-11〉

추천의 글

나는 이 책의 원고를 손에 잡자마자 단숨에 읽어 내려갔다. 아니 손에서 이 책을 놓을 수 없었다는 것이 정직한 나의 고백일 것이다. 저자 케빈 그리슨은 아랍권 모슬렘 모두에게 사랑받는 '낙타'의 영어 알파벳 글자 '카멜'(C-A-M-E-L)을 가지고 코란을 펼쳐 "예수(이사)는 거룩하다-예수는 전능하다-예수는 우리를 하늘나라로 인도할 수 있다"는 복음을 전하는 기막힌 방법을 창안해냈다. 하나님께서 바로 이 낙타 전도법으로 우리 시대의 모슬렘들을 아주 창의적이고 토착적이며 상황화된 선교의 세계로 인도하는 놀라운 비밀을 계시하신 것이다. 아마도 이 전도전략은 모슬렘을 위한 새로운 시대의 '신 사영리'가 될 것 같다. 그리고 모슬렘권에서는 이미 수많은 모슬렘들을 예수님께로 인도하는 놀라운 기적의 도구로 쓰이고 있다.

오늘 우리 시대는 포스트 모던의 새로운 세계를 대면하면서 모던 시대의 기존 전도전략이 더 이상 효율성을 발휘하지 못하는 난관을 경험하고 있다. 그런데 이런 시대에서 케빈 그리슨의 이런 창조적 전도전략은 비단 아랍권의 모슬렘뿐만이 아니라 새 시대 전도전략의 돌파구를 모색하는 모든 전도자들에게 시사하는 바가 너무나 크다. 그래서 나는 선교나 전도의 새로운 전략을 진지하게 모색하는 모든 선교 지도자들, 그리고 창의적인 복음의 증인으로 살고 싶어하는 모든 그리스도인들에게 흥분된 마음으로 이 책을 추천하고 싶다.

지루한 일상을 깨고 모험과 스릴로 가득 찬 새로운 열정의 인생을 찾는 모든 그리스도인들에게 낙타 여행을 권하고 싶다. 우리가 낙타 여행을 떠나는 순간 중동의 모래 바람은 세상을 바꾸는 거룩한 성령의 바람으로 변할 것이다.

경이로운 이 책을 소개하고 번역한 이명준 선교사님에게 진심어린 감사와 치하를 드립니다.

낙타 전도여행의 동반자이기를 열망하는

이동원 목사(지구촌교회)

추천의 글

우리는 오늘날 새로운 도전을 맞이하고 있다. 정통 이슬람 지역에 마지막 선교적 돌파구를 찾아야 할 시점에 도달한 것이다. 왜냐하면 이슬람 지역에서는 전통적인 선교의 방법이 한계가 있음을 우리는 오랫동안 경험해왔기 때문이다. 그래서 지금은 새로운 선교방법이 절실한 시기이다. 선교전략을 담당하는 사람들에게는 한 가지 믿음이 있다. 그것은 하나님의 복음은 모든 문화, 모든 종교, 모든 사회 속에서 반드시 열매를 걷을 수 있다는 것이다. 그런데 아직 그런 일이 일어나지 않고 있다면 이는 복음에 문제가 없는 것이 아니라 우리가 아직 적절한 방법을 찾지 못했기 때문이다.

그런데 최근 배타적 유일신 종교로 선교의 난공불락인 이슬람 지역에서 효과적인 전도전략들이 빠른 속도로 개발되고 있다. 그중에 가장 주목받는 전략으로 여러 지역에서 이미 그 효과가 입증된 것이 이 낙타 전도법이다.

코란의 수라 3장 내용과 누가복음의 이야기를 연결시켜 만들어진 낙타 전도법은 모슬렘을 위한 사영리라고 불릴 만큼 좋은 방법이다. 코란 자체를 권위로 인정하는 것은 아니지만, 이슬람 내부에서 평화의 사람을 발견하기 위한 최선의 다리가 바로 코란을 사용한 낙타 전도법인 것이다. 특히 이 방법은 명목적 모슬렘이 아니라 종교적 열정을 가진 모슬렘에게 더 효과적이라는 사실이 주목받을 만하다. 케빈 그리슨은 C-A-M-E-L 전도법을 교회개척 배가운동과 접목시켜서 더욱 효과적인 전략으로 발전시켰다.

이슬람권에서 사역하는 선교사들은 이슬람권에 지금 성령의 역사가 있음을 고백하고 있다. 기독교인으로 개종한 모슬렘의 절반가량이 꿈을 통해 지시를 받았다고 한다. 주님께서는 이슬람권에 지금 보이지 않게 추수의 시기를 준비하고 계시는 것 같다. 이 시점에 좋은 전도전략이 한국말로 번역되어 제공되는 것에 감사를 드린다. 특히 깔끔한 번역으로 수고해주신 이명준 선교사님께 감사를 드린다. 이 책은 선교에 관심이 있는 모든 그리스도인들이 반드시 일독 해야 하는 책이다.

낙타 전도여행에 동참하면서

이현모 교수(침례신학대학교 선교학)

서문

케빈 그리슨(Kevin Greeson)의 『낙타 전도법』은 오랜 세월 모슬렘과의 관계 속에서 어려움을 겪어왔던 기독교인들에게 새로운 인식의 전환점을 마련해주었다. 이 지구상에서 오직 유일하게 기독교를 대적하기 위한 의도로 세워진 대표 종교로서 이슬람은 수세기에 걸쳐 지속적으로 기독교인들-아예 모슬렘과 상종하지도 말거나 아니면 그들과 투쟁하도록 교육받은-에게 적개심만을 부추겨왔습니다.

하지만 오늘날 이 같은 현상들이 변하고 있다. 이 책에 앞서 그의 소책자 『낙타 전도법 훈련 교재』가 출간된 이후, 전 세계 그리스도인들은 모슬렘과의 관계를 여는 새로운 방법을 깨닫게 되었다. 그들을 피하거나, 그들과 다투기보다는 오히려 사랑함으로써 그리스도께 인도하는 법을 배우게 된 것이다. 구원의 편만한 물결이 전 세계에 퍼져가고 있는 큰 구원의 조류(潮流)에 케빈 그리슨과 『낙타 전도법』이 큰 역할을 감당했음은 자명한 것이다.

그리슨의 역작 『낙타 전도법』은 우리에게 선교적 가르침을 주고 있는데, 이는 그가 지난 20년 동안 계속되는 역사상 가장 위대한 남아시아의 모슬렘 회심운동에서 그 통찰력을 얻은 것이다. 그는 수년 간 이 동향을 통해 회심한 MBB(Muslim-background believer, 모슬렘 출신 신자)들과 함께 생활하면서 그들이 어떻게 가족과 친구를 그리스도께로 인도하는지 배웠다. 또한 그는 그리스도를 향한 그들의 생동감 있고 대담한 믿음을 갈무리하고 그들의 전도전략에서 정수(精髓)를 뽑아내어 우리들이 수월하게 따라할 수 있도록 만든 이 전도법을 '카멜(the CAMEL)' 이라고 불렀다.

지금까지 이슬람 교리에 맞서 대항하는 방법을 가르쳐왔던 많은 모슬렘 선교관련 도서들과 달리 『낙타 전도법』은 고루한 논쟁을 뒤집어 모슬렘들을 그리스도께로 인도할 수 있는 보다 정중한 방법을 소개하고 있다.

현재 『낙타 전도법』은 남아시아권역을 넘어 더 넓게 퍼져가고 있다. 아프리카에서 자발적으로 낙타 전도법을 실행하고 있는 한 선교사이 말을 빌리면,

"효과가 있었습니다!!!
나는 지역전체가 모슬렘인 우간다의 한 마을에서 사역하기 위해 이 책에 소개된 모슬렘 접근법과 전도양식을 사용했습니다.
그들은 귀를 기울였고 그것이 진리임을 알게 되었다고 고백했습

니다. 나는 이 전도양식이 모슬렘에게 도전이 된다는 것을 깨달았습니다. 그리고 이 전도법으로 인해 더 이상 모슬렘 족장들과 논쟁하지 않게 되었습니다. 이제 모스크의 지도자 이맘들도 자진해서 기도하러 나옵니다. 낙타 전도법이 없었다면 우리의 모슬렘 사역은 매우 비효율적이었을 것입니다.

지금 우리는 2000명에 육박하는 회심자와 이 마을에 개척된 교회에 출석하고 있는 300명의 사람들과 마주하고 있습니다.

케빈 그리슨으로 인해 하나님을 찬양합니다."

(클리프, 우간다 선교사, Amazon.com 북리뷰 웹사이트에서)

우간다뿐 아니라 세계 도처에서도 이와 같은 일이 일어나고 있다. 우리는 최근에 저자와 대화를 나누면서 서부 아프리카에서 인도네시아에 이르기까지 세계 30개의 지역에서 1000명 이상의 모슬렘들이 회심하고, 200개 이상의 MBB 교회가 개척되었음을 확인할 수 있었다. 우리는 이 책이 기독교인과 모슬렘들이 관계를 맺어온 역사 이래로 그 전례가 없는 역작이라고 감히 말할 수 있다. **보라 지금은 모슬렘 구원의 날이로다!** 만약 당신이 이 사역에 동참하기 원한다면 케빈 그리슨의 『낙타 전도법』이 탁월한 안내자가 될 것이다.

또한 우리는 현재 지구상 가장 힘겨운 선교지역에 한국 선교사들이 놀랍게 전략적으로 파송되고 있음을 보았다. 이 신실한 한국의 형제, 자매들이 세계에서 가장 도전적인 선교임무를 담대히 짊어지고 있는 것이다. 모슬렘 사역보다 더 도전적인 임무는 없다. 따라서 우리는 우리 앞에 놓여있는 이 일을 위해 하나님의 부르심을 받은 한국의 형제, 자매들이 온전히 준비되길 간절히 기도한다.

또한 이 기도제목을 위해 한국어로 번역한 이명준 형제에게 고마움을 전한다. 본서의 출판과 배포를 통해 하나님께서 영광 받으시길 소망한다.

『하나님의 교회개척 배가운동』의 저자
선교사, **데이비드 게리슨** 박사(Dr. David Garrsion)

차례

감사의 글 4
추천의 글 8
서문 12

여는 글_ '낙타 전도여행'의 선언 18

1부 '낙타 전도여행'의 견고한 기초 23   *A Firm Foundation*

2부 '낙타 전도여행'의 출발지에서!   *Camel Beginnings*
    1장_ 한 마을에서 이 낙타 여행은 시작되었다 34
    2장_ 나는 어떻게 이 낙타 여행에 뛰어들었나? 45
    3장_ 하나님은 어떻게 이 낙타 여행에 관여하실까? 65

3부 '낙타 전도여행'의 접선 지도를 펼치며!
    4장_ 하나님의 전략에 접선하라 78   *Camel Connections*
    5장_ 평화의 사람과 접선하라 93
    6장_ 꿈꾸는 사람과 접선하라 115

4부 '낙타 전도여행'의 진행 경로를 따라! *Riding the Camel*

7장_ 낙타와 함께 전진하라 136

8장_ 낙타와 함께 목적지를 향하라 160

9장_ 낙타와 함께 다리를 건너! 장벽을 넘어! 185

5부 '낙타 전도여행' 군단의 행렬들이! *A Camel Caravan*

10장_ 꿈을 향해 질주하다 214

'낙타 전도여행'의 지원 품목들! *Camel Accessories*

부록1_ 낙타 전도법에 관한 질문과 대답 230

부록2_ 지역 교회를 위한 모슬렘 CPM 전략 안내서 244

용어해설 272

여는 글 | '낙타 전도여행'의 선언
A Camel Testimony

나는 잠들기 전까지 책을 놓지 않는 독서광이다. 당신이 내 침대 옆에 있는 협탁을 보면 내 말이 사실임을 바로 알 수 있을 것이다. 왜냐하면 그곳에는 책갈피를 꽂아 놓은 예닐곱 권의 책들이 항상 쌓여 있기 때문이다. 그런데 나는 역사 소설을 좋아해서 아주 드문 경우에만 일과 후에 선교사역과 관련된 책을 읽는다. 그러나 나의 이러한 독서 습관이 깨지게 된 것은 2004년 12월, 한 동료 사역자가 내게 건네준 한 권의 책 때문이었다. 이 책을 읽기 시작하는 순간, 나는 이것이 내 사역과 내 삶의 방식을 바꿔 놓을 것 같은 예감이 들었다.

나는 1995년에 중동과 북아프리카 모슬렘 지역의 선교사로 임명되었다. 그곳의 종교인구 분포는 그리스도인이 50%, 모슬렘이 50%로 구성되어 있었다. 그리고 나는 50%의 모슬렘들을 대상으로 사역을 하고 있었다. 나는 하나님께서 나를 특별히 모슬렘 사역을 위해 부르셨다는 것을 느꼈지만, 지금까지 나는 이슬람에 관해 많이 알지 못했다. 기껏해야 이슬람 신앙의 대강과 그들의 문화적 신념들에 대한 것뿐이었다. 그리고 나는 9년이라는 세월이 지나고서야 이슬람에 관한 독서, 모슬렘 이웃과의 대화, 그리고 모슬렘을 더욱 효과적으로 전도하는 방법을 배우기 위한 회의나 모임에 참석하게 되었다.

나의 장점 중 하나는 어느 누구에게나 서슴없이 대화를 건넬 수 있다는 것이다. 그리고 설령 다른 사람들이 내 말에 무관심하다 하더라도 절대 개의치 않고 대화를 이끌어 갈 수 있다. 그래서 나는 이런 사교능력으로 많은 사람을 알고 지낸다. 개중 몇몇 사람들은 지금까지도 친분관계를 지속해 오고 있다. 또한 이것은 사역의 든든한 기초를 놓는데 큰 밑거름이 되기도 하였다. 하지만 더 의미 있는 관계로 진전되거나 전도의 열매를 탐색할 즈음에는 언제나 난관에 부딪히고 말았다.

사실 나는 내가 지금껏 올바르게 사역을 하고 있다고 생각했었다. 왜냐하면 나는 모슬렘을 사랑했고, 이슬람을 연구했으며, 그 사회의 요구사항을 간파했을 뿐 아니라 그들과 협의를 갖는 등 여러 가지 일을 해왔기 때문이다. 하지만 하루 일과를 끝마칠 때쯤에는 언제나 이런 아쉬움이 남아있었다. "모슬렘에게 복음을 전하는 가장 효율적인 방법은 무엇일까?" 하지만 내 뇌리를 떠나지 않는 더 큰 의문은 "내게 맡겨진 이 민족 가운데 어떻게 교회개척 배가운동(Church Planting Movements)을 시작할까?"였다. 만일 내가 한 개인에게조차도 효과적으로 복음을 전하지 못한다면 '교회개척 배가운동'은 백일몽에 불과한 것이다.

자, 이제 낙타 전도법으로 첫발을 디뎌보자!

고향에서 함께 교회를 다녔던 동료 선교사가 나에게 코란과 성경을 잇는 '낙타 전도법'을 소개해주었다. 그 당시까지만 해도 나는 전도할 때 코란을 사용한 적이 없었기 때문에 그 책을 나중에 읽을 요량으로 던져두었다. 그렇게 몇 주가 흘렀다. 어느 날 밤, 잠자리에 들기 전 침상에 앉아 나도 모르게 그 책을 집어들었다. 그런데 첫 장을 여는 순간부터 나는 책 속에 빠져들기 시작했다. 그리고 모슬렘들이 그리스도께로 돌아오는 내용에서는 그동안 내가 얼마나 하나님께 불순종하며 지내왔는지를 알게 되었다. 나는 선교지의 최전방인 이곳에 10년 가까이 있으면서도 이와 유사한 그 어떤 일도 목격한 적이 없었다. 계속 책을 읽어 나갈수록 내 안에 점점 확신이 드는 생각은 하나님께서 바로 이 방법을 통해 일할 것이라고 말씀하고 계신다는 것이다. 나는 하루에 한 명, 열 명, 혹은 백 명의 모슬렘들이 예수 그리스도께 돌아오는 상상을 했다. 내 꿈이 너무 터무니없는 것처럼 보일지 모르지만 하나님께서 그것을 이미 내게 말씀하셨음을 나는 확신했다. 나에게 더 이상 다른 책을 읽는다는 것은 무의미한 일이었다. 나는 주저 없이 '낙타 전도법'이 말하고 있는 바를 실행에 옮기기 위해 전도 현장으로 나갔다. 그러자 놀라운 일들이 일어났다. 자동차 부품 가게에서 전에 한 번도 만난 적이 없는 낯선 사람에게 복음을 전했는데, 그는 듣자마자 친구에게 돌아서서 내가 그에게 말했던 바를 그대로 전하는 것이었다. 바로 내 눈앞에서 내가 방금 전도했던 한 모슬렘이 자신의 친구에게 이사 알 마시(Isa al-Masih), 즉 예수 그리스도에 대해 말하고 있는 것이었다. 그가 나의 사역을 대신하고 있는 것이다. 그 우연한 전도 상황은 거의 30분 가까이 지속되었지만 그 어느 누구도 화를 내거나 그 상황을 방해하지 않았다. 전에 나는 이 같은 경험을 해본 적이 없었다. 그리고 이런 일을 본 적도 없었다. 하나님께서 내가 그토록 소망하던 것을 확증해주셨다. 모슬렘 전도 비법이란 것이 어디 따로 있겠느냐마는 '낙타 전도법'은 확실히 비법임에 틀림없었다.

이미 '낙타 전도법'을 읽고 그것을 시도해 본 사람이 있을지도 모르기 때문에 나는 먼저 몇 가지를 분명히 하고 싶다. 우선 나는 성경이 우리에게 '가서 모든 민족을 제자를 삼아… 가르쳐 지키게 하라'는 명령을 만고불변의 진리로 믿는다. 또한 '낙타 전도법'은 일상적인 전도방법이 아니라, 우리와 함께 복음을 나눌 '평화의 사람'을 찾는 여과 장치라고 생각한다. 아직 '낙타 전도법'에는 논쟁의 여지가 될 만한 몇 가지 문제점이 있긴 하지만 속단하지 말고 우선 이 모험을 시도해보자.

상상해보라! 모슬렘 지역에서 9년을 사역하면서 친구들을 사귀고, 선교 사무실을 운영하고, 현지 언어를 습득하고, 신변 안전에 만전을 기하고, 각종 회의에 참석하고, 선교전략과 예산을 수립하는 등 할 수 있는 모든 일들을 했음에도 불구하고 이슬람 장벽은 무너질 기미가 전혀 보이지 않았다. 그런데 '낙타 전도법'을 사용한지 단 3개월 만에 제자훈련 과정에 참가하는 두 그룹의 모슬렘 배경 신자(MBB, Muslim Background Believer) 모임을 인도하게 되었다면, 나의 이 흥분상태가 어떤 것인지 공감할 수 있겠는가? 오직 하나님만 찬양받기 합당한 분이시다!

이것은 나의 산 경험이며 '낙타 전도법'을 통해 내 삶 속에 실현된 사실이다. 그렇다면 '낙타 전도법'이 내 사역에 그저 약간의 영향만을 미쳤는가? 아니다. 내 사역을 남김없이 전부 바꾸어 놓았다. 나는 이 일에 집중하면서부터 좀 더 담대해졌을 뿐만 아니라, 기독교를 비판하는 모슬렘들의 공격적인 질문에도 유연하게 대답하는 지혜도 얻게 되었다. 많은 사람들이 "앞으로도 '낙타 전도법'이 계속 효과적인 전도도구가 될 것인가?"라는 의문을 제기한다. 하지만 나는 이렇게 단언할 수 있다. 하나님의 일은 그분이 선택하신 장소에서 그분의 방법으로 진행되도록 하는 것만이 최선이며, 다만 우리는 그 사역에 우리의 동참을 허락하신 그분을 변함없이 찬양할 뿐이다. 만일 누군가가 이 책을 읽고도 여전히 모슬렘 전도사역에서 고전을 면치 못하고 있다면 나는 그에게 이렇게 제안하고 싶다.

'낙타 전도법'에 올라타라!

아랍 모슬렘을 섬기는
한 선교사로부터

1부
'낙타 전도여행'의 견고한 기초
A Firm Foundation

2년 전, 내가 '낙타 전도법 훈련 교재'(Camel Training Manual, WIGTake 출판사, 2004)를 집필했을 때, 그 책의 주 독자층은 선교사와 모슬렘 전도자들이었다. 그 책이 여러 언어로 출판되자마자 세계의 많은 독자들과 선교 실행가들이 읽었다. 그리고 그러한 사실에 누구보다도 가장 놀란 사람은 바로 나였다.

이번 새 책 '낙타 전도법'은 모슬렘들이 그리스도께 돌아오기를 간절히 원하는 좀 더 폭넓고 다양한 독자들을 위해 새 단장을 하였다. 나는 이 책이 더는 선교사들만을 위한 것이 아님을 깨닫고 이전 책에 수록했던 신학사상과 견해 부분을 삭제하였다.

예수 그리스도를 모슬렘들에게 효과적으로 알리는 이 '낙타 전도법'(the Camel Method)을 잘 활용하려면 먼저 전제해야 할 몇 가지 기초 원리들을 이해해야 한다.

1) 동기

당신은 어떤 동기로 모슬렘의 '교회개척 배가운동'에 관한 책을 읽는가? 당신의 동기는 하나님께서 모슬렘 구원사역에 당신을 사용하실지 여부를 결정짓는 조건이 될 것이다. 사도행전에는 그릇된 목적으로 성령의 은사를 돈으로 사려 했던 마법사 시몬이 나온다. 베드로는 그의 음흉한 동기를 이렇게 책망했다.

> "하나님 앞에서 네 마음이 바르지 못하니 이 도에는 네가 관계도 없고 분깃 될 것도 없느니라 그러므로 너의 이 악함을 회개하고 주께 기도하라 혹 마음에 품은 것을 사하여 주시리라 내가 보니 너는 악독이 가득하며 불의에 매인 바 되었도다"(행 8:21-23).

당신은 어떤 동기로 모슬렘 '개인 전도법'과 모슬렘 '교회개척 배가운동'을 배우려 하는가? 당신의 동기가 모슬렘을 향한 공포나 분노 때문인가? 혹시 그들을 반드시 물리쳐야 할 적으로 보고 있지는 않은가? 그렇지 않다. 우리의 싸움은 혈과 육의 싸움이 아니라 영적 무지악의 싸움이다. 왜냐하면 영적 무지는 불신앙을 초래하기 때문에 이 불신앙이 바로 우리의 진정한 적인 것이다. 그래서 이슬람 종교도 공산주의나 불교, 혹은 다른 사상들처럼 여러 불신앙 상태를 나타내는 인간의 한 반응에 불과한 것이다. 사실 그리스도를 떠난 우리는 모두 죄와 허물로 불신앙 상태의 잃어버린 자들이 아닌가(롬 3:23 참조).

만약 당신이 아직도 모슬렘을 향한 그리스도의 깊은 사랑을 경험하지 못했다면 이 책을 읽기 전에 지금 바로 책을 덮고 기도하라. 그리고 잃어버린 모슬렘을 향한 하나님의 심장을 깨닫고 그들의 구원을 위해 자신의 독생자를 희생제물로 삼으신 그분의 쓰라린 마음을 경험하라.

2) '낙타 전도법' 의 기원

앞으로 당신도 알게 되겠지만 선교사들이 이 '낙타 전도법' 을 고안한 것이 아니다. 이것은 모슬렘 출신 신자(Muslim Background Believer, 이하 MBB)들이 가르쳐 준 것이다. 역사상 가장 많은 모슬렘을 주께로 인도한 이 방법은 MBB들이 지금도 현장 전도에 사용하고 있다. 선교사로서 우리는 현장에서 직접 이 방법을 관찰했으며, 성경말씀의 권위의 빛으로 이 방법을 실행해보았다. 그리고 이것이 모든 곳의 모슬렘에게 예수 그리스도의 복음을 전하는 가장 능력 있는 도구임을 확인했다.

3) 다른 이름은 없다

예수님을 따르는 제자로서 우리는 예수 그리스도만이 인류 구원의 유일한 소망이심을 의심 없이 고백할 수 있다. 왜냐하면 신약성경에 "다른 이로써는 구원을 받을 수 없나니 천하 사람 중에 구원을 받을 만한 다른 이름을 우리에게 주신 일이 없음이라 하였더라"(행 4:12)고 명백히 기록되어 있기 때문이다. 나는 우리의 구원자이신 예수는 오직 성경을 통해 우리에게 계시 되었고, 그리스도이심이 선포되었음을 추호도 의심하지 않는다. 그리고 성경 외에 그리스도에 관한 그 어떤 가르침도 구원의 안내자로서 불충분할 뿐만 아니라 매우 위험하다.

4) 속죄의 연결다리

하나님께서는 속죄의 연결다리-구원의 필수적이며 구원의 소망을 시사(示唆)하는 유비(analogies)와 은유(metaphor)-들을 세상 가득히 채워 놓으셨다. 만일 우리가 이 연결다리들을 잘 활용하기만 하면 속죄의 연결다리들은 성경을 타락한 인간에 대한 하나님의 구원 계획이 계시된 진리의 말씀으로 증명할 수 있을 것이다.

예수님도 그의 공생애 사역 내내 하나님의 나라를 그려 보여주시기 위해 농사일이나 고기잡이와 같은 일상의 모든 삶을 연결다리로 사용하셨고, 바울도 아테네의 아레오파고스 언덕에서 스토아 학자들과 에피쿠로스 학자들에게 설교할 때 이와 동일한 방법을 사용했다. 그리고 바울은 그들이 섬기는 '알지도 못하는 신에게라고 새긴 단'을 들어 예수 그리스도께로 이를 수 있는 연결다리를 놓아주려 하였다. "그런즉 너희가 알지 못하고 위하는 그것을 내가 너희에게 알게 하리라"(행 17:23)고 바울은 선포했다. 우리는 친구와 이웃과 가족들을 전도한 MBB들을 통해 코란에 있는 많은 연결다리, 즉 우리도 모슬렘에게 그리스도를 소개하는 방법으로 사용할 수 있는 다리들을 발견했다.

5) 예수님에 대한 인식 바로잡기

'낙타 전도법'에서 드러내려는 우리의 목적은 예수님에 대한 인식을 바로잡는 것이다. 예수님에 관한 우리의 복음이 모슬렘 친구들의 종교를 정죄하거나 문화를 공격하는 행위로 오해받지 않도록 신중히 행동해야 한다. 물론 우리가 모슬렘 문화의 가치와 미덕, 그리고 통찰력을 인정한다고 해서 우리가 이슬람 종교, 모하메드, 혹은 코란을 모두 승인하는 것은 아니다. 오히려 그것은 예수님을 보지 못하게 하는 그들의 장애물들을 제거하는 역할을 한다. 예수님께서 약속하셨다. "내가 땅에서 들리면 모든 사람을 내게로 이끌겠노라"(요 12:32). 이 같은 십자가의 죽음에 관한 그분의 개인적 언급을 기독교 세계 내에서는 전적으로 인정하고 있지만, 아직 모슬렘은 자신들을 위해 돌아가신 그리스도를 제대로 인식하지 못하고 있는 상황이다. 우리는 모슬렘도 예수님을 바라보기 원한다. 그래서 그들도 역시 예수님께로 인도되기를 바란다. 침(세)례 요한처럼 우리도 분명한 길을 제시하고 싶다.

> "선지자 이사야의 책에 쓴 바 광야에서 외치는 자의 소리가 있어 이르되 너희는 주의 길을 준비하라 그의 오실 길을 곧게 하라 모든 골짜기가 메워지고 모든 산과 작은 산이 낮아지고 굽은 것이 곧아지고 험한 길이 평탄하여질 것이요 모든 육체가 하나님의 구원하심을 보리라 함과 같으니라"(눅 3:4-6).

관대함과 존경심으로 모슬렘을 대하는 것이 결코 연약함과 불신앙의 표식은 아니다. 오히려 하나님께서 우리에게 은혜로 주신 그리스도 안에 있는 위대한 확신 때문에 우리는 담대히 모슬렘에게 접근할 수 있는 것이다.

6) 승인된 허락

예수님은 제자들에게 성령께서 "죄에 대하여 의에 대하여 심판에 대하여 세상을 책망하시리라"(요 16:8)고 가르치셨다. 뒤에서 언급하겠지만, 성령님은 모슬렘 세계에서 각 개인의 죄와 구원의 필요성을 깨닫게 하시는 사역을 하고 계신다. 하지만 구원의 역사에는 개인적 깨달음 그 이상의 것이 필요하다. 만약 그리스도인들이 모슬렘 세계관의 수많은 장벽들을 극복하지 못하고 복음을 전하지 않거나 또는 전할 수 없다면, 대다수의 모슬렘들은 예수님의 복음을 결코 들을 수 없게 될 것이다.

'낙타 전도법'은 두 가지 도전에 역점을 두고 있다. 첫 번째는 그리스도인이 모슬렘에게 무엇을 말해야 하는가를 가르치는 것이며, 두 번째는 모슬렘의 가장 권위 있는 책인 코란에 성경을 읽어도 좋다는 허락이 이미 담겨 있음을 알려주어 예수님이 누구이신지를 생각해보도록 하는 것이다.

'낙타 전도법'은 당신이 코란의 구절 중에 예수님에 관해 호의적이거나 성경의 신뢰성을 확증하는 내용을 취하여 오랫동안 모슬렘이 진리에 접근하지 못했던 제한된 세계관의 사슬을 풀 수 있도록 해 줄 것이다. 이들 모슬렘 구도자들이 '낙타 전도법'의 연결다리를 건너 스스로 성경을 읽기 시작할 때, 양날이 선 말씀의 칼은 그들의 심령을 꿰뚫고 성령께서 원하셨던 모슬렘들의 구원을 성취할 것이다. 그러면 그들은 하나님의 말씀을 통하여 영원한 구원의 길을 찾을 것이고 죄의 속박으로부터 자유를 회복할 것이다.

7) 성경의 권위

우리는 알라의 교훈을 담은 코란의 가르침이 성경에 처음 계시된 말씀과 유사한 부분이 있다고 해서 하나님 말씀과 코란을 혼동해서는 안 된다. 성경을 떠나서는 우리를 향한 아버지 하나님의 조건 없는 사랑과 우리를 위한 예수 그리스도의 죽음과 부활, 그리고 우리 안에 역동적으로 일하시는 성령님의 능력에 관하여 어떤 계시도 있을 수 없기 때문이다. 신약성경의 가장 중심 계시인 삼위일체는 코란에 없을 뿐만 아니라, 코란이 거부하는 것이다. "모든 성경은 하나님의 감동으로 된 것으로 교훈과 책망과 바르게 함과 의로 교육하기에 유익하니" 디모데후서 3장 16절의 이 선언은 우리로 하여금 신·구약성경 외에는 그 어떤 것도 연계하지 못하게 하고 있다. 계시록에서 말하는 요한의 경고는 모든 성경에 동일하게 적용된다.

> "내가 이 두루마리의 예언의 말씀을 듣는 모든 사람에게 증언하노니 만일 누구든지 이것들 외에 더하면 하나님이 이 두루마리에 기록된 재앙들을 그에게 더하실 것이요 만일 누구든지 이 두루마리의 예언의 말씀에서 제하여 버리면 하나님이 이 두루마리에 기록된 생명나무와 및 거룩한 성에 참

여함을 제하여 버리시리라"(계 22:18-19).

이 말씀은 성경을 읽는 모든 그리스도인에게 분명하게 적용된다. 이것이 곧 선교를 위해 이슬람 세계를 대면하게 될 우리가 끊임없이 상기해야만 하는 구절이다.

8) 번역된 성경

마지막으로, 이슬람 종교는 아랍어와 아랍 문화 안에 항상 예속되어 왔지만, 그와 달리 기독교는 다양한 언어로 번역된 성경을 지니고 있다는 사실을 이 글의 독자들은 기억하고 있어야 한다. 매번 성경이 새로운 문화를 대할 때, 성경은 그들의 언어와 문화의 세계관 안에서 번역되어졌다. 하나님께서 자신을 인간의 형상에 맞추어 예수 그리스도로 성육신하신 것처럼 영원불변의 진리는 각 지역의 형식과 표현양식에 따라 번역되었다. 이것이 복음의 능력과 진수이다. 이렇게 변하지 않는 영원한 복음을 특정 지역의 문화로 변형시키는 것이 요한의 바람이었다. 그는 그의 독자들에게 예수님을 로고스(the Logos, 말씀)로 소개했다. 사실 로고스는 1세기 그레코 로만(Greco-Roman) 세계에 널리 회자되던 그리스 철학 용어였다. 요한이 이 특정한 단어에 새로운 의미를 부여하기 전까지는 복음 전달의 다리로 결코 사용된 적이 없던 단어였다. 요한은 이 로고스에 대하여 이렇게 기록했다.

"말씀이 육신이 되어 우리 가운데 거하시매 우리가 그의 영광을 보니 아버지의 독생자의 영광이요 은혜와 진리가 충만하더라"(요 1:14).

모슬렘 공동체의 문화와 언어에 친숙하게 성경을 번역하는 것은 가능하지만, 하나님(Allah, 알라)과 예수님(Isa al-Masih, 이사 알 마시)의 아랍어 이름을 사용하는 것이 그들의 종교를 받아들이거나 인정하는 것으로 혼동해서는 결코 안 된다. 다리는 우리를 이곳에서 저곳으로 옮길 뿐이지 다리 자체가 결코 목적이 될 수는 없기 때문이다.

우리는 이제 발밑에 든든한 신학적 기초를 세워 앞으로 전진할 준비를 마쳤다. 외딴 작은 시골 마을로 우리의 낙타 여행을 시작하자. 그 마을에서 한 선교사가 낙담한 모슬렘 소년에게 복음을 전했다. 그러자 복음은 그 소년의 세상을 송두리째 바꾸어 놓았다.

2부
'낙타 전도여행'의 출발지에서!
Camel Beginnings

1장 | 한 마을에서 이 낙타 여행은 시작되었다
It Began in a Village

2002년 5월, 미국 남침례교 국제선교부(Southern Baptist International Mission Board) 조사팀은 수많은 모슬렘이 그리스도께 돌아온다는 전례 없는 보고서를 확인하기 위해 남아시아[1]의 한 국가를 방문했다. 보고서에는 9만 명의 모슬렘들이 그리스도인으로 회심했으며 수 천 개의 교회가 세워졌다고 기록되어 있었다. 수많은 면담과 현장 조사, 그리고 무작위한 사례 조사를 통해 조사팀은 이것이 역동적인 '교회개척 배가운동'임을 확인할 수 있었다.

이 교회개척 배가운동은 1980년대 후반에 시작되었다. 그 후 1990년대까지 10여 년 동안 꾸준히 지속하여 왔으며, 2002년에는 해당 국가의 구석구석까지 번져나가게 되었다. 또한 이웃 나라에도 그 부흥의 불길이 옮겨져 그 후 몇 년에 걸쳐 모슬렘 배경 그리스도인과 비모슬렘 배경 그리스도인 모두가 이 감격스런 교회개척 배가운동을 통해 놀라운 경험을 얻었으며 이를 바탕으로 전 세계 모슬렘 사회에 변화가 일기 시작했다.

어떻게 이 교회개척 배가운동이 시작되었을까? 역사상 가장 큰 모슬렘 교회개척 배가운동으로 기억될 이 사건은 작은 시골 마을에 있는 한 선교사가 모슬렘 소년과 말씀을 나누라는 하나님의 명령에 순종했을 때 시작되었다.

소년 죄인

남아시아의 독실한 모슬렘 부모들은 자녀들을 마드라사(Madrasa)[2]라 불리는 이슬람 학교로 보낸다. 아이들은 그곳에서 장차 이슬람 지도자인 이맘(Imam)[3]이 되기를 소망하며 읽기를 배우고 코란을 암송한다. 압둘(Abdul)도 여느 소년들과 크게 다르지 않았다. 그의 부모는 아홉 살 때 그를 인근 지역에 있는 마드라사로 보냈다. 그곳에서 압둘은 공부와 기도에 열중했다. 그러나 코란에 깊이 빠져들수록 그는 코란의 의미와 타당성에 대해 알 수 없는 의문점이 생기기 시작했다. 그가 처음 코란의 권위에 도전하는 질문을 했을 때 지도자 이맘은 그를 때리며 다시는 코란의 의미에 대해 질문하지 말라고 경고했다. 하지만 그는 그 경고를 잊어버린 채 또다시 질문을 했다. 그러자 이맘은 그를 마드라사 밖으로 쫓아냈다. 그리고 그는 수치스러운 퇴교 조치를 받았다. 그리고 마드라사 게시판에는 "압둘은 불경한 죄인이며 그와 대화하는 자도 역시 수치스럽게 될 것이다"라는 문구가 적혀졌다.

이 일을 알게 된 압둘의 아버지도 창피스럽고 화가나서 압둘을 집에서 쫓아냈다. 그래서 그는 3년 동안 집 옆 초라한 움막에서 혼자 살았고 어떤 가족과도 식사를 함께하거나 대화를 나눌 수 없었다. 이 일로 압둘은 스스로 '불량 소년 죄인'이란 낙인을 마음에 새기게 되었으며, 그의 가족과 압둘을 아는 모든 사람들은 그를 저주받은 놈이라고 생각했다.

천사와의 만남

어느 날 오후, 압둘은 먼지 날리는 시골길을 홀로 걷고 있는데 지나가던 뤽샤⁴⁾가 멈추어 서더니, 뒷자리에 앉아 있던 한 백인이 같이 타고 가지 않겠느냐고 물어왔다. 이 사람은 선교사였고 압둘이 처음 본 백인이었다. 뤽샤에 탈것을 권유받은 압둘은 깜짝 놀랐다. 압둘은 이 사람이 누구며 도대체 왜 공공장소에서 자신에게 말을 걸어왔는지 의아해하며 낯선 외국인 옆자리에 앉았다. 압둘은 그 당시를 회상하면서 "나는 그가 천사인지 사람인지 확인하기 위해 가만히 그 사람의 팔을 만져보았습니다"라고 말했다.

그 백인의 집에 도착한 압둘은 그 남자가 그리스도인이라는 사실과 성경을 읽는 사람이라는 것을 알게 되었다. 압둘은 이 백인 선교사를 만나기 전에는 성경을 한 번도 본 적이 없었다. 선교사 부인은 그를 자신의 아들처럼 반갑게 맞이해주었다. 그리고 압둘은 난생 처음 갓 구운 과자와 커피를 대접받았다. 압둘이 선교사 집을 떠날 때 그의 손에는 신약성경 한 권이 들려있었다.

자신의 움막으로 돌아온 압둘은 성경을 읽기 시작했다. 그는 요한복음을 읽다가 3장 17절에 멈추었다. "하나님이 그 아들을 세상에 보내신 것은 세상을 심판하려 하심이 아니요 그로 말미암아 세상이 구원을 받게 하려 하심이라" 압둘은 심장이 멎는 것 같았다. 하나님이 자신을 정죄하지 않으셨다니! 오랜 세월동안 자신은 모든 사람에게 죄인 취급을 받지 않았던가! 그래서 하나님도 자신을 정죄하고 계실 것으로 생각해왔다. 하지만 성경은 하나님이 자신을 사랑한다고 말씀하고 있었다. 그날 밤 압둘은 예수님을 자신의 구주와 주님으로 영접했으며 예수님으로 오신 하나님의 사랑을 체험하게 되었다.

그의 아버지가 저주받은 움막이라고 불렀던 그곳은 압둘이 혼자서 성경을 읽고 공부하는 동안에는 영광스런 천국으로 바뀌었다. 성경을 더 깊이 배우고 싶었던 압둘은 선교사를 찾아갔다. 선교사는 압둘이 현지 교회에 출석하여 그 지역 교회 목사에게 훈련받을 수 있도록 주선해주었다.

압둘이 교회에 출석하고 있다는 소식을 들은 아버지는 압둘에게 교회에 발도 들여놓지 말라고 명령했다. 그래서 압둘은 할 수 없이 그렇게 했다. 압둘은 그때를 회상하며 "주일이 되면 나는 교회에 가지 않으려고 애를 썼지만 제 발이 말을 듣지 않고 저를 교회로 인도했어요"라고 말했다.

압둘의 불순종에 격앙된 그의 아버지는 본때를 보여주기 위해 다른 형제들과 삼촌들을 불러들였다. 그리고 압둘이 움막에 돌아오자마자 그의 형제들과 삼촌들은 그를 잡아 묶고 예수를 부인하고 성경

책을 불태우라고 강요하며 심하게 매질을 했다. 하지만 압둘은 예수님을 알기 전 자신의 삶이 얼마나 가치 없었는지를 알았기 때문에 자신의 마음속에 깃든 현재의 평화를 결코 포기할 수 없었다. 그래서 압둘은 이를 거절했다. 그러자 그의 아버지와 삼촌들은 마당에 기둥을 세우고 그가 마음을 돌릴 때까지 묶어 놓기로 했다. 그래서 그는 밤새 신변의 위협을 느끼면서 기둥에 묶여 있어야만 했다.

다음날 아침, 새벽 첫 기도시간이 되기 전에 압둘의 어머니가 서둘러 그를 풀어주며 말했다. "네 아버지가 너를 곧 죽일지도 모르니 빨리 여기를 떠나거라." 그것이 압둘이 마지막으로 본 어머니의 모습이었다. 그의 어머니는 그가 다시 고향으로 돌아오기 전에 돌아가셨다. 압둘은 즉시 그 선교사의 집으로 몸을 피했다. 선교사는 압둘에게 그 나라의 수도로 피신하도록 넉넉한 여비를 주면서 그곳에 있는 선교본부에서 다시 만나자고 약속했다. 그 후 선교사는 압둘을 다시 만나 도시에서 그가 자립할 수 있도록 도왔으며 그의 조언자가 되었다. 그리고 그를 위해 침(세)례를 베풀 현지인 목사를 소개해주었다. 현지 지역 교회 지도자들은 처음에는 압둘이 그리스도인 이름으로 개명하지 않는다는 이유로 그에게 침(세)례를 주지 않겠다고 했다. 하지만 압둘은 자신의 이름이 그리스도를 따르게 될지도 모를 다른 모슬렘들에게 간증이 될 것이라며 현지 지역 교회 지도자들의 개명 요구를 거부했다. "목사님께서 제게 침(세)례를 베풀든, 아니면 제가 스스로 침(세)례를 행하든 결국 저는 침(세)례를 받을 것입니다. 하지만 저는 제 모슬렘 이름을 바꾸지 않을 것입니다"라고 말했다. 압둘의 용기와 확신에 감동된 현지 목사는 결국 생각을 바꾸었고,

그에게 침(세)례를 베풀어주었다.

압둘은 수도에서 대학을 졸업했고, 뒤이어 경영학과 회계학 석사 학위까지 받았다. 또한 그는 성경과 코란 연구를 위해 많은 시간을 투자했다. 그는 성경에서는 영혼의 양식을 발견했으며, 코란에서는 모슬렘을 그리스도께 인도할 수 있는 유용한 연결다리를 발견했다.

첫 번째 회심자

압둘은 선택의 갈림길에 놓였다. 그는 이제 어린 소년이 아니었다. 그의 영성은 나날이 성장했으며 하나님께서 자신을 고향으로 인도하고 계심을 느꼈다. 그러나 그가 고향으로 돌아왔을 때 여전히 자신은 가족에게 금지된 사람임을 알게 되었다. 오직 그의 어릴 적 학교 친구인 빌랄(Bilal)만이 자신의 집으로 맞아주며 환영해주었다. 빌랄은 선하고 관대한 친구였다. "침대가 하나밖에 없으니 담요를 말아 우리 사이에 놓고 쓰자. 이쪽 반은 네가 쓰고 반은 내가 쓰면 돼." 이렇게 이들은 한 방에서 지내게 되었고, 압둘은 빌랄에게 복음을 전했다.

다른 마을 사람들은 압둘이 그리스도인이 되어 돌아왔다는 소식을 접하는 순간부터 그를 죽이려했다. 하루는 압둘이 들판을 걷고 있을 때 축구를 하던 한 무리의 사람들이 그를 붙잡아 때리고 발로 짓밟기 시작했다. 그때 그곳을 지나다가 구타 장면을 목격한 그 지역 정치인을 통해 하나님께서 개입하지 않으셨다면 그는 죽었을 것이다. 그 정치인은 그들에게 왜 이 사람을 때리고 있었는지 묻자, 그들은 "이 사람은 예수쟁이이기 때문에 죽이려고 합니다"라고 답했다. 그 정치인은 그들에게 만약 이 사람을 죽이면 온 마을이 시끄러워 질 것이라고 말하자 그들은 그 가혹행위를 멈추었다. 그들은 혼절하여 쓰러진 압둘에게 침을 뱉고 떠나갔다.

압둘의 피습 소식을 들은 빌랄은 부상당한 친구를 응급 치료한 후에 집으로 데려왔다. 빌랄은 압둘을 정성으로 간호해주었다. 그리고 압둘이 거의 회복되었을 때 압둘에게 침(세)례를 요청했다. 이에 압둘은 이렇게 대답했다. "어떻게 내가 네게 침(세)례를 주겠니? 그들이 내게 한 짓을 봐. 너에게도 똑같은 짓을 할 거야." 하지만 빌랄은 복음의 진리를 분명히 깨닫고 있었다. "너와 나를 위해 이보다 더한 고난을 당한 분이 계심을 나는 알아. 그러니 내게 침(세)례를 베풀어 줘!"

빌랄이 강에 들어가 침(세)례를 받을 때 압둘은 그에게 이렇게 말했다. "어제는 나 하나였지만, 오늘은 우리 둘이야. 그리고 내일은 우리 둘이서 이백 명을 이루게 될 거야."

그다음해, 압둘은 그의 아버지가 심한 병에 걸려 사경을 헤매고 있다는 소식을 듣게 되었다. 압둘은 그의 형제들에게 가서 아버지를 위해 기도할 수 있게 해달라고 요청했다. 이 일은 압둘이 아버지를 마지막으로 본 후 거의 8년 만의 일이었다. 압둘이 마을에서 도망친 후 그의 아버지는 법원에 가서 자신의 아들이 죽었다고 공적인 신고 절차까지 마친 상태였다. 하지만 압둘은 아버지 집에 살아 돌아와서 예수의 이름으로 아버지를 위한 치유기도를 해주었다.

다음날 아버지의 집에서 형제들이 찾아와 "아버지가 너를 보고 싶어하신다"고 전해주었다. 놀랍게도 압둘의 아버지가 형제들을 보낸 이유는 자신의 병세가 호전되었기 때문이었다. 사실 그는 수 주간 동안 병을 낫게 해달라고 알라에게 기도해 왔었지만 그 어떤 일도 일어나지 않았다. 하지만 압둘이 예수의 이름으로 자신을 위해 기도하고 난 다음부터는 자신의 상태가 눈에 띄게 좋아졌다는 것을 알았다. 그래서 자신의 병이 완전히 나을 때까지 매일 와서 기도해 달라고 부탁한 것이었다. 병에서 완전히 회복된 압둘의 아버지는 압둘이 들려주는 예수님과 그분으로부터 얻게 될 영생에 관하여 주의 깊게 듣고 자신의 머리를 조아려 예수님을 구주와 주님으로 영접하는 기도를 드렸다. 압둘은 주님께 돌아온 수천 명의 모슬렘 중에 오직 두 사람, 빌랄과 자신의 아버지에게만 개인적으로 침(세)례를 베풀었다고 말했다.

압둘과 빌랄에 대한 믿음의 소식이 퍼져가자 빌랄의 친척들이 자신의 집을 방문해달라는 전갈을 보내왔다. 압둘은 그들이 빌랄을 이슬람 신앙으로 돌이키기위한 것이라고 생각하여 말렸으나 빌랄은 그들의 요청을 받아들여 자신의 친척들이 사는 마을로 떠났다. 그리고 두 주 후 빌랄이 돌아왔다. 빌랄은 압둘에게 "내가 내 친척들이 사는 마을의 일곱 가정, 총 36명에게 침(세)례를 베풀었어"라고 말했다.

이 침(세)례사건으로 상당히 고무된 두 젊은이는 주님께서 모슬렘에게 주신 더 놀라운 사랑과 은혜를 나누기 위해 함께 전도여행을 하기로 했다. 그들은 모슬렘에게 성경 읽는 것은 금지된 것이 아니라 오히려 "경전들과 이전의 책들"(성경)을 읽도록 권장하고 있음을 확증하는 연결다리로 코란을 사용했다. 그러자 오래지 않아 그들은 주께로 돌아오는 수 백 명의 모슬렘 신자들을 얻게 되었다. 이렇게 복음은 가족관계를 통해 빠르게 전파되었다. 그리고 형제들은 함께 그들이 그리스도 안에서 발견한 변화된 삶을 그들의 친척과 나누기 위해 또 다른 친지들의 집을 찾아다녔다.

교회개척 배가운동이 확장되면서, 압둘은 전도활동에 종사하는 교회개척자들과 전도자들의 재정적 지원을 위해 자신의 전공과 사업수완이 도움 될 수 있다는 것을 깨달았다. 그래서 그는 물고기 양식장 사업을 시작했고, 그 후에는 작은 가죽 가방 공장도 운영했다. 그리고 판매원으로 고용된 20여 명의 MBB들은 가죽 가방 위탁 판매를 위해 먼 시골 지역으로 파견되었다. 이들은 회사 직원이자 교회개척자들로서 교회개척 배가운동이 그들의 일가친척과 관계를 맺으며 먼 변방 지역으로까지 계속 전파되는 데 견인차 역할을 했다. 이렇게 교회개척 배가운동은 폭발적으로 일어났다.

압둘이 교회개척 배가운동을 지원하는 사업을 감당하는 동안, 빌랄은 제자훈련과 지도자훈련 교관 역할로 자리 매김을 했다. 결혼도 하지 않은 채 빌랄은 교회개척 배가운동에 크게 헌신했다. 그의 초라한 대나무집은 가정 교회 지도자들과 끊임없이 늘어나는 새로운 신자들로 북적였고, 이내 제자훈련 센터로 바뀌었다. 8년에 걸쳐 빌랄은 1,500명이 넘는 새로운 MBB들과 지도자들을 훈련시켰다.

빌랄의 제자훈련 교육과정은 비록 간단했지만 매우 효과적이었다. 5명에서 15명 내외의 새 신자들은 빌랄의 집에 두 주간동안 머물면서 훈련을 받는다. 이들은 매일 아침 경건의 시간마다 개인 말씀묵상 시간을 가졌으며 빌랄이 들려주는 성경이야기를 듣고 토론을 하기도 하였다. 이때 한 제자는 "빌랄만큼 실감 나게 성경을 이야기해주는 사람은 지금까지 없었습니다"라고 회상했다.

그리고 그들은 남은 오전 시간에는 다른 모슬렘들이 복음을 쉽게 받아들일 수 있도록 코란에서 활용 가능한 연결다리를 찾는데 시간을 보냈다. 이렇게 오전을 보내고 늦은 점심식사를 하고 나면, 그들은 다른 성경구절들을 찾아 읽고 또 토론하였다. 그리고 그들은 그 이후에 따로 자유로운 성경공부와 또 다른 교육과정을 거쳤다. 그러면서 교회들과 새로운 초보 지도자들이 다음에는 어떤 사역을 해야할지에 대한 의문에 봉착하게 되면, 그들은 해답을 찾고자 자신들이 새로운 신앙을 갖게 된 이야기와 매우 흡사한, 박해 속에서도 폭발적인 교회 성장을 이룬, 사도행전을 펼쳐보았다.

2003년 2월 14일 늦은 밤, 빌랄은 누군가 문을 두드리는 소리에 밖으로 나갔다. 그리고 그는 한 무리의 모슬렘 극단주의자들에 의해 살해당하고 말았다. 그들의 목적은 빌랄을 죽임으로써 교회개척 배가운동의 제자훈련과 지도자훈련에 큰 타격을 가하는 것이었다. 하지만 그러기에는 너무 늦었다. 벌써 10만 명 넘는 MBB들이 생겨났기 때문이다. 하나님의 말씀과 영혼을 향한 빌랄의 경건한 열정은 그 교회개척 배가운동 위에 부어졌다. 지금도 빌랄에게 직접 배웠던 제자들은 그를 애틋하게 기억하고 있으며, 하나님의 말씀을 거침없이 쏟아 붓던 빌랄의 교육방법과 그의 헌신적인 삶을 그들의 새 신자들과 후임 지도자들에게 전수하고 있다.

현재도 교회개척 배가운동에는 많은 현지 지도자들이 있다. 압둘도 그들 중 하나이다. 그는 자신이 태어난 마을에서 그의 가족과 함께 살고 있다. 믿음 때문에 쫓겨났던 그 집에서, 단지 예수를 믿는다는 이유로 폭행을 서슴지 않았던 그의 삼촌들과 그의 친형제들과 더불어 예배드리고 있다.[5]

---

1) 본서에서 남아시아는 인도, 파키스탄, 방글라데시, 스리랑카, 네팔, 부탄, 몰디브 등의 일곱 개 나라를 통칭한다.
2) 모슬렘 소년들의 초등교육과 종교교육을 위한 이슬람 학교를 칭하는 용어이다.
3) 문자적으로 '앞에 선 사람'을 의미함. 모스크나 이슬람 공동체의 지도자를 지칭하는 용어이다.
4) 역자주: 오토바이에 지붕을 덮어 개조한 삼륜차
5) The Camel Workshop(Richmond, VA: WIGTake Resources, 2007)에서 압둘 자신의 이야기를 읽을 수 있고, 인터넷 사이트에서 직접 들을 수 있다.
www.freshwinddistributing.com

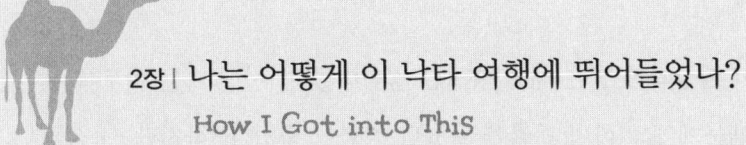

2장 | 나는 어떻게 이 낙타 여행에 뛰어들었나?
How I Got into This

1997년 9월, 내가 1억 명 이상의 믿지 않는 모슬렘이 거주하는 남아시아의 한 국가에서 사역하고 있었을 때 나는 싱가포르에서 열린 신임 전략조정 선교사(Strategy Coordinator) 훈련과정에 참석했었다. '전략조정 선교사'란 하나의 미전도 종족그룹을 대상으로 그들 가운데 스스로 배가하는 교회를 개척하도록 전략을 수립하고 이를 실행하는 책임 선교사를 말한다.

이 훈련과정 기간 동안 나는 매일 밤 모슬렘을 향한 구령의 열정과 전도방법을 생각하며 숙소로 돌아오곤 했다. 그러던 어느 날 나는 잠들기 직전에 하나님께서 주신 환상을 보았다. 그것은 내가 사역하고 있는 나라의 모슬렘 수천 명이 지옥의 불구덩이 속으로 떨어지는 광경이었다. 나는 환상이 너무 분명하고 사실적이어서 걷잡을 수 없는 눈물을 쏟고 말았다. 비탄과 슬픔의 눈물로 베개는 금방 젖어버려 나는 베개를 뒤집어야만 했다.[6]

이 환상과 눈물은 내게 특별한 경험이었다. 사실 나는 이토록 무엇 때문에 슬퍼하며 눈물을 흘렸던 경험이 없었다. 하지만 이 끔찍한 장면은 내 마음속에 너무도 선명하게 남아 내가 사역하는 나라의 민족들을 향한 안타까운 마음으로 몸서리치게 했다. 그런데 얼마 지나지 않아 이 지옥 불의 환상은 새로운 소망으로 뒤바뀌었다. 왜냐하면 내가 환상 속에서 보았던 모슬렘들이 지옥의 불구덩이로 떨어지다가 다시 방향이 바뀌어 하늘나라로 들어 올려졌기 때문이다. 나는 새롭게 펼쳐지는 이 광경을 목격하면서 정결케 하시는 하나님의 섭리를 경험했다. 그래서 나는 불안이 아닌 평안함 속에서 그날 밤 잠을 잘 수 있었다.

다음날 아침, 나는 경건의 시간을 위한 중보기도 안내 책자를 보고 놀라지 않을 수 없었다. 왜냐하면 그날 아침 중보기도 안내 책자에는 특별히 내가 섬기는 모슬렘 종족에 관한 자료와 정보가 기도제목으로 나와있었다. 이것은 어젯밤 내가 환상 속에서 헤매고 있었던 바로 그 시간에 미국에 있는 3만 명 이상의 성도들이 내가 섬기는 모슬렘 민족 공동체를 위해 특별기도를 하고 있었다는 것을 말해주기 때문이다. 싱가포르와 미국의 시차 때문에 이들이 중보기도를 하고 있었을 시간이 바로 내가 잠자려고 침대에 누웠던 바로 그 시간이었던 것이다. 그것은 신임 전략조정 선교사인 나에게는 놀라온 경험이 아닐 수 없었다. 나는 이 전략조정 훈련과정을 마치면서 하나님께서 놀라운 일을 행하고 계심을 확신했다.

사실 나는 이미 전략조정 선교사 훈련과정에 참석하기 전부터 모슬렘 사역을 해오고 있었다. 사역을 시작하던 처음 두 해 동안 그 나라 전역의 모슬렘들을 전도대상으로 삼고자 특정 지역 소수 그리스도인의 동참을 요청했었으나 불행히도 이 그리스도인들은 모슬렘을 두려워했다. 사실 그들 대부분은 모슬렘에 대한 이해도 부족했고, 회심 전에 힌두교인과 불교인, 그리고 정령 숭배자들이었기 때문에 모슬렘의 세계관과는 전혀 관련이 없는 자들이었다. 그래서 그들은 모슬렘 회심자를 보기는 원했지만 그들을 두려워했던 것이다. 그리고 이들은 종종 영적 회심과 문화적 회심을 동일시하려 하였다. 그래서 그 나라의 전통적 교회제도에서는 회심한 자로 인정받으려면 초대교회에 등장하는 요한 혹은 바울 같은 성경 인물들의 이름으로 개명해야만 했고, 또한 회심하는 자들은 과거 복음을 전해준 선교사들에 의해 이백 여 년 동안 전수받은 그 지역 교회의 예배 형식을 받아들여야만 했다. 그래서 결과적으로 이 지역 교회의 예배 형식은 19세기 영국 침례교 전통 양식에서부터 현대 미국의 경배와 찬양 양식까지 다양하다.

그러나 이러한 다양성에도 불구하고 이들은 모두 그리스도 안에서 하나 된 신실한 형제, 자매들이다. 그래서 나는 가능한 한 이들 현지 지역 교회를 통해 그들과 함께 동역하려고 노력했다. 이것이 2년이 넘도록 내가 했던 사역의 개괄적인 내용이다. 우리 소수의 교회개척팀은 우리가 계획했던 모든 종류의 전도 기재들을 사용하여 지역 교회의 사역 범위를 점차로 확장하려 하였다.

이에 『예수』 영화 상영, 복음 전도문서 배포, 농촌개발, 긴급구호, 관계전도, 타문화 전도사역 등을 활용했다. 그리고 우리는 모슬렘들을 친구로 사귀었으며, 그들을 향한 사랑의 마음을 키워나갔고, 그들을 향한 실제 봉사사역까지 그 영역을 넓혀나갔다. 하지만 우리팀은 2년간의 사역을 갈무리하면서 새로운 교회개척은 고사하고 단 한 명의 침(세)례자도 얻지 못했음을 알게 되었다. 성공했다고 평가할 만한 유일한 업적은 소규모 수출용 바구니 제작 사업을 위해 23명의 모슬렘 여인들을 모은 것이 전부였다. 그러나 이 여인들도 여러 번 전도하려 했으나 노력은 수포로 돌아갔고, 결국 우리는 다른 방법을 찾지 않을 수 없게 되었다.

전략조정 선교사 훈련과정에서 들었던 한 가르침이 내 머릿속을 맴돌기 시작했다. 한 훈련교관이 이렇게 말했다. "지금까지 하던 일을 계속한다면, 지금까지 얻었던 결과를 계속 얻게 될 것이다." 이것을 바꾸어 말하면 "지금까지 하던 일을 계속하면서 특별한 결과를 기대한다면 당신은 미친 것이 틀림없다!"이다.

도대체 나는 무엇에 집착했는가? 이젠 어떤 변화가 필요한 시점이 되었다. 나는 하나님께서 친히 행하심으로 놀라운 결과가 나타난 사건들을 찾기 위해 주위를 둘러보기 시작했고, 그러던 중 1996년 모임에서 만났던 '압둘'이라는 이름의 한 젊은 MBB를 생각해냈다. 그때 그는 이슬람에서 돌아온 회심자가 2만 명 있다고 주장했었다. 나는 지난 2년간의 노력과 실패를 경험하기 전까지만 해도 그의 주장이 얼마나 놀라운 것인지 인식하지 못했었다.

나는 '압둘'을 관심 있게 지켜보기 시작했다. 그리고 수년이 지나서야 그를 조금씩 더 깊이 알게 되었다. 나는 그와 한 형제가 되고 싶었다. 나는 거의 모든 시간을 그의 삶과 영적 싸움, 그리고 그의 사역에 대한 이야기를 듣는데 보냈다. 처음에는 그의 주장이 의심스러웠다. 내가 형편없는 사역의 열매를 얻고 있는 동안 어떻게 이 압둘 형제는 어떻게 이토록 풍성한 열매를 얻을 수 있었을까?의 의문은 나뿐만 아니라 함께 사역하는 다른 외국 선교사들도 갖고 있었다. 그리고 그들은 한결같이 "그건 정말 불가능합니다"라고 말했다. 그래서 나는 직접 확인해보기로 했다.

처음으로 압둘이 거둔 놀라운 선교적 결실은 그동안 선교사들이 단 한 명의 MBB도 없다고 주장했던 바로 그 곳, 압둘의 고향에서 얻었다. 나는 1997년 직접 그 지역을 방문해 4개의 마을에서 150명 이상의 MBB들을 개인적으로 만나 인터뷰를 했었다. 그리고 어떤 마을에는 무려 54개의 그리스도인 가정이 있었다. 하지만 나는 여전히 의문이 풀리지 않았다. 모슬렘 이름을 고수하면서도 기독교 신자라고 말하는 자들이 과연 순수한 신앙인지 나는 그들의 신앙의 진정성 여부를 묻지 않을 수 없었다. 그래서 나는 그들에게 그들이 교회에서 즐겨 부르는 찬양을 불러달라고 했다. 그들은 피식 웃더니 직접 만든 찬양을 **부르**기 시작했다. 그리고 나는 또 지난 일요일에 들은 성경말씀을 말해달라고 부탁했다. 그러자 "우리는 일요일에 모이지 않고 금요일에 모입니다"라고 말한 뒤 지난번 모임에서 자신들이 들은 성경말씀을 이야기해주었다.

시골 MBB들과의 첫 만남 이후 계속된 조사 과정을 통해 하나님께서는 이미 특별한 무엇인가를 행하고 계셨다는 사실과, 나 역시 그 특별한 사역에 참여하기를 간절히 원하고 있음을 확신하게 되었다. 하나님께서 이 모슬렘 형제 압둘을 통해 일하고 계신다면 나는 배울 수 있는 모든 것을 그에게서 배우고 싶었다. 그렇게 하면 하나님께서 나 또한 사용하실 것으로 생각했다.

우리는 압둘 형제를 통해 시작된 교회개척 배가운동에 적용된 몇몇 특징들이 지금까지 우리가 행했던 방법과 전혀 다르다는 것을 발견했다.

압둘 형제의 교회개척 배가운동의 특징들

1. 다른 어휘

우리가 맨 먼저 주목한 것은 MBB들이 우리와 다른 종교적 용어를 사용한다는 점이었다. 성경의 권위를 손상시키지 않으면서도 그들은 이슬람 전통에 친숙한 용어들을 사용했다. 예를 들면, 그들은 자신들의 이름을 계속 아랍식으로 썼다(이는 이름을 바꿔야 할 별다른 필요성을 느끼지 못했기 때문이다). 그리고 '교회'를 '이사 자마아트'(Isa Jamaats, 문자적 의미로는 '예수 모임')로, '목사'를 '이맘'(Imam)으로 명명하여 사용했다.

우리는 그들이 어떻게 살아왔으며, 그들의 신앙이 어떻게 전파되었는지를 알게 되면서 그들 문화의 대부분을 결정지은 코란에 대해 더 많이 배울 필요가 있음을 알게 되었다.

코란은 114장으로 구성되어 있으면서 동시에 그 각 장(Surah, 수라)은 고유명칭으로도 되어 있는데, 모슬렘들은 숫자보다는 각 장의 고유명칭에 훨씬 익숙하다. 예를 들면, '3장'은 '알 이므란' '46장'은 '모래언덕'이라고 불린다. 각 장은 아야(Ayya, 단수), 아야트(Ayyat, 복수)로 불리는 절들로 채워져 있다. 그리고 이슬람 전통에 따라 그들은 '토라트'(Taurat, 모세오경) '자부르' 그리고 '인질'(신약성경 혹은 복음서) 등 세 부분으로 이루어진 성경을 '기탑 알 모콰디스'(The Kitab al-Moqaddis, 문자적 의미로는 '거룩한 책')라 부른다. 성경에 나오는 여러 인물들도 '노아'는 '누'(Nuh) '다윗'은 '다우드'(Dawud) '모세'는 '무사'(Musa) 등의 코란에 등장하는 아랍식 이름으로 부르고 있으며, 가장 중요한 '하나님'도 역시 '알라'(Allah)라고 부르고 있다.[7]

2. 정체감

이들에게 당신의 종교가 무엇이냐고 질문하면 대부분의 MBB들은 "나는 이샤이 모슬렘(Isahi Muslim)입니다"라고 대답한다. 이때 사용한 '모슬렘'이란 단어는 '선지자 모하메드의 추종자들'이 아닌 '하나님께 자신을 복종시키는 자'란 뜻으로 사용하기 때문에 그들은 주저 없이 그렇게 말한다. '이샤이'(Isahi)는 '예수께 속한 자'라는 의미로써 그들은 이사(Isa, 예수)를 따름으로 하나님께 자신을 복종하기로 했기 때문에 '이샤이 모슬렘'이란 용어를 아무도 이상하게 여기지 않는다. 모슬렘도 이 용어가 그리스도인을 의미한다고 알고 있다. 이 '이샤이 모슬렘'이란 용어는 두 가지 의미로 사용된다. 첫째로 '이샤이 모슬렘'은 '서구 그리스도인'과 구별하기 위한 명칭으로 사용한다. 왜냐하면 대부분의 모슬렘은 서구 그리스도인은 이미 타락했다고 생각하기 때문이다. 그리고 둘째로 이 명칭은 왜 그들이 이사를 따르는 자가 되었는지 설명하는 것으로써 그들이 전도할 기회를 얻고자 할 때 사용한다.

3. 어떻게 전파되었는가?

나는 어떻게 복음이 그 지역에 있는 수많은 모슬렘에게 전파되었는지 알고 싶었다. 그래서 압둘의 고향 마을에서 약 160km 떨어진 시골 마을을 방문했다. 그 마을에는 MBB가 25명 정도 출석하는 작은 교회가 있었다. 나는 그들에게 교회가 어떻게 개척되었는지에 대해 묻자 그들은 나에게 약 2년 전에 압둘의 고향 마을 근처에 있던 교회에서 이샤이 모슬렘 한 사람이 그의 친척을 만나러 자신들의 마을을 방문했었다고 말했다. 처음에 그의 친척은 복음을 거절했지만 곧 회심하게 되었고 그리스도를 받아들이게 되어 압둘의 고향 마을에서 온 그 이샤이 모슬렘이 몇몇의 새 신자에게 침(세)례를 베풀면서 이 교회가 시작된 것이라고 말해주었다.

나는 그 교회 성도들에게 질문하는 과정에서 그 교회 성도 중 세 명이 인근 마을로 가 또 다른 교회를 개척했다는 사실도 알게 되었다. 그리고 그 교회들은 지금도 친척들이나 가까운 이웃을 통해 세워져 나가고 있다는 것이었다. 이런 식으로 복음이 먼 지역까지 넓게 퍼져 나가고 있다는 사실에 나는 놀라지 않을 수 없었다. 내가 방문했던 교회의 목사는 교회에서 40마일이나 떨어진 먼 지역까지 복음이 전해졌으며, 그 이웃 마을에 예수님을 따르는 모슬렘이 무려

100여 명이나 된다고 말해주었다.

나는 압둘의 나라에서 일어나는 이런 전도 형태가 복음을 펼치는 하나의 공식 같아 보였다. 우선 한 마을에 살고 있는 전도자가 다른 마을에 사는 외삼촌이나 처남 등과 같은 '안전이 보장되는' 친척을 방문한다. 그러면 결국 그의 친척과 마을 사람들이 예수님을 따르게 되면서 하나의 교회가 개척되는 것이다. 이 교회개척 공식의 유일한 예외는 자신들의 친척들이 사는 지역 밖이나 새로운 미개척 지역을 계획적으로 여행하면서 전도하는 것이다.

이 개척 양식을 통해 우리는 두 가지 실제적인 지침을 만들었다. 첫째, 가능하면 이샤이 모슬렘들이 그들의 먼 친척을 방문토록 독려하는 것이다. 실제로 많은 교회개척자들은 이샤이 모슬렘들과 함께 그들의 친척집을 방문하곤 했다. 둘째, 가족관계를 따라 전파되는 복음의 동선(動線)을 도해(圖解)하기 위해 최선을 다했다. 일단 한 지역이 정해지면 자연스런 가족관계 구조의 흐름을 따라 새로운 지역에 복음이 전해지도록 교회개척자를 파송하는 것이다.

1. 전도방법

이 교회개척 배가운동에서 교회개척 전도자들은 모슬렘과의 영적인 대화를 이끌어 내기 위한 주된 방법으로써 코란의 많은 구절을 사용했다. 그들은 "물이 좋은지 아닌지" (역자주: 복음에 수용적인지 아닌지) 시험하기 위해서, 즉 누가 메시지에 반응하는지 안 하는지를 찾기 위해서 코란의 구절들을 활용하는 것이다.

모슬렘에게 단도직입적으로 복음을 전하는 것은 일련의 문제들을 일으킬 수 있다. 그래서 MBB들은 예수님과 기독교의 경전인 성경에 대해 긍정적으로 말하고 있는 코란의 특별한 구절을 모슬렘에게 먼저 보여주는 것이 더 안전하다는 것을 알게 되었다. 그래서 그들은 매개역할이 될 만한 코란의 구절에만 초점을 맞추어 예수나 성경에 대해 언급하는 구절들을 찾는다. 그리고 그들은 모슬렘의 반응을 세심히 살펴 어느 정도 진전을 보이면 그때 다음 단계로 진행할지 말아야 할지를 결정한다. 그런데 이 모슬렘들은 예수님을 믿고 새로운 신앙 안에서 성장한 후에도 여전히 코란을 본다. 그러나 그것은 코란을 전도도구로 사용하기 위해서이지 다른 뜻은 없다. 이 전도방법은 복음이 번져 나가는 속도를 결정짓는 주요 요소이기 때문에 MBB들은 코란을 복음의 연결다리로 사용한다. 왜냐하면 코란은 그들이 전도해야 할 모슬렘과의 공유 영역을 제공하기 때문이다.

나는 MBB들이 코란 속에서 모슬렘이 공감할 수 있는 요소를 찾아 성경의 연결다리로 활용하려고 몇 시간 동안 이것의 의문점이나 유사점을 찾아 연구한다는 말에 당황했다. 물론 처음에는 이 전도방법이 탐탁지 않았다. 왜냐하면 나는 모슬렘을 전도하려고 코란에 대해 그토록 자세히 알아보려고 했던 적이 없었기 때문이었다. 하지만 이 전도방법은 우리가 시도해 보지 않았던 유일한 방법으로써 MBB들이 복음을 전하는 핵심 도구가 되는 것을 부인할 수 없었다.

5. 전도자와 교회개척자의 정체성

교회개척자이자 전도자들은 소자본 사업가로 변신해 작은 생필

품을 팔거나 아니면 오토릭샤 운전사가 되는 새로운 모험을 시도하고 있다. 그리고 이를 통해 이들은 교통비를 해결하거나 매월 생활비를 벌기도 한다. 이런 일들은 두 가지 이유 때문에 벌어졌다. 첫째는 현지인 교회개척자와 전도자 봉급을 명목으로 하는 후원금 모금이 쉽지 않기 때문이다. 그리고 국외 선교단체에서 보내주는 후원금이 있기는 하지만, 이것은 새로운 사역을 추진하거나 이를 위해 교회개척자들이 사용하는 교통비로 거의 다 사용되기 때문이다. 그리고 둘째는 이 교회개척 배가운동의 지도자들과 교회개척자들은 국외 선교단체가 모아준 생활비 명목의 기금을 원치 않는다. 이곳 남아시아 국가에서 활동하는 비정부 기구(NGO)들이 빈곤한 모슬렘 계층을 위한 구호와 개발 프로젝트란 구실을 내세워 '회심자들을 매수'한다는 오명을 받고 있기 때문이다. 그리고 실제로 모슬렘들은 비정부 기구(NGO)들을 서구 기독교 문화 전달을 위한 기획단체로 의심하고 있다. 그래서 이런 상황에서 사업가 신분의 평범한 사람으로 보이는 MBB 교회개척자들이 새로운 공동체에 접근하는 것이 좀 더 쉬었다.

6. 회신의 순간

전형적인 모슬렘들은 처음 복음을 접하자마자 그리스도를 구주로 영접하지는 않는다. 납득할 만한 복음을 듣고 실제로 예수를 믿는 믿음으로 나아오기까지 짧게는 3주에서 6개월까지 걸린다. 그 기간은 대개 전도 받은 모슬렘이 자신의 질문에 대답하며 도와줄 MBB를 만나는 횟수에 따라서 결정되었다. 즉 새 신자들이 MBB들과 함께 있는 시간이 많을수록 빨리 회심을 한다는 것이다. 그리고 전도지, 라디오 복음방송, 성경통신공부 그리고 환상과 같은 것들은 모슬렘 구도자가 스스로 MBB를 찾아오도록 만드는 역할을 한다. 그리고 이것들은 그들에게 있어서 복음의 밑그림을 그릴 수 있게 해준다.

우리는 또한 모슬렘들이 예수를 주(主)와 그리스도로 영접하게 되는 기도시간에 관해 재미있는 점을 발견했다. 90여 명의 MBB가 모인 커다란 집회 장소에서 나는 그들에게 하루 중 주로 어떤 시간에 영접기도를 드렸는지 물었다. 예수를 영접하는 기도시간이 오전, 오후, 저녁 혹은 늦은 밤(자정부터 새벽4-5시까지의 시간) 중 어느 시간대였는지 손을 들어 보라고 요청했다. 그러자 그들은 한결같이 늦은 밤 시간대에 손을 들었다. 이것은 참으로 의미 있는 발견이다. 왜냐하면 내가 아는 대부분의 외국 선교사들은 그 늦은 밤 시간에는 깊은 잠에 빠져 있기 때문이다. 따라서 늦은 밤 시간에라도 그리스도의 증인으로 호출에 응할 수 있는 현지 MBB동역자들이 없었다면 이 모슬렘 추수사역은 불가능했을 것이다.

7. 침(세)례

침(세)례 의식은 가능하면 회심하자마자 곧바로 시행하는 것이 좋지만 가끔은 몇몇 새 신자들이 공동체를 이룰 때까지 기다렸다가 침(세)례를 베풀기도 한다. 그리고 대부분의 침(세)례식은 은밀한 장소인 외딴 작은 연못에서 밤에 거행되었다. 대부분의 회심자들은 전도자나 교회개척자가 아닌 목사들에게 침(세)례를 받는다. 그리고 경우에 따라서 문화적인 이유로 여인들에게는 여성 교역자가 침(세)례를 주기도 한다.

『예수』영화는 이슬람 세계에 많은 영향을 주었다. 그중 『예수』영화에 나오는 침례 의식은 이 교회개척 배가운동에서 거행하는 침례식과 똑같은 절차와 동일한 형식, 즉 침례 받는 사람의 이마에 목사가 손을 얹고 물속에 잠기는 순서로 진행된다. 침례 받는 사람이 물속에 완전히 잠겨야 하기 때문에 추운 계절에는 침례식을 연기할 수 없었다.

8. 상황화와 토착화 – 토착화를 통한 상황화

많은 외국 선교사들은 복음을 모슬렘 공동체 상황에 적합하도록 재구성하는 데 대부분의 시간을 보낸다. 내가 연구했던 교회개척 배가운동은 그 운동이 싹튼 모슬렘 공동체의 문화적 특질을 자연스럽게 받아들이며 상황화 단계를 넘어서 직접 토착화 단계로 진행되고 있었다. 왜냐하면 MBB들이 그 교회개척 배가운동을 주도했기 때문이었다. 그래서 우리는 무슬렘들과 가까이 지낼 때 MBB 동역자들의 관점으로 사물을 보려고 노력했다. 그러다 보니 서구 기독교가 많은 모슬렘들에게 텔레비전에서 보여지는 미국 문화를 연상케 함으로써 오히려 복음에 대해 거부 반응을 일으키는 요인이 된다는 것을 알게 되었다.

그래서 MBB들은 서구 문화뿐만이 아니라 기독교의 서구적 표현을 거부함으로써 이러한 장애물들을 극복하고자 했던 것이다. 그래서 그 결과 복음은 토착화의 기초를 세워 그들의 모든 공동체 속으로 급속하게 퍼져나갈 수 있었다.

9. 예배 형태

전통적으로 이사 자마아트(모슬렘 교회)는 시골 마을의 가정집이나 집안 정원, 혹은 나무 아래에 모여 금요일에 예배를 드렸다. 예배는 기도, 헌금, 성경말씀, 그리고 찬송 순으로 드려졌는데, 찬송은 전통 기독교 음악에 모슬렘 문화가 맞도록 개사하여 사용하거나 아니면 회심자들이 직접 만든 곡들을 사용했다. 그리고 이사 자마아트는 긴 나무 의자가 있는 전통적 교회들과는 달리, 예배자들은 바닥에 앉았고 기도할 때는 손바닥을 위로 향해 앞으로 뻗쳤다.

성서협회는 1997년에 그들의 상황에 적합하고 친숙한 모슬렘의 공용어로 성경을 출판했다. MBB들은 열정적으로 그 성경을 사용했다. 교회개척 배가운동 차원에서 보면, 그 성경의 보급은 마치 휘발유를 흠뻑 적신 나무토막을 불 속에 던지는 것과 같은 효과를 냈다.[8]

10. 핍박과 담대함

실제로 많은 새 신자들은 박해를 경험했지만 우려했던 것만큼 혹독하지는 않았다. 심한 욕설이나 공동체로부터 추방된 것과 같은 형태의 박해는 일반적으로 6개월에서 1년 정도면 끝이 났다.

이 글을 쓰는 현재까지 이 교회개척 배가운동에서 현지 모슬렘들이 기독교 복음전파를 방해할 목적으로 일으킨 직접적인 가해행위로 말미암아 순교한 MBB들은 모두 일곱 명으로 파악됐다. 이렇게 순교자의 수가 적은 것은 이샤이 모슬렘들이 코란을 복음 증거의 연결다리로 사용한 것과 서구 문화와 동일시되는 것들을 미연에 방지한 것, 그리고 가족관계를 통해 전도를 활성화한 것 때문이라고 볼 수 있다. 그리고 그들이 박해를 두려워하지 않는 이유는 박해가 심해질수록 복음의 영향력이 더욱 크게 나타나는 것들을 경험하기 때문이다. 한 사역자가 관찰한 바로는 모슬렘 회심자가 그리스도 안에서 자신의 새로운 신앙을 고백하면 심한 매질을 당하는데, 신기한 것은 그의 상처가 아물기도 전에 가족과 이웃들이 그의 복음에 대해 관심을 갖고 찾아온다는 것이다. 그럼 이때 회심자들은 그들에게 예수님에 관해 말해주어 또 다른 회심자를 낳는 것이다. 그런데 박해를 피해 조용히 사태를 관망하는 자들에게는 이러한 역사가 일어나지 않는다는 것이다. 이렇게 교회개척 배가운동은 성장하게 되었다.

반복적으로 매질을 당하는 한 형제는 이렇게 고백했다. "그들은 내 몸을 수천 조각으로 찢을 수는 있지만, 그 수천의 살 조각들은 '예수 그리스도는 주님이시다' 라고 외칠 것이다."

배운 바를 적용하기

MBB들이 복음을 전하는 방법에는 우리가 받아들일 수 있는 것도 있었고, 받아들이기 어려운 다른 것들도 있었다. 하지만 나와 동역자들은 지금까지 배운 것들을 실행에 옮기기로 했다.

우리는 주저하지 않고 복음 전하는 일에 더욱 담대해지기로 했다. 그래서 일반 사업가로 가장하여 접근하기보다는 오히려 예수님에 관해 모슬렘에게 직접 말할 수 있는 모든 수단을 동원하기로 했다(특히 우리가 위협을 당할 때는 더욱 그러했다).

우리는 우리 자신을 이샤이 모슬렘이라고 소개하지는 않았지만 우리가 그토록 전도하고 싶었던 모슬렘들에게는 그들의 용어를 사용하기로 했다. 그리고 새로운 모슬렘 신자를 전통적인 교회로 인도하기보다는 그들의 교회를 시작하도록 격려해주었다.

우리가 가진 여러 문제 중 제일 큰 것은 이샤이 전도자들이 코란을 사용하여 전도한 방법들을 일목요연하게 정리하는 것이었다. 왜냐하면 우리는 그들만큼 모슬렘 경전에 해박하지 않았기 때문이다. 그리고 실제로 우리는 이를 잘 알기를 원치 않았다. 하지만 MBB들이 아닌 우리(코란에 대해 잘 모르는 전도자)와 같은 사람들이 모슬렘 전도를 위해 쉽게 사용할 만한 그 무엇인가는 필요했다.

우리는 가장 근접한 연결다리 역할로 이사 알 마시(Isa al-Masih, 예수 그리스도)를 언급하는 코란 3장 '알 이므란'(al-Imran) 수라에서 13개의 구절을 찾았다. 여기에는 「예수는 처녀의 몸에서 태어날 것이며, 기적을 행할 것이며, 전 세계에 표적이 될 것이고, 알라께서 그에게 죽음을 허락하시고 또한 그를 하늘로 들어 올릴 것이다」라는 구절이 들어있다.

알 이므란 수라 3장의 핵심 구절의 이해를 쉽게 하려고 우리는 'C-A-M-E-L'이란 머리글자를 조합해냈다. 이 문자는(C-A-M-E-L) 코란 3장 '알 이므란' 수라의 중요한 가르침을 좀 더 쉽게 기억나게 한다. 이사의 어머니 마리아는 이사 탄생을 위해 '선택'(Chosen)되었고, 이 기쁜 소식을 천사가 그녀에게 선포했고(Angels Announced), 이사는 기적(Miracles)을 행하며, 그가 영원한 생명(Eternal Life)으로 인도하는 길을 알고 있다는 것이다. 이렇게 '낙타 전도법'(the CAMEL Method)이 태어났다.

우리는 가장 먼저 이 새로운 전도법을 우리와 함께 바구니를 만드는 23명의 모슬렘 여인들에게 실천해보았다. 우리 집회에 그녀들의 남편을 초청했고 그녀들이 남편이나 아버지를 모시고 왔을 때, 우리는 예수에 대해 언급된 코란의 구절들을 이들에게 가르쳐주었다. 이 코란구절로 예수가 평범한 선지자가 아니라 초월자이심을 보여주는 것은 그리 어렵지 않았다. 그러자 그들은 지금까지 자신들에게 이 진리를 숨겨온 이맘들에 대하여 분노의 감정과 또 한편으로 이사에 대한 진실을 발견한 것에 대한 흥분의 감정을 감추지 못했다. 그들은 모두 예수님에 관하여 더 알기를 원했다. 그래서 우리는 그들의 모국어로 된 『예수』영화를 보여주었다. 그 후 믿을 수 없는 일들이 일어났다. 바로 그들에 의해 그 전도집회가 나흘간이나 계속되었다는 것이다. 그 기간에 우리는 그들에게 계속 복음을 전했고, 그들은 집중하여 경청했다. 그 집회의 마지막 날, 그들은 예수님이 하나님의 아들이며 하늘나라로 우리를 인도할 유일한 분임을 확신

하게 되었다. 그들은 곧 여섯 개의 교회를 세웠고, 우리는 그들의 교회를 세우는 일을 도왔다.⁹⁾

우리는 이같이 모슬렘 교회개척 배가운동을 통해 놀라운 경험들을 하며 많은 것을 배워나갔다. 그리고 그 배운 교훈들을 가지고 현장에서 모슬렘을 전도하고 그 회심자들을 중심으로 그들의 교회를 조직하는 일에 힘썼다. 그렇게 2년 반에 걸쳐 그들은 감히 우리가 따라갈 수 없을 정도의 많은 열매를 빠르게 맺어갔다. 4,500명의 모슬렘에게 침(세)례를 베풀었고, 314개의 교회가 새롭게 세워졌다. 그리고 이 운동에 관여했던 한 동료는 2년 동안 모슬렘 8,000여 명이 침(세)례를 받았고, 500여 개의 교회가 세워졌다고 보고하였다.¹⁰⁾

미국 남침례교 국제선교부는 서남아시아의 국가에서 시작된 두 개의 교회개척 배가운동에 대한 현장 조사를 위해 2002년에 조사팀을 보냈다. 이 조사팀은 단지 교회개척 배가운동의 일부분만을 살펴보았음에도 불구하고 "1990년대 후반에 시작된 이 모슬렘 교회개척 배가운동은 범위와 크기, 그리고 영적인 깊이 면에서 역사적으로 이례적인 사건일 뿐 아니라 지금도 계속 증가하고 있으며 박해 가운데서도 놀랍게 진행 중이다"라는 보고서¹¹⁾를 냈고, 그 안에는 MBB가 최소 90,000명에 이를 것이라는 내용도 있다. 그리고 그 평가 이후 3년 동안에도 침(세)례 받은 모슬렘들과 새로운 교회의 숫자는 눈에 띄게 증가했고, 현재 교회개척 배가운동은 이웃 나라들로 번져가고 있다.

62 모슬렘을 위한 낙타 전도법

왜 지금 이런 일이 일어나고 있는가? 그동안 하나님은 모슬렘들을 사랑하지 않았고 그들의 구원을 바라지 않으셨단 말인가? 물론 아니다. 하나님은 변하지 않으신다. 단지 우리가 변했을 뿐이다. 우리는 수 세기 동안 기독교인에게 옳다고 여겨졌던 기독교적 관점으로 모슬렘을 전도하려 했었다. 그러나 이제 우리는 다른 접근법을 알게 된 것이다. 우리는 MBB로부터 그들이 어떻게 전도하며 자신의 동족들을 어떻게 결신 시키는지를 배웠다. 우리는 모슬렘들이 가지고 있는 질문에 MBB들이 답하는 것과 모슬렘들이 중요하다고 여기는 관심사를 언급하는 것을 보았다. 다시 말해 우리가 모슬렘과 같은 관심분야를 갖고 있고, 이에 대해 언급을 하면 그들은 기꺼이 듣고 반응한다는 것이다.

이렇게 MBB들이 이미 사용하는 원리들과 통찰력을 적용하기 시작하면서 우리의 사역에 돌파구가 마련되었다. 우리는 이와 같은 원리와 통찰력을 다른 곳에서도 사용할 수 있다고 확신한다. 하나님께서 모슬렘 출신도 아닌 우리를 이 남아시아 모슬렘 국가에 전도하러 보내셨다면, 온 세상에 거주하는 모슬렘들에게도 구원을 베풀고자 또 다른 그리스도인들을 사용하실 것이 분명하다.

내가 이 책을 쓰는 목적은 믿지 않는 모슬렘 형제, 자매들을 그리스도께로 인도하는 하나님의 사역방법에 대하여 이 책을 펼쳐든 당신과 나누고 싶었기 때문이다. 이 놀랍고도 소망에 찬 그분의 추수 사역에 당신도 곧 동참하게 될 것이다.

6) 나는 이것을 비전이라고 생각한다. 왜냐하면 하나님께서 내게 역동적이고 새로운 통찰력을 주셨기 때문이다. 이것은 하나님께서 성경을 통해 우리에게 계시한 것과 일치하기 때문에 하나님의 비전임이 확실하다.

7) 우리가 '하나님' 대신 '알라'라는 이름을 사용하는 이유를 더 자세히 이해하기 원하는 독자는 책 뒤의 「부록 1. 낙타 전도법에 관한 질문과 대답」을 읽어 보라.

8) 용어해설에 '상황화된' 혹은 '모슬렘 친화적 성경'을 보라.

9) IMB(The International Mission Board)는 이곳에 기록하기에는 너무 방대한 교회에 관한 신앙고백과 정보를 가지고 있다. 개척된 각 교회의 신앙고백은 인터넷 사이트 www.sbc.net/bfm/default.asp 에서 볼 수 있는 「2000년 침례교 신앙과 메시지」와 일치한다. 이 개척된 교회들은 위의 진술과 일치하며, 그와 동일한 방법들로 개척되었다.

10) 침(세)례자 수와 개척한 교회의 수는 2005년 조사팀이 추정한 수치이다.

11) 미국 남침례교 국제선교부(SBC IMB) 연구 조사팀의 파일에 있는 요약 보고서이다.

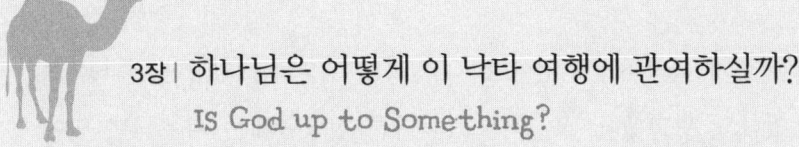

3장 | 하나님은 어떻게 이 낙타 여행에 관여하실까?
Is God up to Something?

2006년 봄, 한 모임에서 아프리카와 중동, 남아시아와 중앙아시아, 그리고 환태평양으로부터 온 선교 지도자들은 그들이 목격했던 강력한 하나님의 역사하심을 보고했다. 전 세계 여러 곳으로부터 "우리는 전례 없이 많은 모슬렘들이 그리스도께로 돌아오는 현장을 목격하고 있습니다"라는 보고들이 계속 들려오고 있었다. 게다가 그 모임에 참석한 모든 사람이 놀라지 않을 수 없었던 것은 그들의 보고가 하나같이 이슬람 지역에서 일어나고 있다는 것이다. 과연 이슬람 세계가 그리스도를 향한 대규모 회심에 직면해있단 말인가?[12]

"역사상 그 어떤 시기보다 지난 20년간 훨씬 더 많은 모슬렘들이 주님께 돌아오고 있다."[13] 그 놀라운 증거들을 살펴보자. 5~6만 명의 북아프리카 베르베르족 모슬렘들이 예수님의 제자가 되었고, 투르크메니스탄 민족들의 한 국가에서는 1년 동안 4,000명의 모슬렘이 예수를 주로 고백했다. 그리고 인도의 한 선교단체는 3명의

MBB가 불과 8개월 만에 1,200명으로 부흥되는 엄청난 결과를 보았다고 보고했다. 또 북인도의 다른 선교단체는 겨우 4년 만에 9,500명의 모슬렘이 침(세)례를 받았다고 보고했고, 카자흐스탄 모슬렘들은 지난 15년 동안 13,000명이 그리스도께 돌아왔다고 보고했다.

이뿐 아니다. 수천 명의 나이지리아 모슬렘이 침(세)례를 받았고, 우즈베키스탄의 근본주의 모슬렘 지역에서 80개의 교회가 개척되었다고 보고되었으며 15,000명의 타지키스탄 모슬렘들이 회심했다고 한다. 그리고 아프가니스탄에서는 신분을 밝힐 수 없는 3,000명 이상의 신자가 있다고 하고 이란에서는 한 도시에서만 800명이 넘는 모슬렘들이 침(세)례를 받았다는 소식을 전해왔다.[14] 이렇게 수많은 모슬렘들의 침(세)례 소식과 새 교회개척에 대한 광범위한 보고들이 이슬람 세계 전역에 걸쳐 동시다발적으로 들려오고 있다.

이렇게 위태롭게 흔들리는 이슬람 세계 모슬렘들의 변화를 감지한 사람들은 기독교 선교사들뿐만이 아니다. 모슬렘 설교자와 이맘을 양성하는 리비아의 이슬람 율법학교 총장인 세이크 아흐마드 알 콰타니(Sheikh Ahmad al-Qataani)는 최근 알 자지라(Al-Jazeera) 텔레비전 방송국과의 인터뷰에서 이렇게 말했다.

"매시간 667명, 하루 16,000명, 1년에 600만 명의 모슬렘들이 기독교로 개종하고 있습니다."[15] 알 콰타니 총장이 언급한 수치는 과장된 면이 없지 않아 있지만, 그의 언급은 도무지 정복되지 않을 것만 같았던 모슬렘의 견고한 요새 안에서 어떤 변화의 조짐이 고조되고 있는지를 보여준다.

　세계화의 관점에서 우리가 바라본 이슬람 세계의 상황은 공산세계가 붕괴하기 직전의 상황과 매우 흡사하다. 전 세계의 공산주의가 그 누구도 예상하지 못한 상황에서 갑작스럽게 붕괴했던 것처럼 하나님께서는 지금 모슬렘들이 그리스도께 돌아오도록 엄청난 모슬렘의 영적 각성을 준비하고 계신지도 모를 일이다.

집중 조명

　극장 안에서는 모든 시선이 무대의 조명을 주시한다. 어두운 극장 안에서는 주 조명 하나가 관객들의 시선을 좌우한다. 선교 역사의 드라마가 펼쳐지는 지금, 중심 조명 하나가 이슬람 지역에 초점을 맞추고 있다. 9·11사태와 일련의 사건들로 말미암아 스스로 평화의 종교로 자처했던 이슬람 종교는 모든 사람들로부터 예전과 다른 따가운 눈총을 받고 있다. 그들이 주장했던 평화는 어디 있단 말인가? 폭력적 선동을 서슴지 않았던 모슬렘 지도자들은 더는 무대 뒤에 숨을 수 없게 되었다. 즉 무대 한 가운데서 그들의 정체가 드러나게 된 것이다. 그리고 이렇게 이슬람 세계가 주목을 받게 되자 그리스도인들의 관심도 집중됐다. 인터넷을 검색해 보면 "기독교 세계 다시 보기"로 모슬렘들을 초대하는 수많은 웹 사이트를 발견할 수 있다. 특별히 라마단(30일간의 금식기도 절기) 기간에는 모슬렘들을 위한 전 세계 기독교인들의 기도가 한층 더 고조되는 것을 볼 수 있다. 그리고 9·11사태 이후 세계에서 가장 많은 선교사를 파송하는 한 선교단체는 지난 3년간 그들의 전략적 선교 초점 지역을 비이슬람권으로부터 전 세계에 있는 모슬렘권으로 신속하게 변경했다.

열리는 국경

과거 선교사들에게 문호를 개방하지 않았던 수많은 이슬람 국가들이 지금은 적극적인 복음 전파와 추수 활동에 대하여 모두 묵인하고 있다. 그 예로 언제부턴가 아프가니스탄과 이라크 국경을 넘는 일이 쉬워졌다. 그리고 여전히 선교사들의 입국을 봉쇄는 하고 있지만 인터넷과 라디오, 텔레비전을 통해 복음이 전해지는 것을 그들이 어떻게 막아낼 수 있겠는가.

이슬람 자체의 종교개혁

1517년, 개신교의 종교개혁이 있기 전까지는 로마 가톨릭 사제들만이 라틴어 성경을 읽도록 허락되었다. 그들은 자신들이 라틴어 성경을 이해할 수 있는 유일한 신분이라는 특권을 고수하며 평신도 위에 군림하려 했다. 그래서 라틴어를 읽지 못하는 교구민들을 속이고, 성경을 곡해했던 천주교 사제들의 악습은 그 시대의 보편적인 일상이 되었다.16) 그러나 성경이 국민의 언어로 번역되면서 천주교 사제들의 속임과 이기적 종교행위가 드러나게 되었다. 이렇게 로마 가톨릭의 문지기였던 사제들의 역할이 훼파되자 거대한 개혁의 물결이 밀려왔다. 이후 로마 가톨릭 교회의 권위는 그 기반부터 흔들리게 되었다.

이와 유사하게 오늘날의 이슬람 세계도 그 내부적으로 개혁이 진행되고 있는 중이다. 사우디아라비아의 국왕 킹 화드(King Fahd)는 1984년에 아랍어로 쓰인 코란을 모슬렘들이 사용하는 모든 언어로 번역하도록 허락했다. 아랍어로 된 코란만이 유일하다는 고집으로 이맘들은 막강한 권력을 소유하여 그들의 추종자를 마음대로 조정했었다. 그러나 이제 평신도 모슬렘들이 자국의 언어로 코란을 읽게 됨으로써 이맘들이 저지른 수많은 곡해들이 만천하에 드러나게 되었다. 그간 예수와 성경에 대하여 반기독교적으로 가르쳐왔던 것들이 코란 원전에는 전혀 기록되지 않았다는 것을 모슬렘들이 알게 된 것이다. 그래서 이 때문에 많은 모슬렘이 그들의 종교 지도자인 이맘의 정직성과 인품에 의문을 품게 되었다.

신뢰를 잃은 것은 이맘뿐이 아니었다. 코란 경전 자체에도 치명적인 오류가 내포되어 있음이 여실히 드러났다. 모슬렘들이 모국어로 코란을 읽게 되면서 그 동안 자신들이 알고 있던 지식이 얼마나 편협했는지를 직접 확인하게 되었다. 어떤 복음 전도자는 현지어로 된 코란을 구입하여 직접 배포하기도 했다. 그 복음 전도자는 모슬렘들이 코란을 읽기 원했던 것이다. 왜냐하면 그들이 코란을 직접 읽으면서 느끼는 절망감이 오히려 복음의 진리를 더욱 탐구하도록 만들기 때문이다.

1999년 5월, 방글라데시에서 발간된 국립 신문에는 동료 국회의

원 앞에서 한 국회의원이 언급한 내용이 기사화되었다. "우리나라 이슬람 종교 안에서 어떤 일들이 일어나고 있는지 알고 계십니까? 모슬렘들이 코란을 쓰레기통에 내던지고 있습니다. 한 시골 지역에서는 갠지스 강에 코란을 버리고 있습니다."[17] 그리고 이 신문 기사는 한 시골 지역 이맘의 이야기를 덧붙였다. '그는 모스크에 모인 많은 모슬렘 앞에서 그의 코란을 들고 대담하게 말했다. "이 책에는 우리의 삶을 증진시키거나 우리를 도와줄 내용이 전혀 없습니다." 그런 다음 그는 코란을 강으로 내던졌다. 모스크에 모인 사람들은 그를 제지하기는커녕 오히려 3,000명 이상의 남자들이 그 이맘에 합세하여 그들도 역시 자신들의 코란을 강으로 집어던졌다.'

많은 전도도구

선교사들과 현지 그리스도인 동역자들이 전에는 깨닫지 못했던 사실, 즉 하나님께서 그리스도인에게 온 세상에 가서 복음을 전하라는 사명을 주셨을 뿐 아니라 그 사역을 수행할 효과적인 많은 도구들도 이미 주셨다는 것을 깨닫게 되었다. 지금은 많은 모슬렘 국가에서 선교사들과 MBB들이 모슬렘 전도에 효과적인 도구로써 코란과 성경을 잇는 연결다리를 건축하고 있다. 모슬렘에게 친숙한 용어로 된 성경과 전도지[18], 『예수』 영화 상영, 모슬렘 청취자를 위한 라디오 복음방송, 성경카세트 배포, 모슬렘 구도자를 위한 채팅룸과 웹 사이트 등이 오늘날 모슬렘 전도에 사용되는 다양한 도구들이다. 10여 년 전만 해도 이들 중 대다수의 도구들은 존재하지도 않았다.

늘어가는 선교사 자원

"이르시되 추수할 것은 많되 일꾼이 적으니 그러므로 추수하는 주인에게 청하여 추수할 일꾼들을 보내 주소서 하라"(눅 10:2).

이슬람권 선교사 자원의 증가가 모슬렘을 위한 기도의 증가와 직접적 연관이 있다는 것이 사실일까? 그렇다. 우리의 발걸음은 우리의 기도를 따라가는 경향이 있다.

모슬렘을 향한 기도는 지난 10여 년 동안 급속도로 증가했다. 1993년부터 '모슬렘을 위한 30일 기도운동'(30 Days of Prayer for Muslims)과 같은 기도 안내서들이 온 세상의 모슬렘의 구원을 위해 여러 기도모임이나 교회, 그리고 사역단체 안에서 일상적인 자료가 되었다. 그리고 모슬렘의 30일 금식기도 기간인 라마단(Ramadan) 기간에 역(逆) 라마단 기도운동에 매년 수백만 명이 참여하고 있다.

고든 콘월 신학대학원(Gordon-Conwell Theological Seminary)의 세계 기독교 연구센터(The Center for the Study of Global Christianity)는 1982년에서 2001년 사이에 모슬렘권 선교사 자원이 거의 두 배나 되었다고 보고하고 있다. 70년대 중반까지는 전 세계 선교단체 중 단지 2%만이 이슬람 지역에 선교사를 보냈다. 그러나 1982년에 15,000명이던 선교사 자원이 2001년에는 거의 27,000명에 이른 것이다. 타임(Time)지의 데이비드 반 비에마(David Van Biema) 기자는 "이슬람 복음화에 대한 공감대가 이렇게 뜨겁게 형성되는데 한 세기도 채 걸리지 않았으며, 복음주의 전도자들은 이제 선교지역으로 급

부상한 이 지역으로 몰려가고 있다"고 말했다.[19]

다시 예루살렘으로

"중국에서는 매일 30,000명 이상이 침(세)례를 받는다."[20] 선교사들은 중국에서의 괄목할 만한 성장을 '보약 먹은 교회개척 배가운동'으로 묘사하곤 한다. 하지만 중국 성도들은 중국 복음화만을 목표로 삼지 않았다. 영적으로 충만한 중국의 대각성 운동은 이미 국경 너머를 주시하고 있었다.

'B2J'가 의미하는 바를 중국 가정교회 지도자에게 물어보라. 그러면 당신에게 'B2J'는 "Back To Jerusalem"(다시 예루살렘으로)을 의미한다고 대답할 것이다. 그리고 그들은 덧붙여 이렇게 말할 것이다. "2000년 전 복음은 예루살렘에서 시작되었고, 마침내 우리에게도 복음이 도달했습니다. 이제 우리가 그 복음을 다시 예루살렘으로 돌려보내야 할 때가 되었습니다."[21] 그런데 중국에서 예루살렘으로 가는 길에는 모슬렘 세계가 가로막혀 있다. 그래서 중국의 거대한 가정 교회 교단 중 하나는 모슬렘을 향한 열정과 부담을 동시에 가지고 있다. 이 교단은 'B2J'를 실현하기 위해 이미 비밀 훈련센터를 설립했다. 그들의 계획은 전 이슬람 세계에 교회개척 배가운동을 실현하는 것이다. 그런데 이 가장 위험한 선교지역에서 복음을 전파하게 될 사람은 선교사가 아니다. 중국 가정 교회의 전 성도다. 4백만 명의 성도가 등록된 중국 지하 가정 교회의 지도자는 이렇게 말했다. "우리에게 이런 혹독한 박해를 하나님께서 허락하신 이유는 오직 훈련을 위해서였습니다. 그분은 모슬렘 세상을 위해 우리를 이렇게 준비해오셨습니다."[22]

꿈

하나님의 영이 모슬렘들 가운데서 교회개척 배가운동을 시작하고 계심을 보여주는 또 다른 징후는 꿈속에서 예수님을 본 모슬렘의 숫자가 늘어나고 있다는 것이다. 왜 그리스도인이 되었는지에 대한 질문에 두 번째로 높은 대답이 바로 꿈이었다. 그리스도인이 된 600여 명의 모슬렘을 대상으로 한 설문 조사 결과에 따르면 약 1/4 가량이 이 꿈을 통해 새로운 신앙을 영접했다고 한다. 그리고 단연 이 조사에서 모슬렘들이 그리스도께 돌아오게 된 가장 큰 이유는 직접적인 개인 전도에 의한 것이었다고 밝혔다.[23]

하나님은 선교사가 파송되지 않은 지역에서도 꿈과 환상을 통해 사역하고 계셨다. 이들 꿈의 공통점은 빛나는 흰 옷을 입은 예수님이 나타나신다는 것이다. 그리고 가끔 어떤 모슬렘은 꿈속에서 코란에 있는 예수님에 관한 말씀을 읽으라는 지시를 받기도 했다고 한다. 에스더 굴샨(Esther Gulshan)이란 파키스탄 여인은 꿈속에서 쿠란을 펼쳐 이사에 관한 말씀을 읽으라는 지시를 받았다고 한다. 그래서 그녀는 코란의 구절을 찾아 읽다가 결국 성경을 찾게 된 것이다.[24]

2003년 2월, 남아시아의 한 나라에 온 단기 선교팀은 대형 수제(手製) 선박에 5,000권의 성경을 가득 싣고 강을 따라 내려가기 시작했다. 그들의 계획은 강을 따라 흩어져 있는 외진 마을에 성경을 배포하는 것이었다. 어느 날 나이 든 할머니 한 분이 강둑에 서 있었다. 배가 막 할머니 곁을 지나치려 할 때 할머니는 선교팀을 향해 소리를 질렀다. 그래서 배를 강둑에 댄 다음에 한 팀원이 그 할머니에게 다가갔다. 할머니는 그 팀원에게 자신의 꿈 이야기를 해주었다.

그 할머니는 전날 밤, 알라께서 꿈 가운데 자신에게 나타나 바로 오늘 외국인들이 배를 타고 강을 따라 내려올 것이며 그들이 알라의 책을 자신에게 줄 것이라고 말씀하셨다고 했다. 그리고 단기 선교팀이 성경책 한 권을 할머니의 손에 쥐여주자, 할머니는 성경을 머리 위로 번쩍 들어 올리며 이렇게 말했다. "이 책을 집으로 가져가 내 자녀와 손자에게 읽어주겠습니다. 그러고 나면 나는 평안히 죽을 수 있을 것입니다."

계속 단기 선교팀이 강을 따라 내려가는데 이번에는 한 모슬렘 남자가 선교팀을 향해 다가왔다. 좀 전에 만난 할머니처럼 그도 역시 알라께서 진리의 책을 받으려면 강으로 가라는 꿈을 꾸었다고 했다. 그는 하나님의 말씀을 손에 받아 들고 무리 속으로 사라졌다. 단기 선교팀의 성경 배포사역의 결과로 이 강을 따라 많은 교회들이 세워졌다.

이제 이슬람은 어둠 속에서 빠져나와 세계사 중심부에 등장하고 있다. 열리는 국경, 풍부한 전도자료, 늘어가는 전 세계 선교사 자원, 심지어 모슬렘들의 꿈까지 이들 모두를 아울러 우리 주님께서는 모슬렘을 향한 초대장으로 사용하고 계신다. 하나님께서 이들을 구원하고자 크고 놀라운 계획을 행하실 것이라는 사실을 우리가 어떻게 의심할 수 있단 말인가? 언젠가 모슬렘 전도가 가능해질 것이라는 오랜 열망 끝에 마침내, 모슬렘 구원의 날이 이르게 된 것이다.

12) 2006년 3월 미국 남침례교 국제선교부 IMB 전반기 지역 지도자 포럼(Regional Leader Forum)의 보고 자료.

13) David Garrison, 『하나님의 교회개척 배가운동』, 이명준 역 (서울: 요단출판사, 2005), p.119.

14) 저자 Kevin Greeson이 관련 국가의 전략조정 선교사들과 나눈 대화 내용과 출판되지 않은 보고서들.

15) Ali Sina 기자가 2004년 3월 31일에 방송한 Islam in Fast Demise. (Al-Jazeera 텔레비전 방송국의 인터뷰 전문을 보기 원하면 아래 인터넷 사이트를 방문하라. www.faithfreedom.org/oped/sina31103.htm.)

16) 가장 악명 높은 사건은 면죄부 판매였다.

17) 이 사건은 방글라데시 주요 일간지에 여러 번 기사화되었다.

18) 모슬렘 친화적 혹은 모슬렘 상황화된 성경과 전도지에는 '성경'을 '기탑 알 모쿼디스' '하나님'을 '알라' 그리고 '예수님'을 '이사'와 같은 모슬렘에게 친숙한 이슬람식 이름과 용어를 사용한다. 아랍어 어원을 가지고 있는 이들 용어들은 전통적 기독교 공동체가 사용하는 용어와는 좀 다르다.

19) David Van Biema, 『Missionaries Under Cover』, Times, 30 June 2003, 52.

20) Garrison, p. 64.

21) 2004년 저자가 중국의 한 지하 가정 교회 교단 지도자와 나눈 대화 보고서.

22) Paul Hattaway, 『하늘에 속한 사람』, (서울: 홍성사, 2004), 351pp.

23) D. Woodberry/R. Shubin, March 31, 2004. "Why I chose Jesus," 홈페이지 www.missionfrontiers.org/2001/01/muslim.htm.을 보라.

24) Bilquis, Sheikh, 『어느 이슬람 여인의 회심』 박양미 역, (서울: 나눔터, 2001). Gulshan, Esther. The Torn Veil (Grand Rapid: Zondervan, 2001).

3부
'낙타 전도여행'의 접선 지도를 펼치며!
Camel Connections

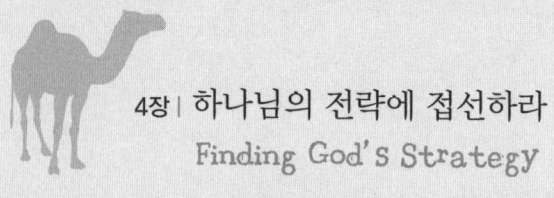

4장 | 하나님의 전략에 접선하라
Finding God's Strategy

수년 전 모슬렘 사역을 처음 시작할 때 나는 지금과 전혀 다른 사고방식을 가지고 있었다. 우선 하나님은 내 도움이 필요한 분이라는 생각을 했다. 모슬렘 마을에 복음을 전하는 사역도 내가 주관해야 하는 일로 여겼으며, 성령님은 그저 내 뒤를 따라 오시면서 복음의 씨앗에 물이나 주시고 그것을 자라게 하시는 분이라 생각했다. 그래서 그 당시 나는 하나님의 전략을 도외시한 채 내 전략만을 고집했기 때문에 그 어떤 성과도 얻지 못하고 있었다.

오랜 시간이 지나서야 하나님께서는 나보다 먼저 그곳에서 사역하고 계셨으며, 내 임무란 고작 하나님께서 사역하시는 곳을 찾아내 그분의 사역에 동참하는 것임을 깨달았다. 하나님은 우리가 방문했던 각 공동체마다 이미 그들을 위한 전략을 세워 놓으셨다. 그리고 하나님의 전략에는 수정이나 보완할 것이 전혀 없었다.

나는 하나님께서 사역을 펼치고 계신 곳을 찾기 위해 일주일 동안 2명의 단기 선교사들과 함께 네 개의 시골 마을에서 낙타 전도법을 실행해보았다. 먼저 우리는 각 마을의 이맘에게 우리를 소개했다. 그러자 50~100여 명의 마을 사람들이 우리 주변에 몰려들었다. 그 중 우리는 세 개의 마을에서 하나님의 역사하심을 확인할 수 있었다. 그리고 우리는 몇 개월이 지나지 않아 그 마을에 MBB교회가 설립되는 것을 보았다.

이 전도여행에서 내가 특별히 잊을 수 없는 사람이 있었다. 그는 우리가 마을을 막 떠나려고 할 때 군중들 사이로 오토바이를 거칠게 몰면서 나타난 중년 사내였다. 그는 곧장 우리를 향해 다가와서 거친 숨을 몰아쉬면서 이렇게 말했다. "당신들이 나눠준 전도지를 나만 못 받았습니다." 그가 말한 전도지라는 것은 우리가 낙타 전도법을 실행하면서 마을 사람들에게 나눠준 종이를 말하는 것이었다. 내 눈에 약간 미친 사람처럼 보였던 그 사내에게 나는 남아있는 전도지가 없다고 말했다. 그리고 우리는 그와 잠시 몇 마디 대화를 나누면서 하나님께서 이미 이 사람 가운데 역사하고 계심을 알게 되었다. 그는 단지 전도지 만을 원한 것이 아니었다. 왜냐하면 전도지는 이미 그의 주변 친구들에게 충분히 나누어 주었기 때문이다. 그는 우리에게 그 이상의 어떤 것을 듣고 싶어했다. 하나님은 우리가 그 마을에 도착하기 훨씬 이전부터 이 사람 안에서 일하고 계셨던 것이다. 그리고 이미 성령께서 그의 삶에 잘못된 것들이 무엇인지, 거짓의 영에 포로 된 삶이 어떤 것인지 말씀해주셨다. 나는 그 사람 중심에 자리 잡은 진리에 대한 갈급함을 확인할 수 있었다. 그래서 그를 현지인 교회개척자의 가정을 방문할 수 있도록 약속 날짜를 잡아주었다. 그리고 그는 얼마 지나지 않아 그 마을의 11명의 사람들과 함께 침(세)례를 받았다. 그리고 현재 그는 나무 그늘에서 예배를 드리는 작은 교회의 목사가 되었다. 우리는 불신자들 가운데 일어나는 이 같은 영적인 변화를 더는 우리 사역의 결과라고 말할 수 없게 되었다. 대신 우리 사역은 이미 존재하는 영적인 변화를 찾아내는 것임을 깨닫게 되었다.

이제 우리 자신에게 질문해보자. "만일 하나님께서 온 세계 모슬렘들 가운데 일하고 계신다면 우리는 어떻게 이 사역에 동참할 수 있는가?" 그리고 이것은 얼마나 좋은 소식인가? 당신은 당신의 전략을 애써 궁리할 필요가 없다. 하나님의 영은 당신이 헌신할 모슬렘 공동체 가운데서 이미 그들을 향한 완벽한 계획을 세우셨고, 또 일하고 계신다. 다만 당신이 행할 일은 이 크고 놀라운 일을 깨닫고, 하나님이 역사하시는 곳을 분별하여 그분의 사역에 적극적으로 동참하는 것뿐이다.

예수님의 사역을 살펴보면 그곳이 아버지 하나님께서 일하시는 현장임을 결코 어렵지 않게 발견할 수 있다. 이는 예수님과 아버지 하나님은 한 분이시기 때문이다(요 17:21-23 참조). 하지만 예수님은 이 같은 일이 우리 인간에게는 어려울 것임을 알고 계셨다. 왜냐하면 인간의 사악한 본성이 우리로 하여금 하나님의 계획과 어긋나게 하게 할 뿐만 아니라, 비전 없는 눈먼 삶으로 유도하기 때문이다. 이런 이유 때문에 예수님이 친히 육신의 몸을 입고 이 땅에 오셨으며, 우리 가운데서 행하셨고, 그 삶의 방식을 우리에게 보여주셨다.

예수님은 우리에게 아버지 하나님의 전략을 어떻게 발견해야 하는지를 보여주시기 위해서 서른 살에 잃어버린 영혼을 거두시는 공생애 사역을 시작하셨다. 우리의 완벽한 모델로서, 예수님은 우리가 아버지 하나님께서 사역하시는 곳을 찾아내기 원하셨다. 그래야 우리도 역시 그분의 사역에 동참하는 법을 알게 될 것임을 아셨기 때문이다. 우리를 위한 예수님의 이 같은 훌륭한 가르침은 요한복음 5장 17~20절에서 볼 수 있다.

> "예수께서 그들에게 이르시되 내 아버지께서 이제까지 일하시니 나도 일한다 하시매 유대인들이 이로 말미암아 더욱 예수를 죽이고자 하니 이는 안식일을 범할 뿐만 아니라 하나님을 자기의 친 아버지라 하여 자기를 하나님과 동등으로 삼으심이러라 그러므로 예수께서 그들에게 이르시되 내가 진실로 진실로 너희에게 이르노니 아들이 아버지께서 하시는 일을 보지 않고는 아무 것도 스스로 할 수 없나니 아버지께서 행하시는 그것을 아들도 그와 같이 행하느니라 아버지께서 아들을 사랑하사 자기가 행하시는 것을 다 아들에게 보이시고 또 그보다 더 큰 일을 보이사 너희로 놀랍게 여기게 하시리라"

예수님의 이 가르침을 삶 속에서 확인하고 싶다면 이 말씀을 개인적으로 적용하여 당신의 삶과 사역에 실천해보라. (위 말씀의 '아들' 이란 단어 대신 자신의 이름을 넣어 읽어보라.)

예수, 우리의 모델

하나님의 완전한 계획을 깨닫고 성취하기 위해 예수님이 보여주셨던 모범적인 원리들을 살펴보자. 그리고 당신이 거주하는 지역의 모슬렘 공동체에 이 원리들을 적용해보라.

- 예수님은 우리에게 하나님 아버지께서 지금도 이 세상에서 일하고 계심을 보여주셨다.
- 예수님은 우리에게 하나님 아버지께서 사역하시는 곳이라면 어디에나 우리가 동참해야 함을 가르치셨다.
- 예수님은 우리에게 하나님 아버지를 떠나서는 아무것도 할 수 없음을 보여주셨다.
- 예수님은 우리에게 우리의 영적 눈과 귀로 하나님 아버지께서 일하시는 곳을 주의 깊게 살피라고 가르치셨다.
- 예수님은 우리에게 하나님 아버지께서 일하시는 곳을 보면 바로 하던 일을 멈추고 동참하라고 가르치셨다.
- 하나님 아버지는 자신이 사역하시는 곳을 우리에게 보이신다. 왜냐하면 그분은 우리를 사랑하실 뿐 아니라, 우리를 통해 놀라운 방법으로 역사하려 하시기 때문이다.

1. 예수님은 우리에게 하나님 아버지께서 지금도 이 세상에서 일하고 계심을 보여주셨다.

"내 아버지께서 이제까지 일하시니…"(요 5:17).

죄가 이 세상에 들어온 후 인간은 하나님과 분리되었다. 하나님은 그때부터 지금까지 자신과 인간의 화목을 위해 일하고 계셨다. 하나님께서는 에덴에서 타락했던 그 잃어버린 영혼들을 지금도 변함없이 찾고 계신다. 상상해보라. 하나님께서 잃어버린 모슬렘 영혼들을 찾기 위해 어떤 사역을 하실지, 또 그들의 마음을 사로잡기 위해 어떤 방법을 행하실지, 하나님께서 지금도 행하고 계실지도 모를 몇 가지 사례가 여기 있다.

- 한 모슬렘이 당신에게 성경책을 구해달라고 부탁하며, 그것을 읽고 싶다고 말한다.
- 한 모슬렘 여인이 지난밤에 예수님을 꿈에서 봤는데 그가 자신에게 진리를 찾으라고 말했다고 한다. 그래서 지금 그녀는 그 진리에 대해 가르쳐 줄 누군가를 찾고 있는 중이다.
- 몹시 화가 난 모슬렘이 전도지를 땅에 내던졌다. 그런데 다른 모슬렘이 그 전도지를 주워 읽는데, 읽는 동안 그의 마음이 불타기 시작했다. 이제 그는 누군가와 그의 뜨거운 열정을 나누고 싶어한다.

하나님은 우리 주변 어디서나 지금도 일하시고 계신다. 그분은 우리가 잠에서 깨어나 주의를 기울여 그분의 역사하시는 곳을 발견하여 그분의 사역에 동참하길 원하신다.

2. 예수님은 우리에게 하나님 아버지께서 사역하시는 곳 어디에나 동참해야 함을 가르치셨다.

"… 나도 일한다"(요 5:17).

예수님은 아버지의 사역, 즉 잃어버린 영혼을 찾아 구원하시는 일에 동참하기 위해 이 땅에 오셨다. "인자가 온 것은 잃어버린 자를 찾아 구원하려 함이니라"(눅 19:10). 예수님은 언제나 아버지 하나님과 혼연일체가 되어 동역하셨다.

당신은 교회사역 회의에 참석하여 계획을 토의하고 합의하고서 최종문서를 작성해 본 경험이 있는가? 이런 회의를 끝맺을 때에는 대개 누군가 이렇게 결론을 말한다. "이 계획을 주님께 올려 드립시다. 그리고 그분께서 이 계획을 축복하시도록 기도합시다." 이 같은 회의를 통해 지금껏 우리는 얼마나 자주 전도와 교회개척을 위한 계획이 우리 스스로에 의해 주도되고 있음을 과시하였는지 모른다. 그 동안 우리는 하나님을 우리의 계획에 참여하도록 강요하고 있었던 것이다. 그러나 예수님은 하나님께서 이미 잃어버린 영혼을 찾기 위한 완벽한 계획을 세워두셨음을 알고 계셨다. 그 계획은 개선할 필요가 전혀 없는 완벽한 것이다. 우리에게 필요한 것은 하나님이 사역하시는 곳을 찾아내는 것이다. 이것이 바로 나와 당신의 임무이다.

3. 예수님은 우리에게 하나님 아버지를 떠나서는 아무것도 할 수 없음을 보여주셨다.

"그러므로 예수께서 그들에게 이르시되 내가 진실로 진실로 너희에게 이르노니 아들이 아버지께서 하시는 일을 보지 않고는 아무 것도 스스로 할 수 없나니…"(요 5:19).

예수님은 "스스로는 아무것도" 할 수 없다고 말씀하셨다. 왜 이런 말씀을 하셨을까? 예수님은 하나님을 떠나서는 우리가 교회개척 배가운동을 일으킬 수 없다는 것을 아셨음이 분명하다. 그래서 예수님은 우리에게 아버지께 완전히 의탁하는 본을 보이셨던 것이다. 교회개척 배가운동을 위해 당신이 고안하고 개발한 전략은 반드시 실패하고 말 것이다. 그 대신 하나님의 계획과 전략을 찾기 위한 아래 두 가지 제안을 먼저 실행해보라.

- 하나님께서 사역하시는 곳을 찾기 위한 계획을 세우라.
- 하나님께서 사역하시는 곳을 찾았다면, 당신의 계획을 이미 사역하고 계신 하나님께 맡겨두라.

4. 예수님은 우리에게 우리의 영적 눈과 귀로 하나님 아버지께서 일하시는 곳을 주의 깊게 살피라고 가르치셨다.

하나님께서 사역하시는 곳을 찾기 위해 당신의 영안(靈眼)을 사용하라. 바울은 에베소서 1장 18절에서 우리가 육신의 눈이 아닌 영의 눈으로 볼 수 있도록 기도했다. 이처럼 우리가 기도하면 하나님은 우리 주위에서 일하시는 자신의 사역을 볼 수 있도록 우리의 영안을 열어주실 것이다.

열왕기하 6장 14~17절에 여호와의 대언자 엘리사와 그의 종, 그리고 아람 군대의 이야기가 나온다. 아람 군대는 엘리사를 생포하기 위해 밤에 도단에 도착했다. 그리고 아침 일찍 일어난 엘리사의 종이 자신들을 둘러싼 아람 군대를 보고 놀랐다. 종이 엘리사를 급히 깨우자 엘리사는 종에게 이렇게 말했다. "두려워하지 말라. 우리와 함께한 자가 저와 함께한 자보다 많으니라." 엘리사는 그의 종도 자신처럼 영안이 열려 영의 눈으로만 볼 수 있는 세계를 보기 원했다. 그래서 이렇게 기도했다. "오! 주님 원컨대 저의 눈을 열어 보게 하옵소서!" 하나님은 그 종의 눈을 열어주셨다. 그 종의 눈이 열려 그들을 둘러싼 불말과 불병거가 가득함을 보았다. 그렇게 하나님은 아람 군대를 물리치셨다.

당신은 당신이 거하고 사역하는 곳에서 일하고 계신 아버지 하나님을 볼 수 있는가? 우리가 하나님께서 사역하시는 곳을 전심으로 찾고 깨달으려 할 때 예수님은 우리를 도우실 것이다. 예수님께서 보여주신 사역의 본을 살펴보자.

▧ **삭개오** - 누가복음 19장 1~9절; 예수님이 여리고 성으로 들어가셨

을 때 많은 무리가 주님을 에워쌌다. 그래서 세무 공무원인 키 작은 삭개오는 예수님을 볼 수가 없었다. 그래서 그는 색다른 방법을 모색했다. 바로 나무에 올라간 것이다. 예수님은 삭개오의 중심에서 하나님이 역사하심을 감지하셨고, 하던 일을 멈추고는 무리를 떠나 그의 집으로 동행하셨다. 예수님은 아버지의 구원사역에 동참하신 것이다.

※ **바디매오** – 마가복음 10장 46~52절; 예수님과 많은 무리가 여리고를 떠나려 할 때 갑자기 시각장애인 거지 바디매오가 소리쳤다. 그 순간 예수님은 아버지의 인도하심을 감지하셨다. 성경은 이것을 이렇게 기록하고 있다. "예수께서 머물러 서서…" 많은 사람들이 예수님의 시도를 단념시키려 했지만 예수님은 아버지께 전적으로 고정된 자신의 삶을 보여주셨다. 그날 치유의 기적과 구원이 바디매오에게 임했다.

※ **사마리아 여인** – 요한복음 4장 1~42절; 예수님은 제자들과 함께 갈릴리로 가실 때 사마리아를 통과해서 가는 지름길을 택하셨다. 그곳에서 예수님은 한 여인을 만나 자신이 메시아임을 깨우쳐주셨다. 그리고 예수님은 갈릴리로 가는 일정을 늦추시면서까지 아버시가 일하고 계신 사마리아에 며칠을 더 머무셨다.

당신은 또한 하나님이 일하시는 곳을 찾기 위해 당신의 영적 귀를 사용해야만 한다. "내 양은 내 음성을 들으며 나는 그들을 알며 그들은 나를 따르느니라"(요 10:27). 예수님의 말씀이다. "하나님께

속한 자는 하나님의 말씀을 듣나니 너희가 듣지 아니함은 하나님께 속하지 아니하였음이로다"(요 8:47). 우리는 하나님의 말씀을 들어야 하고 우리에게 말씀하시는 그분의 음성에 귀 기울여야 한다. 이 두 구절에서 우리는 예수님을 진정으로 따르는 사람이라면 적어도 하나님께서 말씀하실 때 그의 음성을 들을 수 있어야 함을 알 수 있다. 영적인 귀를 열어 주의 깊게 들어보라. 그러면 하나님께서 역사하시는 것을 들을 수 있을 것이다. 모슬렘들이 다음과 같이 말하는 것을 들어본 적이 있는가?

- "나는 우리 모슬렘이 행하는 일들이 부끄럽습니다."(요 16:8-11절을 보라)
- "선지자가 내 꿈에 나타나 나에게 말씀하였습니다."(행 10:30-33절을 보라)
- "나는 진리가 무엇인지 알고 싶습니다."(요 16:13; 17:17절을 보라)
- "나는 성경이 말하고 있는 바를 깨닫기 원합니다."(마 13:10-11절을 보라)
- "나는 알라께서 내게 지금 말씀하고 계신다고 생각합니다."(요 10:26-27절을 보라)
- "나는 이사에 관해 더 많이 알기 원합니다."(요 6:44절을 보라)
- "내가 죽으면 나에게 어떤 일이 일어날까?"(히 2:15절을 보라)

모슬렘들이 위와 같이 말하는 것을 당신이 들었다면 당신의 영적인 귀는 하나님께서 그 말을 하는 모슬렘의 중심에서 지금 이 순간 역사하고 계심을 인식하고 있는 것이다. 오직 하나님 한 분만이 그 같은 일을 행하신다고 성경은 우리에게 말씀하고 있다.

5. 예수님은 우리에게 하나님 아버지께서 일하시는 곳을 보면 바로 하던 일을 멈추고 동참하라고 가르치셨다.

"… 아버지께서 행하시는 그것을 아들도 그와 같이 행하느니라"(요 5:19).

하나님께서 역사하는 곳을 당신에게 보여주셨다면 그분은 또한 우리를 사역에 동참하도록 초청하신 것이다. 그리고 그 초대장은 먼 훗날이 아니라 바로 지금 이 순간이다. 당신이 하나님의 사역지를 발견한 후 당신의 일정이 기록된 달력을 보면서 참여할지 말아야 할지 고민한다면 당신은 주님의 초대를 놓치고 마는 것이다. 사역자에게는 하나님의 초대에 신속하게 반응하는 훈련이 필요하다. 그분의 사역에 동참할 때 비로소 역사하시는 하나님의 권능의 손을 볼 것이고 그가 행하신 일로 말미암아 놀랄 것이다.

※ 누가복음 8장 41-56절; 야이로는 죽어가는 딸을 위해 예수님께 치료해달라고 부탁했다. 이때 분명히 야이로 마음속에 드는 간절한 생각은 "서둘러 오셔서 내 딸을 고쳐주십시오!"였을 것이다. 하지만 주께서 야이로의 집으로 가는 길에 장애물-달리 보면, 그것은 거룩한 초대-이 있었다. 유출병으로 오랫동안 고생해 온 한 여인이 예수님의 옷자락을 만지므로 즉시 치유함을 받았다. 야이로의 딸이 바로 죽어가고 있는 그 순간에도 예수님은 그 여인을 위한 그 거룩한 초대에 참석하기 위해 멈추셨던 것이다. 왜냐하면 이 사건 가운데 하나님

이 사역하고 계심을 감지하셨기 때문이다.

✲ 압둘은 먼 여행을 마치고 돌아오는 버스 안에서 하나님께서 자신의 여정을 어떻게 '훼방' 하셨는지 이야기했다. 하나님의 강한 인도하심을 감지한 압둘은 버스 옆자리에 앉아 있던 소년과 복음을 나누었다. 소년은 흥미롭게 이야기를 듣고 난 다음에 압둘에게 자기 마을에 와서 복음을 전해달라고 초청했다. 압둘은 피곤했으며 집에 가고 싶었다. 게다가 그 소년의 마을은 자신의 집으로 가는 길과 전혀 달랐다. 그러나 그럼에도 하나님의 역사하심을 감지한 압둘은 그 초대에 응했다. 그 마을에서 압둘은 호롱불을 켜야 할 만큼 어두워질 때까지 계속해서 복음을 전했다. 그런데 갑자기 한 남자가 압둘의 이야기를 가로막으며 질문했다. "저는 살인을 했는데 이사가 저를 용서해주실 수 있나요?" 이것이 계기가 되어 질문은 꼬리에 꼬리를 물면서 계속되었다. 또 다른 남자가 일어나 질문했다. "저는 도둑질을 했는데 이사가 이것도 용서하실 수 있나요?" 그들은 자신들의 은밀한 죄들을 쏟아 놓았고 결국 11명의 남자들이 앞으로 나와 자신들의 죄를 자백하며 이사께 죄의 용서를 구했다. 그날 밤, 구원의 감격이 그 마을에 임했다.

하나님은 지금도 우리 주변에 있는 잃어버린 영혼들 가운데서 일하고 계신다. 그리고 우리가 자신의 구원사역에 동참하길 원하신다. 그러나 그 일에는 우리의 영적인 눈과 귀가 열려야 한다. 하나님의 일하심을 보고 듣는 순간 당신은 지금 하던 것을 멈추고, 그분의 사역에 동참해야 한다.

6. 하나님 아버지는 자신이 사역하시는 곳을 우리에게 보이신다. 왜냐하면 그분은 우리를 사랑하실 뿐 아니라, 우리를 통해 놀라운 방법으로 역사하려 하시기 때문이다.

"아버지께서 아들을 사랑하사 자기가 행하시는 것을 다 아들에게 보이시고 또 그보다 더 큰 일을 보이사 너희로 놀랍게 여기게 하시리라"(요 5:20).

아모스 3장 7절은 이렇게 말씀하고 있다. "주 여호와께서는 자기의 비밀을 그 종 선지자들에게 보이지 아니하시고는 결코 행하심이 없으시리라."

하나님께서는 그분의 구원계획을 인간의 개입 없이도 홀로 성취하실 수 있다. 하지만 우리를 향한 그분의 사랑 때문에 우리는 그분의 사역에 초청되는 것이다. 하나님은 우리가 어느 때에 하나님의 역사하시는 현장을 찾게 될지, 또 우리가 어느 때에 하나님을 만나게 될지 이미 알고 계신다. 우리가 하나님과 만나는 순간 우리의 모든 것이 변화될 것이고 그분을 향한 우리의 경배도 한층 더 성숙하게 될 것이다.

만약 당신이 나의 자녀에 대해 궁금한 것이 있다면 나는 당신에게 세세한 것까지 말해줄 수 있다. 왜냐하면 나는 그들을 하루도 빠짐없이 늘 보아 왔고 그들에 대해서 잘 알기 때문이다. 하지만 당신이 미국 대통령처럼 나와 관계가 먼 사람에 대해 묻는다면 나는 다른 사람이 그에 관해 말한 것을 이야기해 줄 수밖에 없다. 왜냐하면 나는 그를 개인적으로 잘 모르기 때문이다.

    이처럼 당신의 자녀나 손자들이 하나님이 어떤 분이냐고 질문한다면 당신은 다른 사람이 하나님에 관해 말한 내용이나 당신이 책에서 읽은 것만을 그들에게 말해줄 것인가?

    바로 지금, 하나님은 당신의 사역지에서 모슬렘들을 그리스도께로 돌이켜 참된 믿음을 갖게 하는 자신의 새로운 사역에 당신을 초청하고 계신다. 그분이 행하시는 사역에 동참한다면 당신은 그분을 개인적으로 직접 대면하는 경험을 하게 될 것이다. 이 대면은 진정 놀라운 경험이 아닐 수 없다. 그리고 이후에 누군가 당신에게 하나님이 누구시냐고 질문할 때 당신은 하나님의 선교사역에 참여했던 바로 그 경험을 분명히 나눌 수 있게 될 것이다.

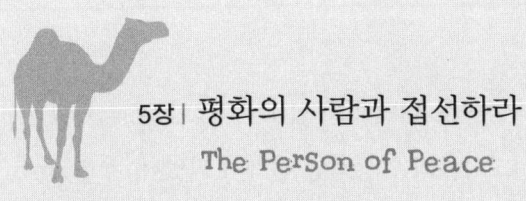

5장 | 평화의 사람과 접선하라
The Person of Peace

누가복음 10장 1~20절에서 예수님은 자신의 선교계획을 우리에게 보여주셨다. 본문은 예수님께서 70명의 제자들을 전도의 현장으로 파송하시는 이야기이다. 이 말씀은 추수를 기다리는 익은 곡식에 대한 예수님의 선포로 시작되고, 거둬들인 놀라운 추수를 보고하는 제자들의 이야기로 끝난다. 이 사건을 통해 예수님은 성공적인 전도사역을 완수한 전도자들이 현장에서 체득한 값진 교훈을 우리에게도 가르쳐주고 싶어하신다. 그 교훈은 성령님께서 우리보다 앞서 진행하셔서 우리가 헌신할 사역지에서 우리를 위해 기록한 만남을 미리 예비하고 계신다는 것이다.

나는 1995년에 누가복음 10장에 대한 설교를 들었다. 그때 나는 예수님이 제자들에게 "평화의 사람을 찾는 법"을 가르치시는 장면에서 내 눈이 열리는 체험을 했다. 그러나 나는 그 가르침을 몸소 실행하기까지 거의 5년의 시간이 걸렸다.

그러나 이제 평화의 사람들을 대면케 하실 그 거룩한 약속을 찾아 떠나는 탐색 여정은 선교사들의 일상적인 전략이 되었다. 우리는 이 모험을 "L10 전도"로 명명했다. 나의 첫 번째 "L10 전도" 여행에 두 명의 단기 선교사가 동행했다. 우리는 갈아입을 여벌의 옷과 성경책 한 권, 『예수』 비디오 한 개, 그리고 약간의 여비 외에는 그 어떤 것도 가지고 가지 않기로 했다. 우리는 먼저 목적지가 될 만한 도시를 지도에서 자세히 살펴보았다. 우리가 방문할 도시와 근접 도시들은 개척된 MBB 교회가 하나도 없는 곳이었다.

우리가 전도여행을 시작하기 위해 큰길 모퉁이에 내리자마자 사람들이 모여들기 시작했다. 그래서 그날 우리는 온종일 길가에서 모슬렘들에게 복음을 전했다. 하지만 우리는 실망하지 않을 수 없었다. 왜냐하면 끊임없이 전도했음에도 불구하고 우리의 전도에 반응을 보인 사람은 한 명도 없었기 때문이다. 우리는 우리에게 잠자리와 음식을 제공할 평화의 사람을 만나볼 수나 있을지 걱정되었다. 우리는 이 실망스런 하루를 마무리하며 관공서 건물 뒤에 붙어 있는 작은 쪽방을 얻어 하룻밤을 묵기로 했다. 그런데 우리가 막 잠들려 할 때, 누군가 문을 두드렸다. 우리가 문을 열었을 때 두 명의 모슬렘이 문밖에 서 있었다. 그들은 이웃 모슬렘으로부터 시내에서 세 명의 외국인이 이사에 관해 말씀을 전하며 도심 쪽으로 걸어갔다는 이야기를 듣고 찾아왔다고 했다. 그리고 그들은 우리 일행 중 한 사람이 현지어를 구사하며 모슬렘에게 친숙한 언어를 사용한다는 사실도 들었다고 했다. 그렇게 그들은 우리에게 자신들의 지난 이야기를 풀어놓았다.

몇 년 전, 네 명의 외국인이 이 도시에 와서 자신들 중 한 사람의 집을 방문하여 그 집에 있는 절뚝발이 딸을 위하여 이사의 이름으로 치유기도를 해주었다고 했다. 그리고 며칠이 지나서 그 딸이 고침을 받아 그 일로 말미암아 자신들은 이사의 능력에 확신을 갖게 되었다고 말했다. "우리는 이사가 능력이 있으며 우리를 사랑하고 계심을 믿습니다. 하지만 우리는 이사에 대해 잘 모릅니다. 그분에 대해 알고 싶습니다. 우리를 도와주실 수 있습니까?" 그 중 한 명이 말했다. 그리고 그 말을 마치자마자 또 다른 한 사람이 "이사에 관해 더 많은 것을 듣고 싶어서 지금껏 기다려왔습니다"라고 외치듯이 말했다. 우리는 그들을 방문했던 네 명의 외국인이 왜 이사에 관해 자세히 말해주지 않았는지 물었다. 그러자 그들은 "그 외국인들은 우리말을 할 줄 몰랐습니다"라고 대답했다. 우리는 "여기서 멀지 않은 곳에 기독교 공동체가 있는데 왜 가지 않으셨습니까?"라고 다시 묻자, 그들은 어려서부터 그리스도인들은 믿지 못할 집단이라고 교육받아왔고, 또 비록 같은 언어를 사용할지라도 기독교인들의 용어는 이해할 수 없는 부분이 많다고 했다. 그러면서 우리는 모슬렘에게 친숙한 용어들을 사용했기 때문에 자신들이 생각한 전통적 기독교인과는 다르다고 생각했다는 것이다.

그들의 이야기를 다 들은 나는 긴 여행으로 너무 지쳐 있어서 내일 다시 와달라고 요청했다. 그때까지만 해도 나는 그들 가운데 역사하고 계시는 하나님께서 나를 일깨우고 계신다는 것을 파악하지 못하고 있었다. 그러나 다행히도 나와 함께했던 팀원 중 하나가 내 옆구리를 찌르며 말했다. "미루지 마세요. 지금 그들에게 전하세요." 그제야 나는 왜 예수님께서 제자들을 둘씩 짝을 지어 보내셨는지 깨달았다. 육체적인 피곤함으로 인해 나의 영적 감지기가 작동하지 않는 동안 내 동역자의 영적 감지기는 하나님의 역사하심을 향해 민감해져 있었던 것이다. 하나님의 사역에 동참하도록 초청한 시간은 나중에 더 편리한 시간이 아니라, 바로 지금 이 순간임을 그는 알고 있었던 것이다. 하나님께서 이런 깨달음을 주셨기 때문에 우리는 그 후 두 시간 동안 이사를 통해 하나님께서 구원을 어떻게 베푸셨는지를 전했다. 그리고 우리는 기도로 대화를 마쳤다. 그리고 그 평화의 사람들이 떠나기 전에 우리는 그들에게 이사에 관한 복음을 모슬렘 여인들과 나눌 수 있는 모임을 주선해달라고 부탁했다. 왜냐하면 외국인이 모슬렘 여인을 만나 복음을 전한다는 것이 좀처럼 쉽지 않기 때문이고, 또 우리는 만일 모슬렘 여인들이 그리스도인이 되면 자연스럽게 그 모든 가족들도 여인을 따라 신자가 될 것이라고 기대했기 때문이다.

다음 날 이른 아침에, 어제 찾아왔던 두 명의 남자들이 우리가 부탁한 모임을 주선해주었다. 불가능하다고 여겼던 것들이 그들의 도움으로 쉽게 이루어졌다. 그들은 시골 마을의 한 가정으로 우리를 안내했는데 그 곳에는 25명의 모슬렘 여인들이 바닥에 앉아 우리를 기다리고 있었다. 우리는 놀라지 않을 수 없었다. 세 시간 동안 쉬지 않고 그들에게 복음을 전했다.

예수님의 탄생에 관한 이야기를 할 즈음, 우리는 그 두 명의 남자에게 『예수』영화를 보여주고 싶다는 말을 했다. 그러자 그들은 그 말이 떨어지자마자 시내로 달려나가 텔레비전과 비디오 플레이어를 빌려왔다. 그리고 『예수』영화를 본 후 그 두 사람은 모인 모든 사람들에게 점심식사까지 제공해주었다. 그날 우리가 사용한 비용은 모임 장소까지의 왕복 교통비뿐이었다. 이들 평화의 사람들은 주님께서 우리의 전도를 돕고 우리의 필요를 채우시려고 보내신 사람이었다. 우리는 모슬렘 여인들에게 복음을 마음껏 전하고 그곳을 떠나며 지역담당 교회개척자에게 이 일에 대해 알려주었다. 그리고 그 지역 교회개척자는 이제 막 걸음마를 시작한 새 신자들에게 다음 단계의 양육을 하게 되었다.

6개월 후, 우리는 또 다른 교회개척자에게 그 지역을 방문해보고 그 두 사람과 면담하도록 부탁했는데 놀랍게도 그가 방문했을 때 이 걸음마 교회는 이미 125명의 모슬렘이 침(세)례를 받았고, 5개의 교회가 분립 개척되어 있었다. 그리고 2년이 지나자, 침(세)례 받은 성도는 300명으로 늘었고 교회는 15개가 되었다.

평화의 사람 찾기

우리는 하나님께서 택한 평화의 사람을 찾는 일이 새 신자를 통한 교회개척 배가운동의 핵심적인 첫 단계임을 배웠다.[25] 예수님은 제자들에게 하나님께서 평화의 사람을 세우시는 역사의 현장을 어떻게 찾아가는지 본을 보여 주셨으며, 이를 더 가르치려고 많은 시간을 할애하셨다. 예수님께서 우물가의 여인을 만나고, 삭개오와 만나는 장면은 하나님의 영에 반응하는 사람들을 어떻게 찾아야 하는지를 제자들에게 가르치기 위한 체험적인 표본이었다. 누가복음 10장은 평화의 사람을 찾는 임무를 가지고 주변 마을로 파송된 제자들의 현장훈련 이야기를 담고 있다.

누가복음 10장 1~20절 읽기

¹그 후에 주께서 따로 칠십 인을 세우사 친히 가시려는 각 동네와 각 지역으로 둘씩 앞서 보내시며 ²이르시되 추수할 것은 많되 일꾼이 적으니 그러므로 추수하는 주인에게 청하여 추수할 일꾼들을 보내 주소서 하라 ³갈지어다 내가 너희를 보냄이 어린 양을 이리 가운데로 보냄과 같도다 ⁴전대나 배낭이나 신발을 가지지 말며 길에서 아무에게도 문안하지 말며 ⁵어느 집에 들어가든지 먼저 말하되 이 집이 평안할지어다 하라 ⁶만일 평안을 받을 사람이 거기 있으면 너희의 평안이 그에게 머물 것이요 그렇지 않으면 너희에게로 돌아오리라 ⁷그 집에 유하며 주는 것을 먹고 마시라 일꾼이 그 삯을 받는 것이 마땅하니라 이 집에서 저 집으로 옮기지 말라 ⁸어느 동네에 들어가든지 너희를 영접하거든 너희 앞에 차려 놓는 것을 먹고 ⁹거기 있는 병자들을 고치고 또 말하기를 하나님의 나라가 너희에게 가까이 왔다 하라 ¹⁰어느 동네에 들어가든지 너희를 영접하지 아니하거든 그 거리로 나와서 말하되 ¹¹너희 동네에서 우리 발에 묻은 먼지도 너희에

게 떨어버리노라 그러나 하나님의 나라가 가까이 온 줄을 알라 하라 [12]내가 너희에게 말하노니 그 날에 소돔이 그 동네보다 견디기 쉬우리라 [13]화 있을진저 고라신아, 화 있을진저 벳새다야, 너희에게 행한 모든 권능을 두로와 시돈에서 행하였더라면 그들이 벌써 베옷을 입고 재에 앉아 회개하였으리라 [14]심판 때에 두로와 시돈이 너희보다 견디기 쉬우리라 [15]가버나움아 네가 하늘에까지 높아지겠느냐 음부에까지 낮아지리라 [16]너희 말을 듣는 자는 곧 내 말을 듣는 것이요 너희를 저버리는 자는 곧 나를 저버리는 것이요 나를 저버리는 자는 나 보내신 이를 저버리는 것이라 하시니라 [17]칠십인이 기뻐하며 돌아와 이르되 주여 주의 이름이면 귀신들도 우리에게 항복하더이다 [18]예수께서 이르시되 사탄이 하늘로부터 번개 같이 떨어지는 것을 내가 보았노라 [19]내가 너희에게 뱀과 전갈을 밟으며 원수의 모든 능력을 제어할 권능을 주었으니 너희를 해칠 자가 결코 없으리라 [20]그러나 귀신들이 너희에게 항복하는 것으로 기뻐하지 말고 너희 이름이 하늘에 기록된 것으로 기뻐하라 하시니라

평화의 사람을 찾으라는 예수님의 명령

누가복음 10장 1절~20절을 자세히 읽고 예수님이 칠십 명의 제자들에게 부여하신 각 임무에 대하여 자신의 의견을 기록해보라.

10:1 둘씩 짝을 지어 가라

" … 주께서 … 둘씩 앞서 보내시며 … "

이외에도 우리에게 동역자와 함께하라는 독려의 말씀은 성경에 더 있다. 신명기 17장 6절에는 진리를 입증하기 위해서는 꼭 두 사람의 증거가 필요하다고 말씀하고 있다. 아마 예수님께서도 우리가 체험한 놀라운 하나님의 능력을 다른 사람들에게 전할 때 혹시 거짓말처럼 들려질지 모른다고 우려하셨던 것 같다. 하지만 우리가 한 사람의 증인과 동행한다면 믿기 어려운 이야기도 한결 쉽게 입증할 수 있게 될 것이다.

믿기 어렵겠지만 위와 같은 방식(둘씩 짝을 지어 나가는 방식)으로 모슬렘들이 복음의 기쁜 소식을 접하고 설득되는 경우가 많다. 왜냐하면 천국 가는 길을 스스로 탐색해야 한다고 가르치는 종교 분위기에서 자란 모슬렘들에게는 기독교의 복음이 너무 쉬워서 진리가 될 수 없어 보이기 때문이다. 그들은 "하나님께서 선물을 받을만한 아무런 자격도 없는 인간들에게 공짜로 선물을 주신다는 것이 말이나 되는 소리인가요?"라고 반문할지도 모른다. 그러나 이 '거짓말 같은' 복음도 두 사람이 함께 증언한다면 복음을 듣는 모슬렘에게 더욱 신뢰할 만한 소식이 되는 것이다.

전도서 4장 9~12절에는 한 사람이 넘어지면 다른 하나가 그 동무릎 붙들어 일으킨다는 말씀이 있다. 모슬렘 지역에서 전도하는 것은 매우 위험하다. 그러나 그것은 모슬렘들이 위험한 사람들이기 때문이 아니라, 사탄이 자신의 영토를 점령하려는 당신의 사역을 무력화하려고 방해하기 때문이다. 따라서 동역자와 함께 현장에 나가는 것이 더욱 안전하다. 서로 기도할 수 있고, 협력할 수 있고, 책임감 있게 서로 붙잡아 줄 수도 있다. 마치 밤늦게 우리를 찾아온 두 명의 모슬렘에게 복음을 전하도록 나를 끝까지 독려했던 단기 선교사처럼 말이다. 둘이 함께 돌아보고 붙잡아 줄 때 좀 더 많은 동기를 부여받게 되어 맡은 과업을 거뜬히 성취할 수 있게 되는 것이다.

박해를 당해도 두 사람이 함께 하면 고통을 감내하기가 한결 수월해진다. 누군가 우리의 고통을 알고 있다는 것과, 혼자가 아님을 아는 것은 박해를 받을 때 우리의 태도에 큰 차이를 만들어낸다. 게다가 누군가 우리와 동일한 고난을 당하고 있다는 사실을 알게 되면 우리는 그들을 향해 동병상련(同病相憐)의 마음을 갖게 되고, 이것은 우리 자신의 고통과 어려움을 훨씬 덜어주는 작용을 한다.

"둘씩 짝을 지어 가라"는 예수님의 교훈은 우연한 가르침이 아니라 우리를 위해 가장 효과적인 개인 전도전략 모델을 만들어 주신 것이다. 예수님은 마태복음 10장과 누가복음 10장에서 각각 12명과 70명의 제자를 파송하셨다. 예수님은 평화의 사람을 찾기 위해 전도자들의 체제를 편성하셨고, 추수할 지역에 그들을 동원하셨다.

이는 지금 우리에게도 동일하게 요구되고 있는 것이다.

10:2 수확할 곡식이 있음을 믿어야 한다

"추수할 것은 많되 일꾼이 적으니 그러므로 추수하는 주인에게 청하여 추수할 일꾼들을 보내 주소서 하라"

많은 그리스도인은 하나님의 왕국으로 나아오는 모슬렘 지역의 결신(結信)의 풍요(豊饒)를 보지 못하고 있다. 그들은 여전히 모슬렘 지역에는 추수할 때가 아직 이르지 않았다고 말한다. 바로 그들의 코앞에서 광대한 모슬렘이 희어져 추수를 기다리고 있는데도 그들은 하나님께 하늘 문을 여시고 하나님의 영을 쏟아 부어달라고 끊임없이 매달려 집요한 투정만 쏟아 놓고 있다. 하지만 예수님은 먼 훗날의 추수할 밭을 말씀하신 것이 아니라, 지금 당장 추수할 밭을 말씀하고 계신다. 예수님은 우리에게 다가올 추수시기를 앞당겨달라는 기도를 하라고 명령하신 것이 아니라, 지금 바로 여기에 펼쳐진 추수 현장으로 파송할 일꾼을 보내달라는 기도를 하라고 명령하고 계신 것이다.

내가 처음 모슬렘 국가로 사역하고자 왔을 때에는 씨를 뿌리는 것이 나의 일이고, 그 파종 된 씨에 물을 주는 것은 성령님의 일이며, 추수하는 일은 장차 누군가의 몫이라고 생각했었다. 하지만 나는 점점 성령님께서 이미 수많은 모슬렘의 마음과 심령 속에서 풍성한 수확을 위한 경작을 하고 계심을 알게 되었다. 그리고 지금 당장 추수 현장에 뛰어드는 것이 나의 임무임을 깨닫게 되었다.

1988년에 캘리포니아의 토마토 농장 노동자들이 임금 인상을 요구하며 파업을 했던 적이 있다. 그들의 파업으로 몇 개월이 지나자 셀 수 없이 많은 농익은 토마토들이 땅에 떨어져 썩게 되었다. 추수할 일꾼이 없는 토마토 농장에 남은 것은 코를 찌르는 악취뿐이었다.

예수님은 아버지께서 태초부터 오늘까지 일하고 계심을 우리에게 상기시키신다(요 5:17 참조). 모슬렘 공동체에는 이미 희어져 추수해야 할 영혼들이 많다. 물론 모슬렘 결신자가 없는 지역도 있지만, 그렇다고 해서 그곳에 하나님이 일하시지 않는 것은 아니다. 당신이 그 지역의 모퉁이를 돌아서자마자 추수할 현장을 만나게 될지도 모른다. 주님께서 가르쳐주신 추수의 방법을 우리가 받아들인다면 그 추수에 참여할 우리의 기회는 더욱 극대화될 것이다. 그러나 추수할 일꾼이 그 지역을 포기함으로써 '무르익은' 모슬렘들이 꿈과 환상을 통해 하나님의 부르심을 받고도 깊고 부유한 복음을 듣지 못한다면 이 얼마나 비참한 일인가!

당신의 일은 추수할 지역을 찾고자 기도하는 것이 아니라, 준비된 모슬렘을 찾고자 나가는 일이고, 그들을 전도하여 제자 삼는 일이다. 만약 당신이 기도하기 원한다면, 준비된 추수 지역에서 하나님 홀로 많은 일을 하시도록 기도하지 말고, 함께 추수할 일꾼이 되고자 기도하라. 교회개척 배가운동 실행가들은 이미 희어져 추수하게 된 모슬렘 밭에 가능하면 더 많이 훈련된 "L10 전도"자를 보내야 한다고 말하고 있다.

10:3 조심하라

"갈지어다 내가 너희를 보냄이 어린양을 이리 가운데로 보냄과 같도다."

평화의 사람을 찾도록 파송된 제자들은 모두 자신들이 지불할 대가를 예견해야 한다. 세상이 당신에게 호의를 베풀 것이라고 기대하지 마라. 시퍼렇게 멍든 눈으로 이제 곧 상황이 종료되리라는 사실을 바라볼 수만 있어도 고통의 혹독함은 훨씬 더 경감될 것이다. 권투선수는 자기가 링에서 치를 대가를 미리 알고 있다. 그래서 수많은 주먹질은 고통스럽겠지만 권투 선수의 마음은 그 고통을 견디도록 그의 몸을 단련시켜 왔던 것이다. 고통을 예기치 못한 상황에서 갑자기 당하는 충격은 예상하고 준비했던 고통의 충격보다 더 심각한 고통이 따른다. 예수님은 앞으로 우리에게 일어날 일들에 대해 누차 미리 말씀해주셨다.

10:4 빈궁하게 가라

"전대나 배낭이나 신발을 가지지 말며 길에서 아무에게도 문안하지 말며"

당신이 평화의 사람을 찾는 동안 그도 당신을 찾고 있을 것이다. 전도자나 교회개척자가 자연스럽게 평화의 사람을 만날 수 있는 가장 확실한 방법은 기본적으로 필요한 먹을거리와 잠자리를 준비하지 않고 나서는 것이다. 왜냐하면 이런 순례자들을 보살피도록 준비된 사람이 바로 평화의 사람이기 때문이다. 이것은 또한 평화의 사람에게 하나님께서 부여하신 임무이기도 한 것이다. 전도자나 교회 개척자가 평화의 사람을 찾을 동안 하나님께서는 평화의 사람에게 그들을 접대하도록 하게 하신다. 그의 관대한 행동이 그가 바로 평화의 사람임을 확증해줄 것이다.

그렇다면 "L10 전도"자는 재정적 지원이 필요 없다는 말인가? 아니다. 만일 그들에게 가족이 있다면 그들의 일용할 양식이 필요할 것이다(그 양식을 제공하는 것은 교회의 임무이다). 예수님께서 말씀하시는 바는 우리가 부족함 없이 스스로 모든 것을 준비해간다면 우리를 기다리고 있는 평화의 사람의 친절과 열린 마음과 관대함을 놓칠 수 있다는 것이다. "L10 전도"자와 광역(廣域) 전도일꾼들을 위한 재정지원은 교회개척 배가운동의 초기 단계에서는 긍정적 영향을 끼치는데 반해 평화의 사람에게 재정을 지급하는 것은 그 운동에 '부정적인 영향'을 끼치게 된다. 왜냐하면 평화의 사람은 재정적 지원이 필요치 않은 현지 거주민으로서 그 지역에 신생 교회가 첫걸음을 땐 후 신앙운동으로 교회가 배가되도록 돕는 사람이기 때문이다.

그러므로 추수할 지역으로 보낼 당신의 동역자들을 훈련시켜 예수님의 본을 따르고, 평화의 사람을 찾고, 그리고 그가 스스로 자신의 공동체 안에서 교회개척 배가운동을 수행하도록 하라. "L10 전도"자의 사역은 직접 교회개척 배가운동에 착수하게 하는 것이 아니고, 오히려 교회의 첫 열매이자 나중에 그 종족의 교회개척 배가운동의 지도자가 될지도 모를 바로 그 평화의 사람을 찾는 일이다.

그러나 당신이 만날 평화의 사람이 모두 한결같이 이 부흥 운동을 시작할 영향력이 큰 전도자가 되는 것은 아니다. 하지만 당신의 방문을 기다리는 많은 평화의 사람들 중 누군가는 위대한 전도의 결실을 거둘 인물이며, 지금 어딘가에서 당신과의 만남을 고대하고 있다는 것이다.

평화의 사람 탐색을 위해 전적으로 헌신된 70명의 일꾼을 모슬렘 종족으로 파송하는 광경을 상상해보라! 추수할 지역의 일꾼을 동원하기 위해서라면 우리가 할 수 있는 것은 무엇이든 해야 하고, 이 운동의 촉매 역할자(역자주: 평화의 사람)들을 찾아야 한다.

10:5-6 당신의 존재를 알려라

"어느 집에 들어가든지 먼저 말하되 이 집이 평안할지어다 하라 만일 평안을 받을 사람이 거기 있으면 너희의 평안이 그에게 머물 것이요 그렇지 않으면 너희에게로 돌아오리라"

예수님은 우리에게 "어느 집에 들어가든지" 우리 마음속에 소유하고 있는 '평화'를 선포하라고 하셨다. 당신이 평화의 사람을 찾는 것만큼 그 평화의 사람도 당신을 고대하고 있다는 것을 기억하라. 당신이 만일 너무 조심스럽고 은밀한 접근방법만을 찾는다면 그를 놓쳐 버릴지도 모른다. 전도자와 평화의 사람이 서로 알아보는 것이 교회개척 배가운동의 지극히 중요한 출발점이다.

우리는 우연히 만난 사람일지라도 그리스도의 평안을 나눈 후, 그 평화가 그들 위에 임하는지 아니면 공허한 메아리처럼 내게 돌아오는지 분간하는 영적 민감성을 지니고 있어야 한다.

많은 선교사가 모슬렘 가정에 들어가는 것을 두려워하여 예수님의 기쁜 소식을 나누지 못한다. 그들은 복음을 마치 은밀한 비밀을 다루듯이 너무 조심스럽게 증거하곤 한다. 은밀한 전도는 전도자가 그 모슬렘 공동체 안에 확실하게 오래 머물 수 있는 방법이긴 하지만 그것으로 말미암아 평화의 사람을 탐색하는 일은 실패하고 말 것이다.

10:7 머물라

"그 집에 유하며 주는 것을 먹고 마시라"

이것은 중요한 선교 법칙 중 하나다. 평화의 사람을 발견했을 때 그를 당신의 문화에 적응하도록 강요하지 말고, 당신이 그의 문화에 적응하도록 하라. 이제 곧 모슬렘들이 주께로 돌아올 날을 기대한다면 우리는 겉으로 드러난 그들의 문화적, 종교적 형식만을 공박하고픈 유혹을 떨쳐버려야 한다. 예수님은 삭개오의 집에 들어가 앉으셔서 그와 함께 음식을 드셨다. 본문은 "그 집에 머물라"고 기록되어 있다. 교회개척 배가운동에서 전도와 제자훈련의 경계선은 불분명하다. 그러나 당신은 평화의 사람과 함께 시간을 보냄으로써 전도와 제자훈련을 동시에 이룰 수 있다.

평화의 사람이 아직 그리스도를 따르는 자가 되지 않았다면 전도자는 지속적으로 하나님의 구원사역을 주도하는 통로 역할을 해야 한다. 하지만 평화의 사람이 그리스도를 따르는 자가 되었다면 전도자는 그의 종족 안에서나 또 다른 종족에게 가서 교회개척 배가운동을 착수할 수 있도록 그에게 비전과 사역방법, 그리고 책임감을 전수해야 한다.

전형적으로 평화의 사람은 이러한 비전을 성취하고자 하는 열망이 있다. 내가 파키스탄에서 만났던 한 남자는 누군가 그에게 교회개척 배가운동의 비전을 심어줄 때까지 기다리지 못했다. 그는 나에게 이미 그 같은 비전들을 품고 있었다고 말했다. 그는 내가 조언하지 않았음에도 불구하고 내가 전에 그에게 복음을 나누어 주었던 것처럼 그의 친구와 가족 열 명을 모아 복음을 나누었다. 그 후 그는 그 열 명에게 새로운 임무를 부여했다. 또 다른 열 명에게 복음을 전하라고….

평화의 사람을 찾아보지도 않고 바로 복음의 씨앗을 뿌리는 것은 하나님께서 평화의 사람을 준비해놓으셨다는 것에 대한 믿음의 부족을 나타내는 것이다. 하나님은 각 지역 공동체에 평화의 사람을 세우길 원하신다. 왜냐하면 평화의 사람은 한 공동체의 구성원이지만, 우리(전도자)는 주변인이거나 이방인일 뿐이기 때문에 외부 전도자가 두서없이 복음을 선포하는 것보다 그 지역 주민의 간증을 사람들이 더 경청하기 때문이다. 공동체 구성원들은 이방인 전도자인 우리보다 친근한 평화의 사람이 전하는 간증을 거부감 없이 수용한다.

삭개오나 사마리아 수가성의 우물가 여인은 능력의 하나님께서 한 사람을 어떻게 바꾸셨는지를 간증할 수 있는 사람들이었다. 변화된 한 사람의 살아있는 간증은 개인적 친교관계가 없는 라디오 방송 설교나 전도지, 혹은 방송매체 등과 같은 복음전파 방법보다 더 효과적인 설교이며, 불신자들과 유대관계를 훨씬 돈독하게 한다는 것을 기억해야만 한다.

대부분 MBB들은 라디오 방송, 전도지, 혹은 꿈을 통해 그들이 복음을 접하게 되었다고 말한다. 하지만 그들이 전심으로 그리스도께 실제적 헌신을 했던 순간은 항상 예수님을 따르는 자들과 함께 있었던 때였음을 잊지 말아야 한다. 복음의 메시지가 익숙한 얼굴을 통해 전달될 때 반응은 훨씬 더 배가되기 때문이다.

10:8-9 치유하고 선포하라

> "어느 동네에 들어가든지 너희를 영접하거든 너희 앞에 차려놓는 것을 먹고 거기 있는 병자들을 고치고 또 말하기를 하나님의 나라가 너희에게 가까이 왔다 하라"

전도자들은 평화의 사람이 제공하는 음식이 좋든 싫든 상관없이 그것을 먹어야 한다. 혐오식품을 먹는 문화에서는 그것이 좀처럼 쉬운 일은 아니지만 그럼에도 당신은 그 평화의 사람이 당신에게 베푸는 친절을 기꺼이 수용해야 한다. 혹 당신이 발견한 불쾌한 관습과 풍습을 비판하고 싶은 충동이 끓어오를지라도 당신의 사역이 그보다 훨씬 더 중요한 일임을 생각하면서 더욱 철저히 절제해야 한다.

그리고 평화의 사람을 위한 치유기도를 망설이지 마라. 그리고 하나님께서 당신의 기도를 구한 그대로 응답하시는 사실에 또한 놀라지 마라. 인도 동역자 중 한 사람이 평화의 사람을 위한 '축복(B-L-E-S-S)기도법'을 다음과 같이 설명했다.[26]

'축복(B-L-E-S-S)기도법'은 기도대상자의 인생에 각각 다섯 영역을 구별하여 기도하기 쉽게 만든 방법이다. 즉 육체적 필요(Body), 노동 현장(Labor 그들의 일터), 정서적 안정(Emotional well-being), 사회적 관계(Social relationship), 그리고 영적 상태(Spiritual condition)로 나누어 기도하는 것이다. 우리가 이렇게 기도할 때-하나님의 나라가 우리의 삶에 구현되도록 우리가 본을 보이고, 그 하나님의 나라 안에서 평화의 사람이 흔들리지 않게 붙잡아 줌으로써- 그도 하나님 나라를 받아들일 것이다.

첫 만남일지라도 이 축복기도(B-L-E-S-S)와 함께 담대한 복음 선포를 잊지 마라. 그리고 반드시 전능한 이사 알 마시(예수)의 이름으로 기도하라. "하나님의 나라가 너희에게 가까이 왔다"라는 주님의 복음선포의 명령에 순종하지 않는다면 우리의 사역은 불완전한 것이 되고 만다. 간단한 기도를 드릴 때도 분명한 복음이 포함되어야 한다. 아울러 『예수』영화 상영, 4영리, 연대기 성경 같은 전도도구들을 사용하여 전도할 때도 늘 정확한 복음이 제시되어야 한다.

중요한 것은 복음선포의 기회를 놓쳐서는 안 된다는 것이다.

10:10-16 떠날 때를 알라

"어느 동네에 들어가든지 너희를 영접하지 아니하거든…"

하나님은 어느 곳에서나 일하신다. 하지만 모든 사람들이 하나님의 사역에 반응하는 것은 아니다. 만약 복음 증거자인 당신을 환대하지도 않고, 맞아들이지도 않는다면 그곳을 떠나라. 하나님의 말씀과 선포자들을 철저히 배척하는 지역에 계속 유하는 것은 우리가 성령님보다 훨씬 더 나은 사역을 할 수 있다고 선포하는 거나 다름이 없는 것이다. "아들이 아버지께서 하시는 일을 보지 않고는 아무것도 스스로 할 수 없나니 아버지께서 행하시는 그것을 아들도 그와 같이 행하느니라"(요 5:19)라는 예수님의 말씀을 명심해야 한다. 반응하지 않는 마을에 오래 머무르지 마라. 그 마을에서 수고로이 사역함으로 시간을 허비하는 것은 비생산적일 뿐 아니라 위험을 가져올 수도 있다. 그들이 당신을 거절한 것은 당신뿐 아니라 예수님도 함께 거절한 것이다. "하나님 아버지께서 일하시는 곳에서 나도 일할 것이다"라는 중심 생각을 항상 품어라.

10:17-20 결과를 기대하라

"칠십 인이 기뻐하며 돌아와 이르되…"

"L10 전도"방법에는 평화의 사람을 찾는 것 이외에 또 다른 유익이 있다. 그것은 당신이 하나님께서 역사하시는 장소를 발견할 때 하나님을 대면하게 되는 것이다. 우리팀은 여러 번 "L10 전도"여행을 떠났는데 그때마다 평화의 사람들을 만났다. 그리고 매번 그들 중 최소한 한 명은 그 마을에서 교회개척 배가운동을 주도했다.

주님을 따르는 자로서 우리가 누릴 수 있는 가장 큰 기쁨 중 하나는 자신의 종족이나 마을에서 교회개척 배가운동을 시작할 평화의 사람을 만나는 것이다. 예수님은 누가복음 10장 21절에서 이 기쁨을 다음과 같이 표현하셨다.

> "그 때에 예수께서 성령으로 기뻐하시며 이르시되 천지의 주재이신 아버지여 이것을 지혜롭고 슬기 있는 자들에게는 숨기시고 어린 아이들에게는 나타내심을 감사하나이다 옳소이다 이렇게 된 것이 아버지의 뜻이니이다"

요약

누가복음 10장에는 평화의 사람을 찾는 핵심 원리들이 제시되어 있다.

- 하나님이 사역하시는 곳을 탐색한 다음, 동역자와 함께 믿음으로 나아가서 평화의 사람을 찾아라.
- 가볍게 여행하라. 모든 것을 충분히 갖추지 말고, 부족한 상태로 순

례자의 길을 떠나라.

- 하나님의 인도하심을 의지하라. 당신보다 앞서 행하시는 그분께서 당신에게 길을 보여주실 것이다.
- 평안을 빌라. 만약 평안을 받으면 그곳에 머물고 그렇지 않으면 다른 곳으로 떠나라. 때로는 여행을 마칠 때까지 평화의 사람을 만나지 못할 수도 있다. 하지만 그분께서 당신과 동행하셨다는 사실만은 깨닫게 될 것이다.
- 하나님께서 이미 꿈이나 다른 수단들을 통해 당신의 전도를 받아들이도록 예비해놓으신 모슬렘과의 만남을 고대하라.
- 평화의 사람을 만났다고 생각될 때 그가 당신의 필요를 제공할 것임을 신뢰하고 그의 집으로 가서 유하라.
- 당신을 받아들이든 거절하든, 하나님이 당신과 함께 하시며 하나님의 나라가 가까이 있다는 것을 언제나 기억하라.
- 당신의 임무는 평화의 사람이 예수님을 영접하도록 인도하는 것이며, 그가 가족들과 친구들에게 복음을 나눌 수 있도록 준비시키는 것이다.

---

25) 누가복음 10장에는 평화의 "아들"을 찾으라고 언급했지만, 사실 다른 성경들을 보면 성별(性別)은 크게 문제 삼지 않고 있다. 요한복음 4장에는 예수님이 사마리아 성의 평화의 여인을 통해 사역하셨고, 사도행전 16장 9절에 바울의 구원 메시지를 기다린 사람은 평화의 딸 루디아(Lydia)였다.

26) 이 축복(BLESS)기도 개념은 인도 UP(Uttar Pradesh)주에서 사역하는 라주 아브라함(Raju Abraham)박사가 IMB 선교사들에게 처음 소개한 것이다.

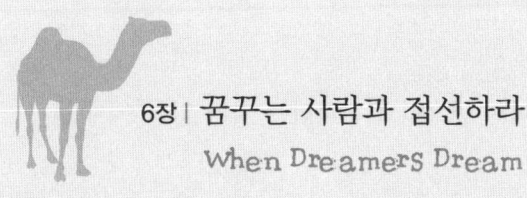

6장 | 꿈꾸는 사람과 접선하라
When Dreamers Dream

하나님께서 이미 선지자 요엘에게 약속하셨던 것처럼 세계 전역에서 모슬렘들의 잠을 깨우시는 그분의 사역은 이제는 그리 놀랄만한 일이 아니다(욜 2:28 참조, 요엘은 모든 육체 위에 부어지는 성령 충만의 서곡으로 이 말씀을 선포했다). 이 약속은 이미 오순절에 분명히 성취되었는데 아직도 그 영을 부어주길 기다리는 사람들은 도대체 무슨 이유에서일까? 결코 꿈이 성경의 계시를 대신할 수는 없다. 하지만 그 꿈은 모슬렘들에게 복음의 소식에 대해 호기심을 갖도록 하고, 복음을 열망하도록 인도하는 성령님의 능력을 시사하기도 한다. 이 같은 일들이 세계 전역에서 수많은 모슬렘에게 일어나고 있다. 하지만 안타까운 것은 영적으로 갈급한 상태에 있던 수많은 꿈바라기 모슬렘에게 그들의 꿈을 해석해주거나, 그리스도 예수 안에 있는 구원의 기쁜 소식을 설명해 줄 사람들이 없다는 것이다. 만약 복음을 전하는 자가 없다면 그들은 죄와 형벌에 갇혀 갈 길을 잃고 방황하게 될 것이다. "그런즉 그들이 믿지 아니하는 이를 어찌 부르리요 듣지도 못한 이를 어찌 믿으리요 전파하는 자가 없이 어찌 들으리요"(롬 10:14).

우리가 모슬렘의 꿈바라기들과 주의 깊게 대화를 나누다 보면 모슬렘 세계에서 역사하시는 하나님을 만나 볼 수 있다. 그들 중 많은 사람들은 하나님께서 준비하셨으며, 평화의 사람으로 섬기도록 동원할 사람들이다.

자, 이제 그들의 꿈 이야기를 들어보자.

흰 옷 입은 사람

모슬렘들이 꿈을 통해 경험하는 가장 공통적인 주제 중 하나는 그들이 나중에 '이사'로 알게 되는 "흰 옷을 입은 사람"이다. 그들이 꿈에 받은 메시지는 성경을 읽으라는 것과 진리를 찾으려면 그리스도인과 대화하라는 것이다. 그리고 이 모든 꿈에서 공통적으로 나타나는 것은 바로 예수 그리스도이다.

성경은 하나님께서 불신자들을 깨우치는 방법으로 오랫동안 꿈을 활용하셨음을 보여주고 있다.[27] 따라서 오늘날 모슬렘 세계에서 이 같은 동일한 역사가 일어난다고 해도 놀랄 만한 일은 아니다.

내가 접한 대부분의 꿈 이야기들은 지금까지 한 번도 복음이 전파되지 못한 모슬렘 지역에서 발생한 것들이다. '이사 꿈'에 대한 많은 보고가 있지만 그것은 사실 빙산의 일각에 불과하다. 인터넷을 검색하면 이사 꿈(예수님의 꿈)만 다루는 수십 개의 웹 사이트를 발견할 수 있다. 이 사건이 새로운 현상인지 아니면 오랜 역사 가운데 하나님께서 모슬렘들에게 예전부터 행해 오셨던 일인지 우리는 알 수 없다. 하지만 분명한 것은 이 현상이 광범위한 곳에서 일반적으로 관찰되고 있다는 것이다. 이러한 꿈 이야기들은 아직 비모슬렘 종족의 지역에서는 보고된 바가 없다. 우리는 이 현상들을 간과할 수 없다. 왜냐하면 이것은 모슬렘 가운데 엄청난 추수를 준비하시는 하나님의 분명한 역사하심이기 때문이다. 아마도 이 현상은 몇 세대를 걸쳐 계속됐을지도 모른다. 하지만 선교사들이 예전보다 더욱 깊숙이 모슬렘 사회에 진입하게 되면서 이러한 꿈들을 오늘에서야 알게 되었는지도 모른다. 여하튼 우리가 없는 곳에서도 하나님께서는 여전히 일하고 계셨음을 인식하게 된 것은 고무적인 일이다.

2004년 성탄절에 해일 츠나미(Tsunami)가 몰디브를 덮쳤을 때, 나는 구호사역을 위해 몰디브를 방문했었다. 몰디브는 인구의 99.9%가 모슬렘이다. 나는 그때 수도 말레(Male)의 가장 큰 모스크를 찾아가 낙타 전도법으로 복음을 전했다. 그리고 택시를 타고 호텔로 돌아오는 차 안에서 택시 기사에게 선지자를 꿈속에서 만난 모슬렘을 아느냐고 묻자 택시 기사는 놀란 눈으로 나를 바라보며 말했다. "많은 사람이 그런 꿈을 꾸었습니다." 나는 차를 길가에 세우고 그들이 본 선지자의 모습을 내게 설명해달라고 요청했다. 그러자 그는 "그 선지자는 흰 얼굴과 하얀 머리카락을 가졌으며 희고 빛나는 옷을 입었습니다"고 설명했다. 나는 그 선지자가 어떤 특별한 능력을 가지고 있지 않느냐고 다시 물었다. 그의 대답은 나를 놀라게 했다. "예, 맞습니다. 그는 우리를 하늘나라로 인도하는 능력이 있습니다"라고 그가 말했다. 그래서 나는 꿈꾼 사람들이 그 선지자의 이름을 알고 있느냐고 기사에게 물었는데 그는 알지 못한다고 답했다. 나는 그 기회를 놓치지 않고 그 선지자의 이름을 말해주면서 그에게 복음을 전해주었다. 그때부터 지금까지 택시 기사는 그의 딸과 함께 성경을 공부하고 있다.

이 택시 기사를 만난 뒤, 나는 마태복음 17장 2절에 나오는 변화산 위에서의 예수님 모습과, 요한계시록 1장 12~14절에 묘사된 그분의 모습을 떠올려보았다.

"그들 앞에서 변형되사 그 얼굴이 해 같이 빛나며 옷이 빛과 같이 희어졌더라"(마 17:2).

"몸을 돌이켜 나에게 말한 음성을 알아 보려고 돌이킬 때에 일곱 금 촛대를 보았는데 촛대 사이에 인자 같은 이가 발에 끌리는 옷을 입고 가슴에 금띠를 띠고 그 머리와 털의 희기가 흰 양털 같고 눈 같으며 그의 눈은 불꽃 같고"(계 1:12-14).

3주 후, 인도에서도 한 택시 기사가 자신의 꿈에 선지자가 직접 나타난 것은 아니지만 자신의 어머니가 최근 가족들을 불러모아 놓고 그런 꿈 이야기를 했다고 내게 말했다. 그의 어머니는 희고 빛나는 옷을 입은 선지자가 나타나 "너희 모슬렘은 잘못된 길로 가고 있으니 나를 좇아 의와 빛의 바른길을 걸어라"고 말했다고 가족들에게 전했던 것이다. 나는 또다시 그 기사에게 그 선지자의 이름을 말해주고 복음을 전했다.

파키스탄의 큰 도시에 있는 MBB 교회개척자는 내게 그의 새로운 이샤이 친구를 소개해주었다. 그 친구는 꿈에서 만난 전능한 자에게서 "빛을 향해 걸으라"는 지시를 받고 이사(예수)께로 인도되었다고 한다. 나는 그 친구의 이야기를 듣자마자 파키스탄 MBB 교회개척자에게 질문했다. "이런 꿈을 꾼 모슬렘들이 이 도시에 얼마나 됩니까?" 그는 이렇게 답했다. "아마 이런 꿈을 꾼 모슬렘들이 제가 아는 사람만도 60명이 넘습니다."

이후로 제시된 MBB들의 이야기는 남아시아 지역에서 사역하는 선교사들이 수집하여 기록한 것들이다. 우리는 장(章)의 마지막에서 이 이야기의 의미를 토론할 것이다.

하빕

1984년, 하빕이 그의 누이 집을 방문한 날 잠자리에서 그는 흰 옷을 입고 긴 수염의 키 큰 한 남자를 만나는 꿈을 꾸었다. 그 남자가 하빕에게 물었다. "너는 왜 곧은 길을 따르지 않고, 굽은 길을 좇느냐?" 하빕은 "무엇이 곧은 길입니까?"라고 물었다. 그런데 그는 "내가 네게 설명해주겠다"라고 말하고, 곧 사라져버렸다.

하빕은 다음 날 아침에 일어나자마자 MBB 친구를 찾아가 그의 꿈을 해석해달라고 요청했다. MBB 친구는 알라께 가는 곧은 길이 이사라고 설명해주었다. 하빕은 "나는 모슬렘인데 어떻게 이사를 좇을 수 있단 말인가?" 라고 생각하며 망설였다. 그러나 닷새 후, 하빕은 똑같은 꿈을 다시 꾸게 되면서 그분의 부르심에 순종하여 이사의 제자가 되었다.

레이몬드와 잰

2002년 봄, 모슬렘 테러 집단이 파키스탄 전역에서 기독교인들을 연쇄적으로 공격하기 시작해서 미국인들은 서둘러 그 지역을 떠나야 했다. 그래서 내륙 산간 지역에서 살고 있었던 레이몬드와 잰이라는 젊은 미국인 부부도 그 땅을 떠나야만 했다. 그런데 너무 급하게 떠나는 바람에 많은 파키스탄의 모슬렘 친구들에게 작별 인사도 하지 못했다. 그렇게 2년이 지난 후, 그들은 첫째 아이 출산을 앞두고 단기로 파키스탄 방문을 계획했다. 이들 부부는 하나님께서 자신들에게 파키스탄을 다시 방문하여 산속에 있는 모슬렘 친구들에게 복음을 전하는 사역과, 신약성경 보급사역을 강권하고 계심을 느꼈다. 미국의 친구들과 가족은 이들을 염려하며 극구 말렸지만 부부는 하나님의 계획하심을 믿고 그 일을 진행해나갔다.

그들은 파키스탄에 도착하는 순간, 여행을 포기해야 할 만큼 상황이 극도로 악화되어 있음을 알았다. 더구나 눈사태로 목적지까지 가는 길도 막혔다. 하지만 그들은 포기하지 않았다. 그리고 마침내 그들이 살았던 깊은 산 속 외진 마을에 도착했다. 부부는 부인 잰의 친구였던 한 자매의 집을 방문했다. 잰이 신약성경 한 권을 전해주자 그 친구는 울기 시작했다. 그녀는 수개월 전 꿈속에서 한 '산'을 보았다고 말했다. 알라께서 그 '산'은 '이사'라고 말씀하셨고, 그 '산' 위에 뭔가가 쓰여 있었지만 그녀는 읽을 수 없었다고 한다. 그래서 알라께 거기에 무엇이 기록되어 있느냐고 물어보았지만, 알라는 레이몬드와 잰이 그 기록을 너에게 설명해 줄 것이라고 말했다고 한다. 즉시로 선교사 부부는 그녀에게 복음을 전하기 시작했다.

샤히드

2001년, 남아시아의 모슬렘 청년 샤히드는 느닷없이 이사에 관해 알고 싶어졌다. 그는 자기 마을에서 멀지 않은 곳에 살고 있던 MBB를 알고 있었는데, 어느 날 그 MBB를 찾아가 이사에 관한 가르침을 부탁했다. 그 MBB는 다음 주에 있을 훈련 프로그램에 참석하라고 샤히드를 초청했다. 그런데 그날 밤에 샤히드는 밤새도록 고열에 시달렸다. 한참을 뒤척이다 겨우 잠이 들었는데, 그는 꿈에 나타난 흰 옷을 입은 한 남자에게서 이번 훈련 프로그램에 꼭 참석해야 한다는 말을 전해들었다. 샤히드는 높은 열 때문에 아파서 참석하지 못하겠다고 말했다. 그런데 바로 그때 그 흰 옷 입은 남자가 그를 어루만졌고 그는 씻은 듯이 회복되었다. 열이 떨어진 샤히드는 아침 일찍 일어나 훈련 프로그램에 참석해 이사를 따르는 제자가 되었다. 샤히드는 그 이후로는 고열로 고생한 적이 한 번도 없었노라고 말하며 자신의 이야기를 끝맺었다.

파키스탄 지진

2005년 10월 8일, 모슬렘의 라마단 금식 기간에 북부 파키스탄은 지진으로 초토화되어 거의 80,000여 명이 목숨을 잃었다. 나는 세 명의 미국 단기 선교사들과 그곳을 방문했다. 어느 날 밤에 우리는 다른 사람들의 눈을 피해 호텔 방에서 모슬렘 근본주의자 한 명과 복음을 나누었다. 그와 거의 다섯 시간을 함께 있었음에도 불구하고 우리는 어떠한 결론에도 도달하지 못했다. 그래서 우리는 잠시 난민 캠프가 내려다보이는 발코니에서 휴식을 취하면서 지진에 관한 대화를 나누었다. 나는 아무 생각 없이 그 모슬렘 청년에게 "지진과 관련된 가장 큰 뉴스가 무엇입니까?"라고 물어보았다.

그는 무너진 지붕 아래 묻혔다가 구조되면서 유명해진 한 여인의 이야기를 들려주었다. 그녀는 무너진 지붕 아래 깨진 기와 조각들 사이에서 17일 동안이나 묻혀 있었다. 구조팀이 그녀를 구해내고 나서 곧 물과 음식을 주었는데, 그 여인은 라마단 금식 기간이 아직 끝나지 않았으므로 음식을 먹지 않겠다고 거절했다. 구조팀이 계속해서 여인에게 물과 음식을 먹으라고 요청하자 그녀는 매일 밤 흰 옷을 입은 남자가 자신을 찾아와 영양분을 공급해주기 때문에 먹지 않아도 거뜬하다고 구조팀에게 설명했다.

나는 그의 이야기를 듣고 즉시 호텔 방 안으로 들어가 요한계시록 1장 12~14절 말씀을 그 모슬렘 친구에게 읽어주었다. "발까지 내려온 의복을 입고… 그분의 머리와 머리카락은 양털같이 희며…"라고 예수님의 형상을 표현한 대목을 듣자마자 그의 태도가 변했다. 나는 그의 앞에 있는 탁자 위에 성경을 올려놓았다. 대화하는 세 시간 동안 그는 성경에서 시선을 떼지 못했다. 대화가 거의 끝나갈 무렵에 그는 성경을 집으로 가져가도 되겠느냐고 물었다.

페샤와르

우리는 지금껏 파키스탄의 공공장소인 페샤와르 지역에서는 복음을 드러내며 전하는 것이 불가능하다고 들어왔다. 페샤와르는 아프가니스탄 접경지역에 위치한 국경 도시이다. 다섯 명의 모슬렘 의사가 이사에 관한 꿈을 꾸었다는 이야기를 그곳에 사는 한 그리스도인에게 들은 후 우리는 페샤와르로 달려갔다. 그 의사들은 꿈을 꾸고 난 다음 이사를 따르는 제자가 되기로 결심했다고 주변에 있던 그리스도인 동역자들에게 고백했다고 한다. 하지만 우리는 그 다섯 명의 의사를 직접 만날 수 없었다. 대신 우리는 그곳에서 예전부터 익히 알고 있던 특별한 수피(Sufi)모스크를 발견하게 되었다. 그 모스크가 특별한 이유는 파키스탄으로부터 시작하여 북인도와 방글라데시에 걸쳐 거주하는 수피파의 본산이기 때문이다. 수피파에는 약 6백만 명의 추종자들이 있다고 하는데, 내가 듣기로는 방글라데시 수피파의 몇몇 사람들이 이사를 따르는 자가 되었다고 했다. 우리가 그 수피파의 모스크에 들어갔을 때 그곳을 방문했던 한 젊은이가 우리의 통역을 맡아주겠다고 자청했다. 모스크에서 세 시간 동안 있으면서 그 젊은이는 자신이 왜 이 모스크에 오게 되었는지를 우리에게 말해주었다. "지난밤 꿈에 이 모스크가 보였습니다(그는 전에 딱 한 번 이 모스크를 방문했었다고 한다). 나를 이곳에 오도록 잡아 이끄는 강한 힘을 느낀 것은 바로 그 이상한 꿈 때문이었습니다." 우리는 그 말이 끝나자마자 우리가 이곳에 함께 마주한 것도 결코 우연이 아니라고 말했다. 우리가 낙타 전도법을 사용해 구원의 계획을 선포하는 동안 그는 우리의 메시지를 계속 통역했다. 그 모스크의 이맘을 포함한 총 25명의 모슬렘들이 우리가 전한 복음을 들었다. 그들은 이곳에 머물면서 자기들과 함께 식사를 하자고 청했다. 그래서 우리는 그들과의 식사를 마치고 그곳을 떠났다.

두 달 후, 그 페샤와르 지역 수피 모스크 이맘의 아들이 방글라데시에 사는 친구에게 전화를 했다. 그는 자신의 친구가 이미 이샤이가 된 사실을 모르고 있었다. 그는 두 명의 외국인이 자기 아버지가 이맘으로 있는 모스크를 찾아와 놀라운 그 무엇을 전해주고 갔노라고 말했다. 그리고 조만간 방글라데시에 가서 여기서 있었던 모든 일을 말해주겠다고 했다. 그래서 우리는 지금 하나님께서 그 두 사람의 만남을 축복하시도록 기도하는 중이다.

말리크

말리크는 파키스탄 공장 노동자이다. 어느 날 그리스도인 동료는 자신의 믿음을 말리크에게 전하고 싶었다. 하지만 말리크는 여기에 큰 관심을 보이지 않았다. 그런데 바로 그날 밤, 말리크는 꿈속에서 심판석에 앉아계신 하나님을 만났다. 펼쳐진 하나님의 왼손에는 수백만 명의 모슬렘이 있었고, 오른손에도 비슷한 숫자의 그리스도인이 있었다. 두 종교를 구별하고서 하나님은 판결을 내리시는 중이었다. 하나님께서 한 쪽은 형벌을 주시고, 다른 한 쪽은 받아주셨다. 하지만 어느 쪽이 벌을 받고 어느 쪽이 복을 받았는지는 알 수 없었다. 다음날 말리크는 공장에서 그리스도인 동료에게 자신의 꿈 이야기를 했다. 그 동료는 마태복음 25장에 나오는 마지막 심판에 관한 구절을 말리크에게 말해주면서 성경을 근거로 마지막 날 오른편에 있는 사람들은 하나님께서 받아주실 것이나, 왼편에 있는 사람들은 형벌을 받을 것이라고 했다. 이 사건으로 인해 말리크는 꽤 놀라는 것 같았지만 여전히 믿을 준비가 되어 있지는 않았다.

말리크가 모슬렘의 라마단 기간에 열흘 동안 모스크에서 열정적인 기도와 예배를 드리고 있었다. 그러던 어느 날 밤 말리크는 그의 전심을 다해 알라께 "진리가 어디에 있으며 무엇을 믿어야 합니까?"라고 거듭 질문하면서 기도하고 있었는데, 어디선가 "선지자 모하메드는 거짓말쟁이며 사기꾼이다"라고 말하는 분명한 목소리를 듣고서 화들짝 놀랐다. 이 사건은 말리크의 마음을 크게 휘저어 놓았다. 말리크가 더욱 놀라게 된 사건은 그의 곁에 있던 한 소년이 방금 전

꿈을 꾸었는데 광채 가운데 흰 옷을 입고 흰 수염이 난 한 남자의 환상을 보았다고 말한 것이다. 그 소년은 환상 가운데 본 그 남자가 모슬렘 성자가 틀림없다고 말했다. 하지만 말리크는 흰 옷을 입은 그분이 전에 꿈속에 나타나 자기에게 말했던 바로 그분이 아닌가 하고 곰곰이 생각해보았다. 말리크는 그가 들은 말을 어느 누구에게도 말하지 않았다. 왜냐하면 그는 그때까지도 복음을 받아들이지 않았기 때문이다.

의심이 많은 말리크의 세 번째 경험은 너무나도 확실한 것이었다. 어느 날 그가 기도하고 있을 때 어떤 물리적인 힘이 자신의 몸을 잡아 흔들면서 "왜 내 말을 듣지 않느냐? 내가 이미 네게 진리가 무엇인지 보여주었다. 그 진리에 순종하라!"는 음성을 들은 것이었다. 그 순간 말리크는 예수를 자신의 주인과 구세주로 영접했다.

호싸인

방글라데시 출신의 모슬렘 배경을 가진 그리스도인인 호싸인은 많은 군중들 가운데 서있던 이사를 자신의 꿈속에서 만났던 이야기를 했다. 무리들은 두건으로 가려진 이사의 얼굴을 보려고 앞으로 몰려들었다. 호싸인도 이사의 얼굴을 보고 싶어 군중들을 밀치고 앞으로 나아갔다. 하지만 이사에게 도달하기 전에 잠에서 깨고 말았다.

그 후 4년간, 그는 이사의 얼굴이 너무나도 궁금했다. 그는 수도를 여행하던 중 예수님의 초상화 작품이 걸려있는 가톨릭 성당의 현관문을 조심조심 열고 들어갔다. 호싸인은 그곳에서 4년 만에 처음으로 깊은 만족과 평안을 경험했다. 그는 이사에 관해 더 많은 이야기를 듣고 싶어 그리스도인 모임에 참석하게 되었다. 그리고 이어 예수님의 제자가 되었다.

라자

다섯 살에 부모에 이끌려 마드라사(madrasa)에 입학한 라자는 불과 십대의 나이에 이맘이 되었다. 자만심이 가득 찬 라자는 모든 것을 다 안다고 생각했다. 어느 날 마드라사를 찾아온 벵갈족 그리스도인인 한 여성이 그곳 학생들에게 복음을 전하자 화가 난 라자는 소리를 지르며 그녀를 마드라사 밖으로 쫓아냈다. 그날 밤 라자는 뒤숭숭한 꿈을 꾸었다. 꿈에서 그는 성난 폭도들이 자신의 집에 몰려와 함께 있던 가족들을 에워싸는 것을 보았다. 군중들은 여성 그리스도인을 마드라사 밖으로 쫓아낸 라자에게 분노하고 있었다. 그래서 라자는 잠에서 깬 후에도 계속 심란해했다.

라자는 "내가 그 여인을 증오했던 일이 지금도 나를 따라다니며 괴롭힙니다"라고 말했다. 그 사건을 회상하면서 라자는 그 벵갈족 그리스도인 여성의 신앙을 좀 더 자세히 알고 싶어졌다. 그래서 그 여인은 마드라사의 학생들에게 이사는 처녀의 몸에서 태어나셨으며, 구원의 길로 인도하는 유일한 분이라고 말해주었다.

지금 라자는 의사가 되고자 경험이 풍부한 의사에게서 훈련을 받고 있다. 그의 스승도 전에 모슬렘이었다가 지금은 이사의 제자가 된 사람으로서 라자가 이사에 대해 가진 궁금증을 풀 수 있도록 코란의 많은 구절을 가르쳐주었다. 이에 라자는 이사가 의롭고 존경받을 만한 분이며 하늘나라에 이르는 유일한 길임을 깨달았고, 이를 받아들였다. 이어 그는 침(세)례를 받았으며, 300명이 넘는 모슬렘을 주께로 인도하기도 했다.

의사가 된 라자는 자신의 환자들에게 약을 주면서 이사의 이름으로 하는 치유기도를 결코 빼먹지 않는다. 라자는 이렇게 고백했다. "이사를 온 세상에 전파하는 일에 내 삶을 드렸습니다" 라자는 모슬렘들을 위한 한 권의 책을 저술했고, 그 책은 많은 모슬렘에게 이사가 하늘나라로 가는 유일한 길임을 알려주었다.

2002년 12월 어느 저녁시간에 라자는 그가 이맘으로 있던 모스크 모임에 참석했다. 그 밤은 모슬렘 절기로 알라께서 사람들의 간구를 들으려고 하늘의 천사를 내려 보내신다고 믿는 매우 특별한 밤이었다. 라자는 그 밤에 모스크에 모인 300명의 모슬렘 앞에 서서 이사는 선지자보다 뛰어난 분임을 코란을 통해 가르쳤다. 그 후 그는 성경을 가지고 이사는 구세주이심을 선포했다. 그는 메시지 결론 부분에서 이렇게 말했다. "오늘 밤은 이사 안에 있는 구원을 찾은 날입니다. 침(세)례를 받기 원하시면 나와 함께 지금 바로 연못으로 가서 침(세)례를 받으십시오." 그날 밤 8명의 모슬렘이 라자와 함께 구원의 감격을 맛보면서 침(세)례를 받았다.

알리

알리를 아는 마을 사람들은 그를 모두 어쩔 수 없는 망나니로 여겼다. 그래서 그의 아버지는 망나니 아들이 무슨 일을 하든 상관없이 마드라사에 가면 좋아질 거라 여겨 알리를 그곳에 보냈다. 마드라사에서 알리는 코란과 하디스(모하메드와 그 친구의 언행을 기록한 책)를 탐독하여 거룩함의 중요성을 인식하게 되었다.

12년간 알리는 고향 마을에 있는 모스크의 이맘으로 섬기며 이슬람 종교에 충성을 다했다. 하지만 그의 마음 한편에는 그를 늘 괴롭히는 생각이 자리 잡고 있었다. "어떻게 하면 인간이 거룩해 질 수 있을까?" 이에 낙담한 알리는 거룩함에 대한 그의 궁금증을 풀어 줄 누군가를 만나고 싶었다.

때마침 알리는 그리스도의 제자가 된 모슬렘 친구를 만나게 되었다. 그에게서 이사만이 유일한 구세주라는 메시지를 들은 후 알리는 집으로 돌아와 깊이 생각해보았다. 그날 밤 알리는 꿈속에서 흰 옷을 입은 한 남자가 시골 연못을 보여주며 "물로 들어가 목욕하라"는 음성을 들었다. 꿈에서 알리는 그 남자의 말에 순종하여 연못으로 들어갔다가 나왔는데 그의 심장이 절개되어 열려있는 것이었다. 그리고 갑자기 그 흰 옷 입은 남자가 자신을 만지자 그 절개부위가 봉합되었다. 식은땀을 흘리며 잠에서 깬 알리는 그의 그리스도인 친구 집으로 정신없이 달려갔다. 그리고 알리는 예수님만이 하나님께 이르는 진리의 길임을 의심 없이 받아들였으며 침(세)례받길 간절히 원했다. 현재 알리는 작은 MBB 교회의 목회자로 섬기고 있다.

추수의 꿈을 붙잡아라

하나님께서는 지금도 온 세계 모슬렘들에게 셀 수 없이 많은 꿈을 부어주고 계신다. 우리는 이 꿈들을 어떻게 이해해야 할까? 그 꿈들이 성경을 대신할 수 있을까? 결코 아니다. 하지만 우리는 그 꿈들을 놓쳐서는 절대 안 된다. 왜냐하면 하나님의 영이 이 꿈을 통해 모슬렘 전역에서 역사하고 계시기 때문이다. 하지만 하나님의 구원계획은 결코 꿈만으로 모슬렘 세계를 복음화하려는 것은 아니다. 하나님께서는 우리에게 예수 안에 있는 영생을 모르고 방황하는 자들을 향해 직접 복음을 들고 가도록 명령하셨기 때문이다.

이 꿈들은 모슬렘들을 복음의 빛으로 인도하는 하나님의 초대장인 것이다. 그리고 그 꿈들은 우리의 사역이 거룩한 하나님의 영께서 허락하시고 축복하신 일임을 재확인시켜 주는 것이기도 하다. 우리는 우리의 사명을 우리 힘으로 홀로 감당할 수 있다고 여기지 말아야 한다. 하나님은 이미 모슬렘 가운데 역사하고 계셨으며 우리는 우리가 뿌리지 않은 곳에서 주인과 함께 추수의 기쁨을 맛보도록 초대받은 것이다.

이슬람 세계에 들어가라는 하나님의 명령에 순종하려면 우리는 꿈을 꾼 모슬렘들을 찾고 그들의 이야기에 귀 기울여야 한다. 베드로는 우리에게 이렇게 교훈했다. "너희 속에 있는 소망에 관한 이유를 묻는 자에게는 대답할 것을 항상 준비하되 온유와 두려움으로 하고"(벧전 3:15). 만일 당신이 준비된 자라면, 당신은 꿈에 나타나는 '신비로운 광명의 존재' 혹은 '흰 옷을 입은 사람'에 관한 모슬렘 꿈바라기들의 질문에 응답해 줄 바로 그 사람이 될 것이다.

당신이 만나는 모슬렘에게 이렇게 질문하라. "당신 동네에서나 친척들 중 꿈속에서 흰 옷을 입은 선지자를 만난 모슬렘을 알고 있습니까?"

이 질문은 누구의 목숨을 노릴 만큼 위협적인 것이 아니다. 모슬렘은 당신의 질문을 받고 오히려 의기양양할 수도 있다. 왜냐하면 꿈에 관한 한 서구 사회보다 모슬렘 사회가 더 많은 의미를 부여하기 때문이다. 그러므로 모슬렘들이 광채 나는 흰 옷을 입은 선지자가 꿈에 자신을 찾아왔다고 말할 때 놀라지 말고, 그들이 그 선지자를 묘사할 때 주의 깊게 경청하라. 그리고 그가 말한 선지자와 같은 사람의 모습이 신약성경에 있음을 보여주어야 한다. 마태복음 17장 2절에 언급된 변화 산상의 예수님에 관한 자세한 형상을 그들에게 읽어주는 것이 좋다.

"그들 앞에서 변형되사 그 얼굴이 해 같이 빛나며 옷이 빛과 같이 희어졌더라"(마 17:2).

그런 다음 요한계시록 1장 12~14절에서 요한이 예수님의 형상을 어떻게 묘사하고 있는지 보여주어라.

"몸을 돌이켜 나에게 말한 음성을 알아 보려고 돌이킬 때에 일곱 금 촛대를 보았는데 촛대 사이에 인자 같은 이가 발에 끌리는 옷을 입고 가슴에 금띠를 띠고 그의 머리와 털의 희기가 흰 양털 같고 눈 같으며 그의 눈은 불꽃 같고 그의 발은 풀무불에 단련한 빛난 주석 같고 그의 음성은 많은 물 소리와 같으며"(계 1:12-14).

만일 그들이 꿈속에 만난 그 선지자의 모습과 이 구절의 선지자가 같다고 인정하면, 그들에게 이사에 관해 더 많은 자료를 찾을 수 있는 인질(신약성경)을 소개하라. 그리고 그들에게 신약성경을 나누어주고 연락처를 교환하라. 그러고 나면 그들 스스로 신약성경을 읽을 것이고, 그 후 당신은 그들과 함께 그 말씀의 의미를 철저히 구명(究明)해 나갈 수 있을 것이다.

모슬렘 드림팀 발대식

당신이나 당신의 교회가 모슬렘 선교를 위해 기도하고 있다면 꿈을 통해 모슬렘 영토에서 역사하시는 하나님의 사역에 동참해야 할 것이다. 이사에 대한 열망을 열린 마음으로 수용하려는 지구촌 전역의 모슬렘 친구들을 위해 중보기도 할 기도의 용사들을 모집하여 특별 중보기도 모임을 만들어 이 일에 도전하게 하라. 그리고 이들 중보기도 모임을 모슬렘 드림팀이라 명명하자.

당신이 지구의 서반구에 살고 있다면 당신의 아침 기도시간은 동반구에 살고 있는 대부분의 모슬렘들이 잠들어 있는 시간이다. 그들의 꿈속에 흰 옷을 입은 사람이 나타나 그들에게 말씀하시도록 기도하라. 그리고 당신은 한 모슬렘 꿈바라기가 갖게 될 의문점에 대답할 말을 준비해두어라.

자, 이제 낙타에 올라타는 방법을 배울 시간이다.

27) 아래 예들을 보라.

〈구약성경에서는〉 창 20:3 - 아비멜렉에게, 창 31:24 - 시리아 사람 라반에게, 창 40:9 - 바로의 술 맡은 관원장에게, 창 40:16 - 바로의 떡 굽는 관원장에게, 창 41:7 - 바로 자신에게, 단 2:1 - 느부갓네살 왕에게.

〈신약성경에서는〉 마 2:12 - 동방 박사들에게, 27:11 - 빌라도의 아내에게.

4부
'낙타 전도여행'의 진행 경로를 따라!
Riding the Camel

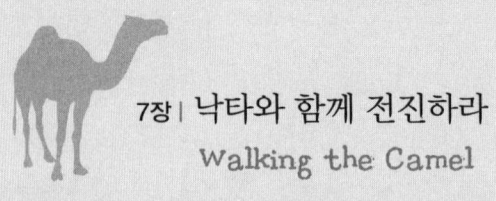

7장 | 낙타와 함께 전진하라
Walking the Camel

최근 나는 파키스탄 방문을 앞두고 내 눈이 열려 모슬렘 평화의 사람을 볼 수 있게 해달라고 하나님께 기도했었다. 나는 평범한 평화의 사람이 아닌, 새로운 교회개척 배가운동에 불을 지펴 줄 촉매자로서의 평화의 사람을 만나고 싶었다. 그런데 나의 계획을 방해하는 것들이 있었는데 그것은 이 방문이 이틀간의 짧은 일정이라는 것과 내가 현지 언어를 능숙하게 구사하지 못한다는 것이었다.

그래서 나는 영어와 현지어를 구사하는 마흐무드(Mahmood)라는 택시 기사를 고용했다. 그는 나에게 그 도시의 이곳저곳을 안내해주었다. 그러면서 영어를 이해할 만한 사람들을 만나면 차를 세워 내가 그 사람과 대화를 나눌 수 있게 해주었다. 이렇게 마흐무드와 며칠을 함께 하자 마흐무드가 나의 메시지에 관심을 보이기 시작했다. 하지만 나는 괜히 그의 심기를 불편하게 만들까 싶어서 그의 질문에 나는 "파키스탄의 모슬렘들이 이사에 대해 어떤 생각을 갖고 있는지 조사하는 중"이라고 간단하게 대답했다.

첫째 날, 나의 목표는 10명의 현지인과 대화를 나누는 것이었다. 그런데 하루가 다 지나도록 누구도 이사에 관한 나의 이야기에 관심을 보이거나 귀를 기울이지 않았다. 그런데 다음날 아침, 마흐무드가 나를 안내하려고 호텔로 오자마자 하는 말이 어젯밤에 아내와 이사에 관한 대화를 나누었는데 자신과 아내는 이사에 관해 더 많은 것을 듣고 싶다고 말하는 것이었다. 하지만 내 영적 감지기는 마흐무드가 이렇게 말했음에도 불구하고 하나님이 일하시는 현장의 신호를 감지하지 못하고 있었다. 나는 마흐무드에게 우리 대화는 나중에 하고, 나를 곧장 모스크로 데려다 달라고 말했다. 그래서 그는 방문 계획에 없었던 낯선 모스크로 나를 안내해야만했다. 그는 주차를 한 후 나를 호위하면서(역자주: 손님접대를 중요시하는 모슬렘들에게 자신의 손님이 해를 당하는 것은 크나큰 수치이다) 모스크 안으로 인도했다. 나는 마흐무드에게 '손님'이었던 것이다.

우리는 이맘을 만나고자 모스크의 깊숙한 곳에 있는 내실까지 들어갔다. 마흐무드는 낯선 이방인을 신기한 듯 바라보는 몇몇 모슬렘들 곁을 지나 긴 수염의 모슬렘 노인들이 앉아 있는 방으로 나를 안내했다. 그리고 그는 "이 이국인이 여러 어르신께 질문할 것이 있답니다. 이 사람과 대화를 나누시겠습니까?"라고 당당하게 말을 꺼냈다. 처음에는 그곳 좌중이 당황하는 듯했으나 이내 그렇게 하겠다고 동의했다. 나는 낙타 전도법으로 복음을 제시했다. 그러나 대화는 더이상 진전되지 않았다. 그들이 다른 문제에 더 많은 관심을 보였기 때문이다. 15분쯤 지나서 마흐무드는 내게 "만족스럽습니까?"라고 물었다. 나는 어설프게 "그럭저럭 만족합니다"라고 대답했다. 우리는 모슬렘 노인들께 고마움을 전한 다음 작별 인사를 하고 택시로 돌아왔다. 그런데 갑자기 마흐무드가 나에게 이렇게 말하는 것이었다. "나는 저런 사람들을 좋아하지 않습니다" 그래서 이유를 물었더니 그는 "그들은 거짓말쟁이입니다. 그들의 언행은 일치하지 않습니다"라고 대답하는 것이었다. 나는 그가 대면했던 이슬람 지도자에 관한 비판을 조용히 듣고만 있었다.

그런데 그때 비로소 나의 영적 감지기가 작동되었다. 하나님께서 이 택시 기사의 심령 안에서 역사하고 계심을 감지한 것이다. 마흐무드는 이슬람과 그들의 종교 지도자들에게 크게 실망한 상태였고, 이사에 관한 말씀에 더욱 관심을 나타내고 있었다. 내가 마흐무드에게 대화를 제의하자 그는 나를 현지 식당으로 안내했다. 거기서 나는 '희생제사에 나타난 구원계획'(the Korbani Plan of Salvation)과 '낙타 전도법'(Camel Presentation)을 사용하여 그에게 복음을 전했다. 복음을 전하는 동안 마흐무드는 여러 번 이런 질문을 하곤 했다. "왜 아무도 이런 이야기를 우리 민족에게 해주지 않았죠? 왜 우리 종교 지도자들은 이 진리를 우리에게 숨겨왔을까요?" 2시간 동안 복음을 함께 나누고 나서, 마흐무드는 내가 전한 이야기 속에서 분명한 진리를 찾았노라고 고백했다.

그 후 예상치 못한 놀라운 일들이 벌어졌다. 그는 자기 자신의 구원 사건을 넘어서 이사를 통해 얻게 될 구원의 진리와 길을 모르는 모든 모슬렘을 향해 영적 부담감을 갖게 되었다. 그는 내가 도시 곳곳을 돌아다니며 거리에서 사람에게 전도하는 것에 대해 이렇게 말했다. "케빈, 이제는 이런 식의 전도는 하지 마세요" 그 이유를 묻자 그는 이렇게 대답했다. "이런 방법은 당신에게 너무 위험합니다. 나에게 더 좋은 계획이 있습니다." 나는 그 계획이 무엇인지 궁금했다. 그의 계획은 우선 은밀한 장소에 그의 가족과 친구 열 명을 불러 모은다는 것이었다. 그는 내게 이렇게 말했다. "내게 말해주었던 것을 그대로 이들에게도 말해주시겠습니까?" 그는 나에게 대답할 틈도 주지 않고 계속 말했다. "그런 다음, 저는 그 사람들에게 돌아가서 또 다른 열 명에게 전하라고 말할 것입니다. 이렇게 하면 이 메시지가 온 파키스탄을 덮을 수 있을 것입니다." 나는 그의 계획에 놀라지 않을 수 없었다. 그리고 내 기도에 응답하신 하나님께 감사했다.

그런데 나는 그 일을 바로 실행에 옮기지 못했다. 왜냐하면 마흐무드와 낙타 전도법으로 복음을 나눈지 채 두 시간도 안 되어 나는 다시 나의 계획대로 집에 돌아왔기 때문이다. 이 마흐무드와의 만남을 돌이켜 생각해보면 내가 파키스탄에서 얼마나 하나님께 불순종했는지를 깨닫는다. 왜냐하면 새해 벽두에 나는 하나님께서 일하시는 곳을 발견하면 그곳에 나의 모든 것을 내려놓고 하나님의 사역에 동참하겠노라고 기도했었다. 하지만 이러한 나의 결심은 온데간데없어지고 곧바로 짜여진 일정에 의해 다시 나 자신의 계획으로 돌아서고 말았기 때문이다. 바로 그때가 하나님은 나의 주인이시고 나는 그의 종이라는 믿음을 보여줄 기회였는데도 말이다. 비행기를 타고 집으로 돌아가려는 순간에야, 내가 이 시험에 통과하지 못했음을 깨달았다.

나는 당시 파키스탄을 떠나면서 마흐무드에게 그의 비전을 잊지 않기를 부탁하고, 4개월 후에 꼭 다시 그곳에 돌아올 테니 은밀한 장소에서 그 열 명의 친구들을 만나게 해달라고 부탁했다. 그리고 그는 나를 공항까지 배웅하면서 그렇게 하겠노라고 약속했다. 나는 2개월 후 그에게 전화를 걸어 준비가 되었는지 물었다. 그런데 그는 나에게 이미 너무 늦었다고 했다. 그는 기다릴 새도 없이 벌써 그 열 명의 동료 택시 기사들에게 이사에 관한 진리를 전했다고 말했다. 나는 그들의 반응을 물었다. 그는 그들 중 셋은 자신을 죽이려 덤벼들었고 셋은 미쳤다고 생각했는데, 네 명은 더 알고 싶어했다고 전해주었다.

마흐무드와 함께 했던 경험은 하나님께서 평화의 사람을 찾도록 우리에게 명령하셨다는 것과, 어떻게 특별한 평화의 사람을 선택하시는지를 보여주었다. 이렇게 낙타 전도법은 하나님이 역사하시는 현장을 찾아내는 데 큰 도움을 주었다.

자, 이제 당신이 성공적으로 낙타 등에 올라탈 수 있는 준비 단계들을 알아보자.

성공적 낙타 전도를 위한 준비

#1 기도

낙타 탑승의 중요성은 단지 전도기술을 습득하는 것이 아니라, 하나님과 함께 선교에 참여하려는 영적 노력에 있는 것이다. 따라서 당신이 모슬렘에게로 나아가는 동안 하나님의 자비로운 마음을 소유하도록 기도해야 한다. 그리고 하나님께서 평화의 사람을 예비하실 것임을 믿고 기도해야 하며 그들을 알아볼 수 있는 영적 민감성을 달라고 기도해야 한다. 또한 이러한 노력을 훼방하는 사탄이 결박당하도록 기도하고, 하나님께서 이미 역사하고 계심을 확신하고 그 결과를 기대하는 믿음을 갖고, 당신이 도착하기만을 기다리고 있을 평화의 사람을 위해 기도해야 한다.

#2 겸손한 마음

대체로 모슬렘은 자부심이 강한 사람들이다. 따라서 그들은 그리스도인이 우월의식을 가지고 알라와 코란에 관한 무엇인가를 자신들에게 가르치려고 접근하는 것을 가장 싫어한다. 그래서 순수하게 배우고자 하는 겸손한 학생의 태도로 그들에게 접근한다면 당신이 가르치려 할 때보다 더 귀중한 반응을 얻을 수 있을 것이다.

모슬렘 전도를 처음으로 실행하려는 사람은 누구나 이런 덕목을 갖추어야 한다. 이슬람 종교에 대한 해박한 지식이 없어도 상관없다. 당신은 인생에 있어 때론 모르는 것이 약이 될 수 있다는 사실을 처음으로 경험하게 될지도 모른다.

#3 낙타 전도법을 사용하는 장소

바울이 오늘날의 모슬렘 선교사였다면 그는 어떤 선교전략을 세웠을까? 그는 어디에서부터 낙타 전도법을 실행했을까? 바울은 새로운 선교지역에 들어갈 때 항상 회당부터 찾아가곤 했다. 그런 다음 유대 민족의 고유한 히브리 경전을 사용해 그리스도를 증명하기 시작했다(행 17:1-2 참조).

물론 모슬렘은 유대인이 아니고 코란도 구약성경과는 다르다. 하지만 유대인의 경전을 이용해 그리스도를 높여드렸던 그 전략적 방법은 오늘날 우리가 전도하려는 모슬렘에게도 마찬가지로 강력한 효과를 낼 수 있다.

낙타 전도법은 모스크에서, 커피숍에서, 시골 마을에서, 혹은 은밀한 장소 등 어디에서나 사용할 수 있다. 또한 한 개인에게나, 공동체의 다수에게도 가능하다. 그리고 큰 공동체에서 이 방법을 적용할 경우 평화의 사람을 찾을 가능성은 더욱 커진다.

특히 모슬렘에게 이슬람에 관하여 대화를 나누고 싶어하는 사람을 초청하는 일은 그리 어려운 일이 아니다. 만약 그들의 초대를 받았다면 당신은 안전지대에 있다고 생각해도 무방하다. 모슬렘은 손님접대를 중시하기 때문에 자신의 손님이 누군가에게 해를 당하는 것을 지울 수 없는 수치로 여긴다.

#4 호의를 기대하라

호의적 분위기 조성을 위해 모슬렘과 그리스도인의 관계 증진에 필요한 코란구절을 사용하라. 저녁만찬 수라(The Table Spread), 5장 82~83절을 기억하여 사용하라.

「또한 그대는 보라 우리는 그리스도인이라 말하며 믿는 그리스도인에게 사랑을 베푸는 그들(모슬렘)을 발견하리니 이는 오만하지 않은 성직자들과 배움에 열중하는 학자들이라」

#5 정직하라

모슬렘 대면자들은 당신의 친절과 코란을 알고 싶어하는 당신의 열망을 알게되면 이렇게 질문할 것이다. "당신도 모슬렘입니까?" 이것은 대단히 의미 있는 질문이다. 왜냐하면 "모슬렘"이란 단어가 두 가지 의미를 내포하고 있기 때문이다. 우선 표면적으로 "하나님의 뜻에 복종하는 사람"을 의미한다. 피상적 수준에서 "아니요. 나는 하나님의 뜻에 복종하지 않았습니다"라고 응답하길 원하는 그리스도인은 없다. 하지만 이 용어의 두 번째 의미를 결코 잊어서는 안 된다. 한 명의 모슬렘이 된다는 것은 기독교 신앙의 핵심인 성육신과 삼위일체를 부인하고, 모하메드와 코란을 숭상하여 그 종교와 문화의 일부로 동화된다는 것을 의미한다. 나는 당신이 이런 함정에 빠지지 않기를 원한다. 당신이 모슬렘이 된 것처럼 행동하거나, 말장난을 하려는 태도를 보인다면 지금껏 새로운 친구를 전도하려던 당신의 노력은 모두 헛수고가 될 뿐 아니라, 문전박대를 당하게 될 것이나. 그래서 일반적으로 남아시아의 MBB들은 이 질문에 "나는 이사이 모슬렘입니다"라고 대답한다. 이 대답은 문자적으로 "나는 예수께 속해 있으며 하나님의 뜻에 복종하는 자입니다"라는 뜻이다. 물론 모슬렘들이 그 대답을 듣는 순간 그 의미를 뚜렷이 이해하지 못할 수도 있다. 하지만 이 대답은 그들과 좀 더 친밀한 관계를 갖게 해주고, 대화의 문을 열어주게 될 것이다. 왜냐하면 만약 어떤 모슬렘이 참된 진리를 찾는 중이거나 진리에 대해 더 알고 싶어한다면 그에게 '이샤이 모슬렘'이란 용어는 복음을 수용할 수 있는 도화선이 될 것이기 때문이다.

그러나 여기서 또 한 가지 짚고 넘어가야 할 부분이 있다. 그것은 대답하는 자가 기독교 배경 신자(Christian-background Believer)일 경우에 "나는 이샤이 모슬렘입니다"란 대답은 정직한 대답이 아니다. 왜냐하면 그는 모슬렘을 배경으로 하지 않는 자이기 때문이다. 그래서 이렇게 답할 경우에 많은 문제의 소지가 생길 수 있다. 따라서 MBB가 아닌 사람은 간단하게 "나는 모슬렘을 사랑하는 이샤이입니다"라고 대답하면 된다. 이러한 대답만으로도 당신이 원하는 모든 것을 성취할 수 있다. 즉 당신은 그들의 언어로 당신이 그리스도인임을 표현함으로써 그가 모슬렘임을 인정해주었고, 그를 존중하였을 뿐만 아니라 그들에게 당신이 이사의 제자임을 명확하게 한 것이다.

마지막으로, 몇몇 그리스도인은 "저는 그리스도인이지만 코란도 읽고 있습니다"라고 대답하기도 한다. 이것은 당신이 그리스도인으로서의 정체성을 그들에게 명확히 확인시켜 줄 뿐만 아니라 두 번째 문장을 통해 그들의 관심을 불러일으킬 것이고 자연스럽게 코란의 구절로 대화할 수 있게 해 줄 것이다. 또한 모슬렘들이 그리스도인에 관해 싫어할지도 모를 화제에 대해 무의미한 논쟁을 피할 수도 있다.

#6 코란을 사용하여

낙타 전도법에서는 당신에게 코란 사용을 권했는데, 최선의 방법은 당신의 모슬렘 친구가 갖고 있는 코란을 사용하는 것이다. 사실 모슬렘도 아닌 사람이 손에 코란을 들고 다니면서 대화를 시도하려 한다면 모슬렘은 그가 무언가를 공박하려는 의도가 있지 않나 오해할 수가 있다. 당신의 코란은 가방에 넣어두고, 낙타 전도법에 사용해야 할 코란구절을 찾아 토론할 때는 모슬렘 친구의 코란을 사용하는 것이 가장 현명한 방법이다. 그러나 때때로 당신은 인내해야 할 때가 있다. 왜냐하면 그들 대부분은 코란을 가지고 다니지 않기 때문에 그들이 코란을 가지고 오겠다고 하거나, 당신과 함께 자기의 집이나 모스크로 가기를 원하기 때문이다. 그러나 인내하고 기다리는 법도 배워야 한다.

이렇게 어느 정도 대화가 진행되면 당신과 이야기하던 모슬렘이 상황전환을 모색하려고 코란을 더 많이 알고 있거나 아랍어에 해박한 다른 모슬렘에게 당신을 소개하려 할지 모르겠다. 그러나 그것은 그다지 당황할 일이 아니다. 그때 당신은 대화하던 상대가 다른 모슬렘으로 바뀌지 않도록 정중히 당사자와 먼저 이야기를 나누고 싶다고 말하는 것이 좋다. 그리고 대답하기 곤란한 문제가 있으면 그때 코란에 정통한 다른 누군가를 소개해달라고 부탁하라.

그런데 당신이 대면하고 있는 모슬렘 친구와 당장 코란을 펴서 이야기할 수 없을 때는 어떻게 하면 좋을까? 손에 코란이 없어도 우리가 할 수 있는 방법이 여기 있다.

낙타 전도법의 낙타(C-A-M-E-L)의 영어 각 알파벳을 이용해 대지를 기억하면 된다. 그것을 바탕으로 알 이므란 수라 3장 42~55절에서 우리가 알아낸 이사에 관한 세 개의 핵심 사항을 말해주면 된다. '이사는 거룩하다. 이사는 전능하다. 이사는 하늘나라로 우리를 인도할 수 있다' 그런 다음 그에게 집이나 모스크에 가서 코란의 그 구절을 스스로 읽어 보도록 권하라. 이때 꼭 잊지 말고 당신의 연락처를 주면서 다시 만날 것을 약속하라.

    평화의 사람을 만나는 것이 당신의 목표임을 절대 잊지 마라. 당신이 전도하려는 모슬렘 친구가 코란이 없거나 구해오기 어려우면, 당신을 그 지역 주민을 위해 기도하기 원하는 한 사람의 이샤이로 소개하는 것도 좋은 방법이다. 그리고 "당신은 어떤 기도제목이 있나요? 당신이나 혹은 당신의 가족 중 치유기도가 필요한 사람이 있나요? 제가 당신 마을을 위해 기도로 도울 방법이 있을까요? 당신과 당신 가족 위에 하나님의 축복이 임하도록 기도해도 될까요? 그리스도 안에 있는 놀라운 하나님의 축복을 깨닫도록 당신과 당신 가족을 위해 기도해도 될까요?"라고 질문하라. 그리고 기도를 마칠 땐 "… 전능하신 이사 알 마시의 이름으로 기도합니다"라고 끝맺어라. 그에게 당신이 모슬렘 친구를 위해 계속 기도하리라는 믿음을 주라. 그리고 만남 후 그에게 어떤 영적 반응이 일어나는지 확인하고 영적 양육을 위해서 연락처를 교환하라.

    마지막으로, 하나님께서 모든 모슬렘 세계에 꿈과 환상을 쏟아 부어 주심을 기억하고 있다면 모슬렘 친구들이 최근에 흥미로운 꿈을 꾸었는지를 물어보고 그 결과를 기대해보라. 그러면 꿈속에서 만난 선지자가 누군지 알고 싶어하거나, 그 정체를 가르쳐 줄 안내자를 간절히 기다리는 모슬렘 꿈바라기를 당신은 곧 만나게 될 것이다.

#7 유도질문을 잘 이용하라

모슬렘과 대화를 나눌 때 진리를 직접 선포하는 것보다 유도질문을 사용하여 진리를 그들로부터 이끌어 내는 것이 훨씬 효과적이다. 예수님도 제자들이 스스로 진리에 이르도록 이 효과적이고 공격적이지 않은 유도질문법을 활용하셨다. 예수님은 베드로에게 이렇게 질문하셨다. "… 너희는 나를 누구라 하느냐?"(마 16:15). 예수님은 질문의 답을 알고 계셨지만 베드로가 직접 대답하도록 유도하셨다. 그래서 베드로는 자신의 신앙고백을 스스로 하게 된 것이다. "주는 그리스도시요 살아 계신 하나님의 아들이시니이다"(마 16:16).

이처럼 낙타 전도법으로 모슬렘을 전도할 때 당신도 유도질문을 사용하는 것이 좋다. 때로는 그들이 확신에 찬 대답을 말로 고백하도록 도와줄 필요가 있다. 그러다가 어느 정도 상황이 진전되면 그의 고백을 기초로 삼아 더 깊은 진리로 인도해야 한다.

코란의 내용을 인용하면서 정중하게 질문한다면 모슬렘들은 이사를 설명히는 당신을 공격하거니 비난하지 못힐 것이다. 하지만 일단 코란을 사용하여 평화의 사람임을 확인했으면 코란의 울타리를 벗어나 오직 성경말씀으로 그를 가르쳐야 한다.

#8 성경에 이르는 연결다리

코란에는 모슬렘을 구원으로 인도할 만큼 충분히 밝은 빛이 없다는 사실을 기억하라. 그러나 희미하지만 하나님이 택한 평화의 사람을 진리 안으로 인도할 만큼의 빛은 있다. 우리는 가능하면 빨리 그들이 코란에서 나올 수 있도록 다리를 놓아주어 진리로 인도하는 성경으로 안내해야 한다. 그러면 평화의 사람은 하나님의 말씀인 성경에서 진리를 깨닫게 될 것이다. 이것이 당신의 사명이다.

#9 예수님에 관한 인식 바로잡기

예수님은 요한복음 12장 32절에서 "내가 땅에서 들리면 모든 사람을 내게로 이끌겠노라"고 말씀하셨다. 알 이므란 수라 3장 42~55절은 우리가 예수님을 평범한 선지자가 아닌, 훨씬 더 중요한 구원자로서 모슬렘에게 확증하여 경배의 대상이 되게 할 수 있는 좋은 단서를 제공한다. 당신이 이 구절을 읽고 설명을 하면 모슬렘 중 그 누구도 이사를 그저 평범한 선지자라고 천연덕스럽게 말할 수는 없다. 그들은 코란이 묘사하는 예수님을 선지자 그 이상의 위대한 분임을 깨닫게 될 것이다.

영적으로 굶주린 구도자들은 영적 양식을 제공하는 곳으로 모여들기 마련이다. 알 이므란 수라 3장 42~55절이 논증하는 이사의 거룩한 속성을 부인할 모슬렘은 아무도 없다. 이 구절을 통해 모슬렘은 이사는 거룩하고 전능하며, 천국 가는 길을 우리에게 보여 줄 수 있는 분임을 알게 될 것이다. 이 구절을 철저하게 토론하는 과정에서 성령께서 모슬렘의 죄를 깨닫게 하시고, 그들의 마음에 새로운 일을 촉발시킬 것이다.

#10 레이더를 작동하라

마지막으로 당신의 영적 감지기를 작동시켜라. 그리고 하나님께서는 벌써 그 공동체 가운데 역사하고 계심을 기억하라. 우리의 소임은 그 장소를 발견하는 것이다. 통찰력, 인내, 그리고 그분께서 인도하시는 곳이면 어디든지 따라갈 수 있는 믿음을 주시도록 기도하라. 그리고 당신이 전한 복음을 기다려 왔던 평화의 사람을 하나님께서 만나게 하셨을 때 놀라지 마라.

평화의 사람을 놓치게 되는 가장 큰 요인은 바쁜 일정이다. 조급히 서두르지 말고 인내하라. 만약 어떤 사람이 처음에는 평화의 사람으로 보였지만, 오랜 시간 함께 하면서도 하나님의 자극에 반응하지 않는다면 그 사람은 평화의 사람이 아닐 것이다. 평화의 사람을 인식할 수 있는 유일한 방법은 시간을 함께 보내는 것이다. 처음에는 실패할지라도 당신이 다음번에 만날 평화의 사람이 교회개척 배가운동의 불을 지필 바로 그 사람이 될 수도 있기 때문에 평화의 사람을 탐색하는 일은 정말 중요한 일이다.

자, 이제 낙타에 올라타자.

CAMEL 101

낙타 전도법에서 사용하게 될 중심 본문은 알 이므란 수라 3장 42~55절에 있다. 낙타(C-A-M-E-L)의 영어 알파벳으로 그 내용을 쉽게 기억해보자.

C – 선택된(Chosen). 알라께서 특별한 목적으로 마리아를 선택하셨다.

A – 천사가 선포한(Announced by Angels). 천사가 메시아의 탄생을 마리아에게 선포했다.

M – 기적(Miracles). 예수님은 기적을 행함으로 그의 능력을 나타내 보이셨다.

EL – 영원한 생명(Eternal Life). 예수님은 하늘나라 가는 길을 알고 계시며 바로 그 길이 되신다.

알 이므란 수라 3:42-55

※ 다음 세 가지는 이 구절을 읽는 동안 꼭 명심해야 한다.
1) 이사는 거룩하다.
2) 이사는 죽음을 이길 능력이 있다.
3) 이사는 하늘나라 가는 길을 알고 있다.

아래 제시된 코란 번역본을 이해하기 어려우면 www.quranbrowser.com에서 다른 번역본을 볼 수 있다.

42절 「천사들이 가로되 오 마리아여 진실로 알라께서 세상 모든 여인 중에서 그대를 선택(Chosen)하셨고 그대를 순결하게 하셨노라」

43절 「오 마리아여 스스로 겸비하여 주님께 늘 순종하고 예배하는 이들과 더불어 그를 경배하라」

A

44절 「이는 우리가 영으로 드러내어 그대의 눈에 보이지 않는 세계를 계시한 사건의 선포문(Announcement)이라 이는 천사들이 그들 중 누가 마리아를 돌볼 것인가 (결정하기 위해) 제비뽑기 위해 의논할 때도 그대는 천사들과 함께 있지 아니하였음이로다」

45절 「보라 천사(Angels)들이 가로되 마리아여 진실로 알라께서 당신의 말씀인 기쁜 소식을 그대에게 주셨으니 그의 이름은 마리아의 아들 이사 마시라 칭하며 이 세상과 오는 세상에서 영광 받으실 만한 분으로 알라와 가장 친밀한 자가 되리라」

46절 「그는 요람에 있을 때에도 성인이 되어서도 무리에게 말씀할 것이며 의로운 자라 일컬음을 받을 것이라」

47절 「마리아가 가로되 나의 주여 지금껏 내가 남자를 알지 못하였거늘 언제 아이를 낳을 수 있겠습니까 그가 가로되 의심치 말라 알라께서는 그의 기뻐하시는 대로 창조하신 분이시며 한 생명을 창조하실 때도 단지 있으라 명하시면 그대로 이루어졌느니라」

48절 「알라께서 그 아이에게 지부르(지혜서)와 도라(모세오성)와 인질(복음서)을 가르치실 것이라」

M

49절 「그리고 그를 이스라엘 자손의 사도로 삼으실 것이니라 즉 이사는 너의 주인으로서 표증을 가지고 너에게 왔느니라 그 표증은 이것이니 너를 위해 진흙으로 새의 형상을 만든 후 그것에 호흡을 불어넣으니 그것이 알라의 허락으로 새가 되었으며 그의 허락으로 소경들과 문둥병자들을 치유하고 죽은 이들에게 생명을 주었으며 네 먹을 양식과 창고에 들일 것을 허락하셨느니라 믿는 자에겐 이것이 정녕 표증이 되리라」

50절「나는 내가 오기 전에 있었던 옛 율법들을 확증하러 왔나니 비록 전에는 네게 금지되었던 것들을 풀어 자유롭게 할 것이라 나는 주인의 표증을 가지고 네게 왔노라 그러므로 알라께 삼가 의무를 다하고 내게 순종하라」

51절「진실로 알라께서는 나와 너희들의 주(主)가 되시나니 그를 경배하라 이것이 옳은 길이니라」

52절「이사께서 그들의 믿음 없음을 아시고 가라사대 누가 알라의 사역을 도울 나의 동역자가 되겠느냐 제자들이 대답하되 우리는 알라를 믿으며 알라께 복종하는 흔적을 지닌 알라의 동역자이니이다」

EL

53절「오 주님 우리는 당신의 계시를 믿사오며 그 사도를 따르오리니 우리의 이름을 증인들의 명단에 기록하소서」

54절「믿지 아니하는 자들이 (이사를 죽이려) 음모했지만 알라께서도 또한 (해결할) 계획을 세우셨나니 이는 알라께서 최고의 계획자이기 때문이니이다」

55절「보라 알라께서 가라사대 이사 나는 너를 구별하여 내게로 영접할 것이며 불신자들 가운데서 너를 정결케 할 것이라 너를 따르는 자들을 불신자들의 면전에서 부활의 날에 높이 들리우게 하리라 그러므로 너희들은 내게 돌아올 것이며 너희를 에워싼 모든 논쟁들을 내가 잠잠케 하리라」

낙타 전도법 실습

우리는 이제 초보자를 위한 낙타 101 전도법을 익혀 차근차근 낙타 전도법을 실행할 것이다. 이 기초 단계는 세 가지 요점을 강조한다. 1)이사는 거룩하며 2)이사는 죽음을 이길 능력이 있으며 3)이사는 하늘나라 가는 길을 알고 있다.

여는 말

전 세계 모슬렘들은 일반적으로 "살람 알레이쿰"(Salaam aleikum, 당신에게 평화가 있기를 원합니다)이라고 인사하며, 인사를 받은 사람은 "와 알레이쿰 아 살람"(wa-aleikum As-salaam, 당신에게도 평화가 있기를 원합니다)이라고 답례한다. 이 인사말은 우리 그리스도인에게도 낯설지 않은 아름다운 인사말이다. 왜냐하면 예수님도 누가복음 10장 5~6절에서 "어느 집에 들어가든지 먼저 말하되 이 집이 평안할지어다 하라 만일 평안을 받을 사람이 거기 있으면 너희의 평안이 그에게 머물 것이요 그렇지 않으면 너희에게로 돌아오리라"고 말씀하셨기 때문이다.

자신을 모슬렘에게 소개할 때 우호적인 인사법을 사용하면 좋다. 다음 문장들 중 하나를 활용하여 바람직한 대화의 길을 열어보라.

- "저는 지금까지 코란을 읽어왔습니다. 그리고 하늘나라의 영생의 소망을 주는 놀라운 진리를 코란에서 발견했습니다. 당신의 코란 알 이므란 수라 3장 42~55절을 펴서 읽고 그것에 관해 함께 대화를 나눌 수 있을까요?"
- 저는 지금 코란을 읽고 있는데 이사에 관해 언급하는 매우 흥미로운 구절들을 발견했습니다. 코란 알 이므란 수라 3장 42~55절을 읽고 저와 그것에 관해 이야기할 수 있을까요?"

알 이므란 수라 3:42-55절을 읽은 후

당신의 모슬렘 친구에게 이 구절을 읽게 한 후 조심스럽게 세 가지 핵심 요점을 설명하라.

I. 이사는 거룩하다

3:45-47 이사는 알라처럼 거룩하다는 사실을 상기시켜라. 그다음 이렇게 질문하라. "이 구절은 이사가 알라로부터 직접 왔으며, 이사는 분명 아버지가 없다고 말하고 있지 않습니까?"

그러면 대부분 모슬렘들은 이사가 하늘에서 직접 내려왔음에 동의할 것이다. 그때 당신은 이렇게 질문할 수 있다. "이사는 육신의 아버지가 있었습니까?" 만일 그 모슬렘이 코란을 믿고 있다면 이사는 육신의 아버지가 없다는 사실에 동의할 수밖에 없다. 그러면 이제 유도질문을 할 시간이 되었다. "아버지가 없는 다른 선지자가 있습니까?" 혹시 그 모슬렘 친구는 아담도 아버지가 없었다고 대답할지 모른다. 그렇다면 에덴동산에서의 아담의 사건, 즉 아담도 처음 창조되었을 때는 죄가 없는 존재였고 흠 없이 하나님과 동행할 수 있었다는 사실을 떠올리도록 하라. 그리고 아담은 거룩했기 때문에 거룩한 알라의 존전에 함께 거할 수 있었지만 그가 불순종하면서 더 이상 알라와 함께 할 수 없게 되었다고 말하라. 알라는 온전하고 거룩하기 때문에 거룩하지 않은 그 어떤 것도 그의 존재에 거할 수 없음을 말하라. 그리고 이것은 하늘나라에서 알라와 함께하길 원하는 사람은 반드시 거룩해야 함을 의미한다고 전하라.

이 시점에서 당신은 이사도 역시 알라로부터 왔음을 밝힐 수 있다. 당신의 모슬렘 친구에게 이렇게 질문하라. "이사는 거룩합니까? 이사는 정말 어떤 죄도 짓지 않았습니까?" 그러면 그는 분명 "예, 이사는 정말 거룩합니다"라고 대답할 것이다. 이때 대화의 고삐를 늦추지 말고 다음 질문으로 더욱 그를 압도해야 한다. "그리고 이사는 진실로 그 누구를 살해하거나 어떤 여인과도 음행한 사실이 없고 스스로 부자가 되려 한 적도 없죠?" 이 같은 유도질문은 자연스럽게 모슬렘 친구의 마음속에서 그가 너무도 잘 알고 있는 선지자(역자주: 모하메드가 살인을 했고 여러 아내를 두었으며 부자였다는 사실을 모슬렘들은 잘 알고 있다)와 이사를 비교하게 할 것이다.

그러면 당신은 마지막으로 이렇게 대화를 끝맺어라. "이사는 어떤 죄도 짓지 않았으며, 일생을 거룩하게 살았던 분입니다."

II. 이사는 죽음을 이길 능력이 있다

3:49 이 구절에 나타난 기적의 행적들을 읽은 다음에 이사는 죽은 자도 살릴 수 있는 능력이 있음을 강조하라. 당신의 친구에게 "인간의 가장 큰 두려움 중 하나가 죽음이란 사실에 동의하십니까?"라고 질문함으로써 사망은 우리 모두를 근심케 하는 원인이며, 육체의 죽음 또한 인간이 가장 두려워하는 적(敵)임을 인식하게 하라.

그런 다음 이렇게 질문하라. "당신은 사망을 이길 능력을 겸비한 선지자를 알고 있습니까?" 아마 그는 "모릅니다"라고 대답할 것이다.[28] 그럼 이제 당신은 그에게 이사가 전능한 분임을 받아들이게 할 수 있을 것이다.

당신은 이사가 그의 사랑하는 친구 나사로를 무덤에서 나오게 하신 이야기(요 11:38-44 참조)를 하면 이사가 사망을 이길 능력이 있음을 증명할 수 있을 것이다.

III. 이사는 하늘나라 가는 길을 알고 있다

3:55 마지막으로 이 구절은 모슬렘들에게 이사가 알라의 보내심을 받아 이 땅에 친히 내려왔기 때문에 알라께 돌아갈, 즉 하늘나라로 갈 길을 알고 있음을 깨닫도록 하는 데 도움이 된다. 대부분의 모슬렘에게 가장 큰 소망이 있다면 그것은 하늘나라에 이르는 것이다. 하지만 그들은 이사를 제외하곤 그 어떤 선지자가 하늘나라에 분명히 갔는지 알지 못한다. 그리고 이들은 코란에서 언급하고 있는대로 이사는 지금 하늘나라에 알라와 함께 있다고 믿고 있다.

이사가 하늘나라 가는 길을 알고 계심을 모슬렘들에게 보여주려면 다음의 예화를 활용하라.

우선 그에게 질문하라. "내가 당신의 집을 방문하려면 약도가 필요하겠죠? 내가 당신의 집을 찾아갈 때 나에게 그 길을 안내해 줄 최고의 적임자는 누구일까요?"

그리고 이렇게 말하라. "의심할 여지도 없이 당신의 집을 찾아가는 데 최고의 안내자는 바로 당신이겠죠. 당신 집으로 가는 길을 당신보다 더 잘 알고 있는 사람이 또 누가 있을까요?" 여기까지 진행이 잘 됐다면 당신은 이렇게 말하라. "나는 죄인입니다. 내가 설령 선한 일을 했다하더라도 나는 여전히 죄인이며, 아담의 저주 아래 있습니다. 내 힘으로는 결코 거룩해질 수 없으며 하늘에 계신 알라 곁에 갈 수 없다는 것도 잘 알고 있습니다." 그런 다음 좀 더 심도 있는 질문을 던져라. 그렇다면 당신은 그 많은 선지자 중 어떤 선지자가 나를 하늘나라로 인도할 수 있는 적임자라고 생각하십니까?"

이 질문에 그가 만일 "이사야말로 나를 하늘나라로 인도하기에 가장 적합한 사람입니다"라고 답한다면 당신은 그가 바로 평화의 사람임을 확신해도 좋다. 그렇다면 그와 함께 '희생제사에 나타난 구원계획'(the Korbani Plan of Salvation, 8장을 보라)을 시작해도 좋다.

그리고 만일 그가 "모하메드"라고 답한다면 알 이므란 수라를 덮고, 그를 코란의 다른 구절로 인도하라. 모래언덕 수라 46장 9절에 '알라께서 모하메드에게 이렇게 말하라'고 지시한 구절을 읽어달라고 요청하라.

「나는 선지자들 중 새로운 선지자가 아닙니다 나는 나와 내 제자들에게 일어날 일도 알지 못합니다 나는 단지 미래를 경고하는 자에 불과합니다」29)

이 구절에서 모하메드는 자신과 자신의 제자들이 죽은 후에 어디로 가는지 모른다고 언급하고 있다. 이 점에 관해 논쟁은 하지 말고 대신 이렇게 부드럽게 말하라. "만일 당신이 '내가 죽은 후에 어떤 일이 일어날지 모른다' 라고 말하는 사람과 '나는 하늘나라에 이미 거한다' 라고 말하는 사람 중 누군가를 선택해야만 한다면 누구에게 당신의 인생을 맡기겠습니까?"

이 질문에 만일 당신의 모슬렘 친구가 이사에 관해 더 깊은 주제를 토론하고 싶어한다면 그는 분명히 평화의 사람일 것이다. 그러면 그때 당신은 당신의 모든 일정을 취소하고 그와 함께 시간을 보내라. 그러면 하나님의 인도하심을 경험하게 될 것이다.

"만일 평안을 받을 사람이 거기 있으면 너희의 평안이 그에게 머물 것이요 그렇지 않으면 너희에게로 돌아오리라 그 집에 유하며 주는 것을 먹고 마시라 일꾼이 그 삯을 받는 것이 마땅하니라 이 집에서 저 집으로 옮기지 말라"(눅 10:6-7)

떠나기 전, 연습하고 기도하라

지금까지 우리는 낙타 전도법을 실행하는 일이 얼마나 쉬운지 살펴보았다. 이 장을 한 번 더 읽어 내용을 완전히 숙지하라. 그런 다음에 전도 짝을 찾아 연습하라. 한 사람씩 돌아가면서 모슬렘 역할을 하고 다른 사람은 낙타 전도법의 세 가지 핵심 사항을 설명하도록 하라. 이렇게 낙타 전도법을 완벽히 숙지했으면 전도 짝과 정기적으로 만날 시간을 정하고 앞으로 만나게 될 평화의 사람을 위하여 기도하라. 그리고 나가서 전하라. 당신을 기다리는 모슬렘들에게….

---

28) 엘리야가 과부의 죽은 아들을 살린 이야기는 코란에 나오지 않기 때문에 대부분의 모슬렘은 이것을 모른다. 그래서 그들은 사망을 이긴 능력을 가진 선지자를 알지 못한다고 답할 것이다.

29) 어떤 코란 번역본은 46장 9절에서 이 구절을 발견하지 못한다. 왜냐하면 8절과 10절 양쪽에 하나 혹은 두 개의 구절로 있을 수도 있기 때문이다.

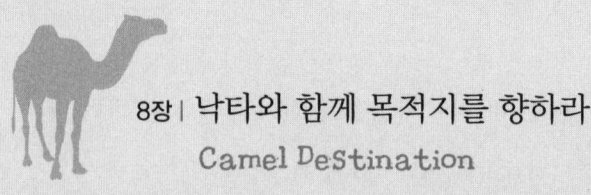

8장 | 낙타와 함께 목적지를 향하라
Camel Destination

만일 한 모슬렘이 당신의 낙타 전도법에 귀를 기울였다고 해도 당신은 그가 아직 '복음의 핵심'을 듣지 못했다는 것을 명심해야 한다.

낙타 전도법은 그 모슬렘이 전에는 결코 경험하지 못했던 방법으로 이사를 보도록 인도하며, 살아계신 그분의 광명 앞에 그의 눈을 뜨게 할 것이다. 그리고 단순히 선지자로만 알고 있던 예수님을 오직 한분이신 구원자로 알게 하며, 그 구원의 계획을 들을 수 있게 할 것이다. 그러나 당신이 낙타 전도법을 사용하여 단 한 명의 모슬렘을 만났다고 해서 실망할 필요는 없다. 왜냐하면 아직 당신의 전도 여정이 남아 있고 당신의 앞에 중요한 세 목적지가 있기 때문이다. 이 장에서는 어떻게 이 목적지에 도달하는지를 살펴보고자 한다.

1) 모슬렘에게 구원의 계획을 펼쳐 보이는 것.
2) 모슬렘과 성경을 연결하는 연결다리를 놓는 것.
3) 새로운 MBB들과 교회개척 배가운동을 착수하는 것.

당신의 첫 번째 목적지: 하나님의 구원계획 나누기

첫 번째 목적지로 떠나기 전, 당신이 지금 시작하려고 하는 일이 얼마나 중요한 일인지 다시 한번 깊이 생각해 볼 시간이 필요하다. 왜냐하면 이 일은 그냥 앉아서 TV 드라마 보는 것이 아니라, 불신자들 가운데 실제 일어나는 상황 속에서 당신의 전적이고 능동적인 헌신이 요구되는 사역이기 때문이다. 그래서 당신은 당신이 만난 단 한 명의 평화의 사람에게 시간과 열정을 쏟아 붓는 동안, 그가 앞으로 결정해야 할 많은 난제들이 있다는 것을 알고 있어야 한다.

모슬렘들이 예수님을 따르겠다는 결정을 하는 순간 그들의 마음속에서는 맹렬한 영적 싸움이 일어난다. 또한 그에게는 자신의 마음 속 깊은 곳에서 일어나는 번민에 대해 이해해 줄 수 있는 친구가 필요하기 때문에 당신이 늘 함께 있어 주어야 한다. 만약 당신이 그럴 형편이 못된다면 다른 누군가를 붙여주어야 한다.

희생

예수님을 따르기로 한 모슬렘들은 우리보다 훨씬 많은 대가를 지불해야 한다. 모슬렘들은 일반적으로 우리가 생각하는 것보다 더욱 더 견고하게 자신의 가족이나 공동체, 그리고 문화와 전통에 밀착되어 있음을 이해해야 한다. 그래서 모슬렘들이 해결해야 할 문제는 예수님을 구주로 영접하느냐 안 하느냐가 유일한 것이 아니라, 그들이 자신의 가족을 포기하는 희생까지 감수할 수 있느냐에 있다. 왜냐하면 예수님의 제자가 된다는 것은 그의 결혼, 가정, 가족, 직업, 자녀 등에 관한 많은 일상적인 생활에 있어서 모든 삶을 송두리째 바꾸어 놓기 때문이다.

아마도 회심한 모슬렘들이 더 심각하게 느끼는 위기는 자신의 회심이 자신의 조상들과 분쟁하는 것이라고 생각하는 것이다. 이사를 따르기로 한 모슬렘은 대부분 스스로에게 이렇게 질문할 것이다. "내 선조들의 종교까지 바꾸려 하는 나는 도대체 누구인가? 나의 회심이 내 아버지, 할아버지, 그리고 선조들의 믿음과 전통을 송두리째 거짓말로 정죄하는 것은 아닐까?"

이 같은 고민 때문에 당신의 모슬렘 친구는 엄청난 혼란의 상태를 경험하게 된다. 따라서 우리는 낙타 전도법을 경청한 모슬렘을 대할 때 인내심을 가지고 기다려 줄 줄 알아야 한다. 왜냐하면 힘겨운 여정이 그들 앞에 직면해 있기 때문이다.

니고데모 법칙

유대 관원 니고데모를 생각해보라. 사람들의 눈을 피해 밤에 몰래 주님을 찾아온 그를 예수님은 어떻게 하셨는가? 되돌려 보내셨는가? 아니다. 예수님은 그곳에서 니고데모와 대면하셨고, 그의 은밀한 질문에도 친절히 대답해주셨다.

모슬렘들이 당신이나 혹은 다른 그리스도인을 만날 때 그 만남을 항상 비밀로 하고 싶어한다. 그래서 당신은 당신을 은밀히 만나고 싶어하는 그들이 찾아왔을 때 그들을 민첩하게 안전한 장소로 안내해주어야 한다. 창조적인 방법으로 은밀하고 안전한 만남을 주선하여 모슬렘을 돕고 그의 필요를 채워주는 것이 당신이 해야 할 일 중 하나다.

모슬렘 구도자의 심리적 정황과 그에게 필요한 헌신의 단계들을 알았다면 당신은 이제 낙타 전도여행을 계속 진행할 수 있는 준비를 갖춘 셈이다.

코르바니 구원계획 전도법

기초 낙타 전도법으로 전도했을 때 복음을 잘 이해하는 모슬렘이 있다면 그에게 구원의 진리를 전하기 위한 '코르바니 구원계획 전도법'(the Korbani Plan of salvation)을 사용해도 좋다. '코르바니 구원계획 전도법'은 모든 모슬렘 문화권에서 신약성경의 구원 메시지를 효율적으로 소개할 수 있는 다리 역할을 하는 전도법이다. 그래서 어떤 낙타 전도법 전도자는 낙타 전도법의 기초 단계부터 바로 '코르바니 구원계획 전도법'을 사용하기도 한다. 하지만 대체로 낙타 전도법을 한 다음 그 모슬렘이 평화의 사람인지 아닌지를 살펴볼 시간이 필요하다. 그리고 그 사람이 평화의 사람임이 확인된 다음에 '코르바니 구원계획 전도법' 단계로 들어가는 것이 좋다.

'코르바니'(Kor-BAHN-ee)[30]란 단어는 히브리어와 아랍어의 '코르반'(Korban)이란 단어에 그 어원을 두고 있다. 동사로써 '가까이 이끌다'라는 뜻이 있지만 명사로써는 '희생제사'를 의미하기도 한다. 그래서 이는 하나님께로 죄인을 가까이 이끄는 방법이 희생제사라는 것이다.

매년 모슬렘은 코르바니-이드(Korbani-Eid, 어떤 지역에서는 이드-알-아다 Eid-al-Adha 혹은 바크리-이드 Bakri[31]-Eid)로 불리는 희생제사 절기를 지킨다. 여기에서 이드(Eid)는 축제 혹은 거룩한 날을 의미한다. 이 절기는 모슬렘에게 있어서 그리스도인들의 성탄절만큼이나 중요한 절기이다.

복음의 연결다리로써 모슬렘의 '코르바니' 제사의식을 활용하려는 통찰력은 구약의 종교의식으로부터 시작하여 구원의 진리에 이르는 구속의 다리를 세웠던 신약성경의 유비(類比)형식에서 빌려온 것이다.

바울은 사도행전 17장 2절에서 회당의 유대인들에게 구약성경을 인용하고 있고, 히브리서 기자도 10장 1~10절 말씀을 보면 그와 유사한 형식에 따라 구약성경의 희생제사 제도와 예수 그리스도의 마지막 희생제사 사이에 다리를 세우고 있는 것을 볼 수 있다.

> ¹율법은 장차 올 좋은 일의 그림자일 뿐이요 참 형상이 아니므로 해마다 늘 드리는 같은 제사로는 나아오는 자들을 언제나 온전하게 할 수 없느니라 ²그렇지 아니하면 섬기는 자들이 단번에 정결하게 되어 다시 죄를 깨닫는 일이 없으리니 어찌 제사 드리는 일을 그치지 아니하였으리요 ³그러나 이 제사들에는 해마다 죄를 기억하게 하는 것이 있나니 ⁴이는 황소와 염소의 피가 능히 죄를 없이 하지 못함이라 ⁵그

러므로 주께서 세상에 임하실 때에 이르시되 하나님이 제사와 예물을 원하지 아니하시고 오직 나를 위하여 한 몸을 예비하셨도다 ^{6}번제와 속죄제는 기뻐하지 아니하시나니 ^{7}이에 내가 말하기를 하나님이여 보시옵소서 두루마리 책에 나를 가리켜 기록된 것과 같이 하나님의 뜻을 행하러 왔나이다 하셨느니라 ^{8}위에 말씀하시기를 주께서는 제사와 예물과 번제와 속죄제는 원하지도 아니하고 기뻐하지도 아니하신다 하셨고(이는 다 율법을 따라 드리는 것이라) ^{9}그 후에 말씀하시기를 보시옵소서 내가 하나님의 뜻을 행하러 왔나이다 하셨으니 그 첫째 것을 폐하심은 둘째 것을 세우려 하심이라 ^{10}이 뜻을 따라 예수 그리스도의 몸을 단번에 드리심으로 말미암아 우리가 거룩함을 얻었노라

이와 같은 영적 원리를 활용하면, 모슬렘의 희생제사 제도와 하나님께서 계획하시고 예수님이 몸소 행하신 단 한 번의 마지막 희생제사 사이에 구속의 연결다리를 이어 그들과의 접촉점을 찾을 수 있다.

오늘날 전 세계 모슬렘들의 '코르바니' 제사의식은 기본적으로 다음과 같이 행해진다.

1. 아버지나 가족의 대표로 인정된 자가 흠 없고 건강한 양, 염소 혹은 암소 한 마리를 구입한다. 그들은 그 짐승의 상태를 '순결하다'라는 단어로 표현한다.
2. 그 짐승을 집으로 데려와 마당에 매어놓고 잘 먹인다.

3. 모든 식구들이 코르바니 축제날 아침에 가장 좋은 옷으로 갈아입는다. 그리고 남자들은 그 지역에 고용된 전문가가 그 동물의 목을 베기 위한 준비를 하는 동안 그 짐승의 머리 위에 손을 얹는다.

4. 아버지는 가족들과 가까운 이웃들의 모든 이름을 적은 종이를 들고 짐승을 죽이기 전에 큰 소리로 그 이름을 부른다. 이러한 코르바니 의식은 종이에 이름 적힌 사람들과 동물 머리에 안수한 사람들의 죄를 대속한다는 것을 의미한다.

5. 아버지의 대표기도가 끝나면, 그 짐승의 목을 잘라 죽인다. 코르바니 제사가 이렇게 끝마치면 가족, 친구 혹은 마을 지역 공동체의 가난한 사람들에게 고기를 나눠 준다.

6. 어떤 모슬렘은 목을 자르기 전에 짐승을 묶은 줄을 풀어 자유롭게 하는데 이것은 희생제사로 드려진 짐승이 기꺼이 드려진다는 '자발성'을 상징하기 위해서이다.

이것이 일반적인 코르바니 제사의 과정이다. 우리는 이 종교의식을 모슬렘 구원을 위한 연결다리로 사용할 것이다.

알라의 완전한 계획을 소개하기

코르바니라는 제사의식과 코란 알 이므란 수라 3장 54~55절을 참조하여 '코르바니 구원계획 전도법' 을 실행해보자.

54절 「믿지 아니하는 자들이 (이사를 죽이려) 음모했지만 알라께서도 또한 (해결할) 계획을 세우셨나니 이는 알라께서 최고의 계획자이기 때문이니이다」

55절 「보라 알라께서 가라사대 이사 나는 너를 구별하여 내게로 영접할 것이며 불신자들 가운데서 너를 정결케 할 것이라 너를 따르는 자들을 불신자들의 면전에서 부활의 날에 높이 들리우게 하리라 그러므로 너희들은 내게 돌아올 것이며 너희를 에워싼 모든 논쟁들을 내가 잠잠케 하리라」

위 말씀을 읽고 당신은 이렇게 질문하라. "모슬렘들은 어떻게 코르바니 희생제사를 행합니까?" 그리고 그들이 코르바니 제사의식을 어떻게 행하는지에 대해 말할 시간을 주라. 그다음 이렇게 말하라. "54절에서 우리는 그들(유대인)이 이사를 죽일 계획이 있었으며, 알라도 이사를 희생시킬 계획을 세웠음을 알 수 있습니다. 그리고 55절에는 최고의 계획자이신 알라께서 이사를 죽이려는 이유도 밝히고 있습니다. 왜 알라가 이사를 죽이려고 작정하셨을까요?"[32]

바로 이 시점에서 왜 알라께서 이사를 희생제물로 내어주시려 계획하셨는지 모슬렘에게 질문하라.

그리고 아래 네 가지 요점을 사용하여 그들을 답으로 안내하라.

코르바니 구원계획의 네 가지 핵심요점

요점 1: 첫 번째 위대한 코르반(희생제물)

요점 2: 두 번째 위대한 코르반(희생제물)

요점 3: 우리를 위한 알라의 코르반(희생제물)

요점 4: 당신을 위해 드려진 알라의 코르반(희생제물) 영접하기

요점 #1: 첫 번째 위대한 코르반

아담이 죄를 범해 에덴동산에서 쫓겨나 알라와 함께 동거할 수 없게 된 후 희생제사 제도가 시작되었다. 알라께서 아담과 하와의 벌거벗음의 수치를 가릴 의복을 주시려고 짐승을 잡으셨는데 이것이 바로 최초의 위대한 희생제사였다. 이것은 그들의 죄를 덮기 위해 한 짐승이 죽어야만 했음을 의미하는 것이다. 그리고 이 희생제사의 행위는 우리를 위한 한 예표이기도 하다.

이 죄로 말미암아 죄책감과 수치, 그리고 사망이 잉태되었으며 알라와의 관계도 단절되었다. 그래서 죄인인 인간은 더 이상 거룩한 알라와 함께 거할 수 없으며 반드시 형벌을 받아야 하는 것이다. 그리고 알라는 자신을 거역한 죄인들에게 코르반(희생제사)을 통해 그들이 돌이킬 수 없는 엄청난 죄를 지었음을 가르치셨다.

첫 번째 희생제사는 한 죄인이 받을 형벌을 대신하여 순결한 한 마리 짐승이 희생제물로 드려졌음을 분명히 보여주고 있다. 이처럼 알라의 자비하심으로 형벌 받을 죄인이 무죄한 사람이 되었다. 이를 행하여 알라께서는 그의 자비와 공의를 모두 행하셨다.

요점 #2: 두 번째 위대한 코르반

두 번째 희생제사는 우리에게 친숙한 이야기이다. 어느 날 알라

께서 이브라임(역자주: 아브라함의 아랍식 이름)에게 그의 약속의 아들을 모리아 산으로 데려오라고 지시하셨다.[33] 그리고 알라는 희생제물로 그의 아들을 바치라고 요구하셨고, 이브라임은 알라의 명령에 순종했다.

희생제사를 드리기 위해 모리아 산에 도착하자 이브라임의 아들이 아버지에게 물었다. "희생제물은 어디 있습니까?" 이브라임은 대답했다. "알라께서 자신을 위해 희생제물을 예비하실 것이다." 알라께서는 이브라임이 그의 약속의 아들을 죽이기 직전에 그를 멈추게 하셨고 희생제물로 숫양을 예비해주셨다.

이브라임과 그의 아들에 관한 이야기는 우리가 알라의 코르바니 제사의식의 중요성을 더 잘 이해하는 데 도움을 준다. 알라는 이브라임이 자신을 얼마나 사랑하는지 시험하여 보셨고, 이브라임은 그 시험을 통과하였다. 이브라임은 자신의 아들을 희생제물로 주저 없이 드림으로써 위대한 헌신과 믿음을 드러냈으며, 그의 약속의 아들도 기꺼이 희생제물이 되고자 함으로써 동일한 사랑을 드러냈다.

요점 #3: 우리를 위한 알라의 코르반

알라께서는 온전히 거룩하시기 때문에 부정한 사람은 누구도 그의 존전에 나아올 수 없다. 그렇기 때문에 우리의 모든 죄가 완전히 제거되지 않는 한 알라와 인류는 함께할 수 없다. 코르바니 제사의식은 우리의 죄와 형벌을 가르쳐 주기 위해 하나님께서 보여주신 그림언어이자, 그 모든 죄들을 순결한 한 분에게 전가(轉嫁)하는 제도이다. 우리의 죄는 죄가 없는 누군가가 대속할 때만 도말(塗抹)되며 다시 처음 에덴동산의 아담과 같이 거룩해지고 하나님과의 관계도 회복되는 것이다. 다시 말해 우리의 형벌이 대속되어 우리 죄가 누군가에게 전가되어야만 우리가 죽은 후 하늘나라의 알라께 나아갈 수 있다는 것이다. 알라께서 준비한 이 놀라운 진리의 선물은 코란보다 먼저 쓰인 경전(성경)에 충분히 계시되어 있다.

알 이므란 수라 3장 54~55절은 알라께서는 최선의 계획을 이루시는 자로서 그분 스스로 이사를 희생하기로 결정하셨음을 우리에게 말씀하고 있다. 그리고 인질(복음서)은 알라의 희생제물인 이사가 인류의 모든 죄를 대속하였다고 말하고 있다. 이 구속사역을 완수하기 위한 희생제물은 가장 거룩하고, 순결하며, 의로워야만 한다. 그래서 이러한 조건에 적합한 자는 알 이므란 수라 3장 45~49절에 나타난 바와 같이 하늘로부터 내려와 처녀에게서 났으며, 다시 그곳으로 돌아간 이사가 이 땅에서 유일한 자이다.

알라는 코르바니 제사의 희생제물로 이사를 선택하셨다. 이것은 태초부터 시작된 알라의 계획이었다. 선지자 야흐야(Yahya, 침(세)례 요한)는 처음 이사를 보았을 때 이렇게 말했다. "보라 세상 죄를 지고 가는 하나님의 어린 양이로다"(요 1:29). 알라는 우리의 모든 죗값을 이사에게 전가하여 그를 희생제물로 삼으셨다.

인질(복음서)을 보면 이사의 제자들도 이 계획을 알고 있었다는 것을 알 수 있다. "한 사람의 순종하지 아니함으로 많은 사람이 죄인 된 것 같이 한 사람이 순종하심으로 많은 사람이 의인이 되리라"(롬 5:19). 이사가 죽임을 당하고 부활 승천한 후 이사의 제자들은 더 이상 코르바니 제사의식을 행하지 않았다. 그래서 오늘날까지도 이사의 제자들은 코르바니 제사의식을 행하지 않는다. 왜냐하면 이들은 이사 알 마시(Isa al-Masih)의 십자가의 죽음은 알라께서 최후의 위대한 마지막 희생제사로 계획하셨음을 완전히 깨달았기 때문이다.

알라께서 인류를 위해 코르바니 제사의식을 행하신 이유는 우리를 사랑하시기 때문이다. 이브라임이 아들 이삭에게 행하려 했던 일을 허락하지 않으셨던 알라께서 성령으로 잉태된 그의 아들 이사에게는 행하셨다. 이 때문에 육신의 아버지 없이 알라를 아버지로 부르셨던 이사가 당신과 나를 위해 알라의 코르바니 희생제물이 된 것이다. 자신의 아들을 희생제물로 드림은 우리를 향한 알라의 위대한 사랑을 입증한다. 알라후 아크바르!(Allahu Akbar! 하나님은 위대하시다.)

희생제물로 드려질 동물은 자신에게 어떤 일이 일어날지 눈치 채지 못한다. 그리고 설사 안다 하더라도 희생제사는 끝까지 집행될 것이다. 인질(복음서)은 이렇게 말한다. "사람이 친구를 위하여 자기 목숨을 버리면 이보다 더 큰 사랑이 없나니"(요 15:13).

이사는 자신이 알라의 코르바니 희생제물로 드려질 것을 알았다. 하지만 그는 기꺼이 그분의 뜻에 자신을 내어드렸다. 이 같은 이사의 뜻은 인질(복음서)에 잘 드러나 있다. "이를 내게서 빼앗는 자가 있는 것이 아니라 내가 스스로 버리노라 나는 버릴 권세도 있고 다시 얻을 권세도 있으니 이 계명은 내 아버지에게서 받았노라 하시니라"(요 10:18).

기억하라! 모슬렘이 코르바니 제사의식을 행할 때 그의 친구들과 친척들의 이름을 자신의 주머니에 넣어 가지고 있던 것처럼 알라께서도 코르바니 제사의식을 행하셨을 때 그분의 명단에 과거와 현재 그리고 미래의 모든 사람의 이름을 가지고 계셨으며 당신의 이름도 그 명단에 포함되어 있다는 것을… 알라는 당신을 위해 이사를 코르바니 희생제물로 드렸다.

요점 #4: 당신을 위해 드려진 알라의 코르반 영접하기

당신이 죄를 씻기 위해 스스로 할 수 있는 일은 아무것도 없다. 이 일은 오직 알라께서만 할 수 있으며 이미 우리를 위해 그 일을 행하셨다. 그래서 알라의 귀한 선물인 이사를 믿고, 그분을 영접하는 자는 누구나 하늘나라에 들어갈 수 있는 자격을 얻게 되는 것이다.

당신을 위한 알라의 선물! 마지막 완전한 희생제물인 이사를 영접하라. 그리고 우리를 위해 희생제물이 되신 이사께 감사하라. 그는 기꺼이 우리의 형벌을 대신 짊어지셨다.

자, 이제 당신의 마음속에서 우러나오는 아래와 같은 기도를 알라께 고하지 않겠는가?

> 오 알라여! 제가 당신께 고백하옵나니, 저는 죄인이며 마땅히 죽어 영원히 당신으로부터 분리될 사람입니다. 하지만 이런 저를 위해 희생제물로 당신의 사랑과 자비를 나타내심에 감사를 드립니다. 그리고 저의 형벌과 저의 죄를 기꺼이 짊어지신 이사께 감사드립니다. 제가 용서받을 수 있는 길은 오직 이사에게만 있음을 믿사오며 제가 지금 죽어도 당신과 함께 하늘나라에서 거하게 될 것을 믿습니다.

이제 당신은 '코르바니 구원계획 전도법'을 모두 다 읽었다. 다시 한 번 복습하여 중요한 네 가지 요점을 숙지하라. 그런 다음 전도 짝과 함께 충분히 연습한 후 당신의 모슬렘 친구나 이웃에게 이것을 실행해보라.

당신의 두 번째 목적지 : 하나님의 말씀

우리가 이미 주지하는 바와 같이 복음을 처음 듣자마자 그리스도를 따르겠다고 결심하는 모슬렘은 드물다. 남아시아에서 모슬렘이 하나님의 '코르바니 구원계획 전도법'을 처음 듣고 믿음으로 나아오기까지 약 3주에서 6개월가량의 시간이 걸렸다. 그렇다면 그 기간 동안 모슬렘 친구의 복음 영접률을 높이기 위해 당신이 할 수 있는 일은 무엇인가?

만약 당신이 그 모슬렘 친구에게 성경을 읽게 한다면, 또 다른 의미심장한 목적지에 도달할 것이다. 왜냐하면 하나님의 말씀은 능력이 있기 때문이다.

> "이는 비와 눈이 하늘로부터 내려서 그리로 되돌아가지 아니하고 땅을 적셔서 소출이 나게 하며 싹이 나게 하여 파종하는 자에게는 종자를 주며 먹는 자에게는 양식을 줌과 같이 내 입에서 나가는 말도 이와 같이 헛되이 내게로 되돌아오지 아니하고 나의 기뻐하는 뜻을 이루며 내가 보낸 일에 형통함이니라"(사 55:10-11)

성경말씀은 하나님의 뜻을 이루기에 충분한 능력이 있기 때문에 당신의 모슬렘 친구가 성경을 읽기 시작했다면 당신은 크게 기뻐해도 된다. 왜냐하면 당신이 없는 곳에서도 하나님은 그 말씀으로 자신의 목적을 성취해 갈 것이기 때문이다.

하나님의 목적지에 도달할 다리를 놓는 좋은 방법은 기초 낙타 전도법에서 언급한, 코란 알 이므란 수라 3장 50절의 알라에 대한 모슬렘의 의무는 이사께 순종하는 것이라고 나와있는 구절이다.

「이사께서 가라사대 나는 내가 오기 전에 있었던 옛 율법들을 확증하러 왔나니 비록 전에는 네게 금지되었던 것들을 풀어 자유롭게 할 것이라 나는 주인의 표증을 가지고 네게 왔노라 그러므로 알라께 삼가 의무를 다하여 내게 순종하라」(알 이므란 수라 3:50)

물론 이 말씀과 친숙하지 않다면 그분의 명령에 순종하는 것이 쉽지 않다. 따라서 우리는 이사의 명령을 알려면 인질(복음서)을 읽어야 한다. 모슬렘 친구에게 이렇게 질문하라. "코란이 이사에게 순종함을 명령하는데, 이사가 무엇을 말하고 있는지 모른다면 당신이 어떻게 그분의 명령을 따를 수 있겠습니까?"

당신은 마태복음 5~7장에 있는 산상수훈을 펼쳐, 알 이므란 수라 3장 50절에 이사가 구약 옛 법의 일부를 바꾸기 위해 왔다고 명확히 언급된 부분을 모슬렘 친구에게 보여줄 수 있다.

예를 들어, 모슬렘 친구도 인정할 수 있는 구약의 옛 율법을 보여주어라. 그런 다음 이사가 어떤 새로운 법을 말씀하셨는지 알려주어

라. "눈은 눈으로, 이는 이로"는 "너희에게 말하노니 악한 자를 대적하지 말라 누구든지 네 오른편을 뺨을 치거든 왼편도 돌려 대며"(마 5:38-39)로 "네 이웃을 사랑하고 네 원수를 미워하라"는 "너희 원수를 사랑하며 너희를 박해하는 자를 위하여 기도하라"(마 5:43-44)로 고쳐 말씀하셨다.

만일 우리가 이사의 명령에 순종함으로 알라를 향한 우리의 의무를 이행하고자 한다면 우리는 이 명령들을 알기 위해 반드시 인질(복음서)을 읽어야만 한다.

기대와 준비

우리는 모슬렘들이 낙타 전도법에 대하여 호의적으로 반응할 것을 예상하고 준비했던 것과 같이 성경을 전하는 과정에서 그들이 갖게 될지도 모를 반감에 대해서도 준비해야 한다.

예를 들면, 모슬렘은 이렇게 질문하기도 한다. "당신의 성경은 인정할 수 없습니다. 왜냐하면 그리스도인들이 성경을 변개(다르게 고쳐짐)하여 훼손하였기 때문입니다." 이때 만일 당신이 "누가 언제 그것을 변개했습니끼?"라고 되묻는다면 그는 "모릅니다"라고 대답할 것이다. 그리고 당신이 성경은 변개되거나 훼손되지 않았다는 사실을 확증하기 위해 그와 논쟁한다면, 결국 당신의 노력은 그의 반감만 사게 될 뿐이다.

그러나 우리에게는 의외의 동맹군이 있다. 바로 코란이다. 당신은 코란의 도움으로 이런 교착상태를 벗어날 수 있다. 코란에는 성경과 성경의 신뢰성을 확증해주는 많은 구절들이 있다. 물론 그렇다고 해서 그리스도인들이 성경을 확증하기 위해 코란을 필요로 하는 것은 아니다. 하지만 코란의 권위에 절대 복종하는 모슬렘에게는 이보다 더 탁월한 도구는 없다. 왜냐하면 코란이 이들에게 성경을 읽고 믿도록 격려하고 있기 때문이다.

모슬렘들을 성경으로 인도하는 몇 가지 방법과 당신의 동맹군이 될 만한 코란의 몇 구절들이 있다. 당신의 친구에게 이렇게 질문하라. "알라께서 인간에게 주신 계시에 관해 의문이나 질문거리가 생긴 모슬렘에게 코란은 어디 가서 그 해답을 얻으라고 안내합니까?"

이 질문에 답 역시 코란에 나와있다. 코란 요나(Jona)수라 10장 94절에 알라가 모하메드에게 자신이 그에게 말한 것에 관해 어떤 의심스러운 것이 생기면 "이전에 쓰인 경전"(코란보다 먼저 기록된 성경을 의미함)을 읽은 자들에게 조언을 구하라는 구절이 있다.

> 「만일 네가(모하메드) 너에게 계시한 것에 관하여 의심스러운 것이 생기면 먼저 쓰인 경전을 읽은 자들에게 질문하라 진실로 주님의 진리가 너에게 이르렀으니 그러므로 동요하는 자가 되지 말라」(요나 수라 10:94)

코란이 토라(구약성경)와 인질(신약성경)을 읽는 자에게 참된 진리로 인도하고, 축복을 약속하고 있음을 당신의 모슬렘 친구에게 알려주라. 그리고 저녁만찬 수라 5장 46절과 66절을 읽어달라고 요청하라.

「그리고 우리는 그들의 발자취가 될 마리아의 아들 이사를 보냈으며, 그가 이전에 있었던 토라(구약성경)와 우리가 그의 입에 주었던 인질(신약성경)은 세상을 빛으로 인도해 줄 것이라. 또한 이전의 토라(구약성경)와 그의 훈계와 교훈은 악한 영들을 대적하는 방패가가 될 것이라」(저녁만찬 수라 5:46)

「오직 그들의 주님께서 여기 있는 자들에게 내려주신 토라와 인질을 인정하는 자들만이 그들 머리로부터와 그들의 발끝까지 그들에게 부어지는 축복을 입을 것이다」(저녁만찬 수라 5:66)

이 구절을 읽은 후 당신의 모슬렘 친구에게 질문하라. "토라와 인질을 지킨 자들에게 어떤 일이 일어날까요?" 그러면 그는 아마도 "그들은 축복을 받을 것입니다"라고 답할 것이다. 그리고 당신이 이어서 성경읽기를 권할 때 그 모슬렘 친구가 성경은 변개되었고 훼손되었다고 말하며 이를 거부할 수도 있다. 그러나 당황하지 마라. 왜냐하면 그들이 절대적으로 믿고 있는 코란은 성경이 변개되었다고 말하고 있지 않고, 오히려 "이전에 쓰인 경전"(성경)의 신뢰성을 확증하고 있기 때문이다. 당신은 가축 수라 6장 115절을 읽어딜라고 요청하기만 하면 된다.

「주의 말씀은 진리와 공의로 완전하며 그분의 말씀을 변개할 수 있는 것은 전혀 없으니 그분은 듣는 분이시고 아는 분이시니라」(가축 수라 6:115)

이제 성경을 인정할 수 없다는 모슬렘 친구에게 이렇게 질문하라. "알라의 말씀이 변개되었다고 말하는 당신의 말 속에 진정 어떤 의미가 담겨 있는지 알고 있습니까? 알라가 너무 약해서 자신의 말도 지킬 수 없습니까? 만약 이 질문 후에도 모슬렘 친구가 성경을 인정하지 않는다면 잠시 기다려라. 우리는 성령님께서 친히 역사하셔서 그가 확신할 때까지 인내해야 한다.

모슬렘에게 성경 전달하기

당신이 처음으로 코란을 접했을 때의 느낌이 얼마나 어색했는지 기억하는가? 그리고 이런 어색한 상태에서 만약 누군가 당신에게 코란을 읽도록 강요라도 한다면 더 큰 거부감을 느꼈을 것이다. 이처럼 모슬렘이 처음 성경을 접할 때도 동일한 감정일 것이다. 그나마 겉으로 보기에 서구적인 느낌이 나지 않은 성경 번역본을 준다면 그들이 좀 더 친숙하게 받아들일지도 모르겠다. 그러므로 모슬렘에게 친숙하게 다가갈 수 있는(현지특색에 맞는) 성경 번역본을 준비해서 전달하라. 그러면 그 성경은 책 표지에서부터 그들에게 호감을 주며, 초대장을 받은 듯한 느낌을 줄 것이다. 그리고 성경의 핵심 용어와 중요 인물들이 모국어인 아랍어로 기록되어 있다면 더욱 좋을 것이다. 그래서 몇몇 출판사는 요즈음 모슬렘들에게 호감을 주는 성경 번역본을 제공하고 있다.[34]

당신의 최종 목적지 : 교회개척 배가운동

전 세계에 13억의 모슬렘이 있는데 그중에 한 명의 모슬렘에게 전도하여 예수를 자신의 구주와 주님으로 영접하도록 인도하는 것은 그리스도인으로서 경험할 수 있는 최고의 기쁨임이 분명하다. 하지만 그렇다고 해서 한 명으로 만족해해서는 안 된다. 물론 그 한 명의 모슬렘 회심자는 수백 명의 모슬렘 동료를 예수 그리스도께로 인도하여 수십 개의 새로운 교회개척의 결과를 낳을 잠재력을 가지고 있겠지만 당신이 여기에 안주해버린다면 우리는 더 중요한 목적지에 도달할 수 없게 될 것이다. 우리의 목적지는 모슬렘 평화의 사람을 찾아내어 그들을 훈련시켜 자신의 마을 공동체에서 새로운 교회개척 배가운동의 촉매자 역할을 할 수 있을 때까지 이끌어줘야 하는 데 있다.

우리는 남아시아의 교회개척 배가운동에서 이사의 추종자가 된 모슬렘 성도 한 명이 최대 200명의 모슬렘을 주께로 인도하는 것을 보았다. 수천 명의 새로운 모슬렘 성도 가운데 이런 사람이 얼마나 되는지 통계적으로 살펴보니 최근 2~3년 동안에 교회개척 배가운동 촉매자 역할을 한 사람은 100명 중 한 명 꼴로 나타났다.

우리가 하나님의 사역방법을 전부 이해할 수는 없다. 하지만 분명한 것은 그분에게는 불신자 공동체에서도 구원의 소명자로 부르신 소수의 사람이 있다는 것이다. 하나님은 이들을 그들의 공동체 전체에 영향을 미칠 교회개척 배가운동을 위해 특별한 사람으로 구원하시고 선택하신 것이다. 그래서 우리가 해야 할 일은 이런 사람을 만나는 즉시 교회개척 배가운동을 위해 그들을 훈련시키는 일이다.

이 최종 목적지인 교회개척 배가운동에 도달한 기쁨을 상상해보라. 한 명의 MBB가 자신들의 모슬렘 공동체에서 광대한 교회개척 배가운동을 시작하는 것을 상상해보라. 그 기쁨은 틀림없이 누가복음 10장의 전도여행에서 돌아온 제자들의 표현과 동일할 것이다. 그들에게 사탄의 왕국을 파괴할 만한 권세가 있었던 것처럼 당신이 그리스도께 인도한 그 모슬렘이 교회개척 배가운동을 착수하여 이 권세를 발휘할 바로 그 평화의 사람이 될지도 모른다.

교회개척 배가운동(Church-Planting Movements)이란 무엇인가? 한 종족의 그룹이나 혹은 행정구역을 통괄하여 교회를 개척하려는 토착 교회들의 급속한 배가증식 운동이다.[35]

이 운동에는 독특한 특징이 몇 개 있다.
1. 급속하게 재생산
2. 배가(倍加)
3. 토착화
4. 또 다른 교회들을 개척하는 교회

이들 각 특징들을 더 자세히 살펴보자.

급속하게 재생산
교회개척 배가운동은 새 신자들이 그들의 신앙을 나눌 수 있을 만큼 성숙해지기를 기다리기보다는 오히려 안 믿는 가족과 친구들에게 하나님의 복음을 담대히 전하게 하여 이들의 급격한 변화를 보게 한다. 이렇게 새 신자들이 수월하게 재생산되어 가정 교회가 세워지게 되면서 그 방법을 터득하고 나면 이 새로운 교회는 그들의 공동체 안에 급속하게 번지게 된다. 이렇게 현지에서 급속히 재생산되는 교회만이 전 세계 13억의 모슬렘들을 전도할 수 있는 가능성을 갖게 된다.

배가(倍加)

교회개척 배가운동은 갓난아기의 성장세포가 기하급수적으로 늘어나는 것처럼 그리스도 안에서 새 신자들과 교회들을 배가로 늘어나게 한다. 교회 하나가 둘을 개척하면, 둘이 넷으로, 넷이 여덟으로 배가증식한다. 일단 이렇게 성장과정이 가동되면 교회개척 배가운동은 그것을 처음 시작했던 초기 개척자가 통제할 수 없는 폭발적인 역동성을 드러낸다.

토착화

교회개척 배가운동에서 개척된 교회들은 외국인들이 주도하는 교회와는 다르게 지역 문화에 잘 적응하게 되고 새 신자들에 의해 쉽게 재생산된다. 그래서 우리가 교회개척 배가운동의 진면목을 보려면 이슬람 문화에 적응하는 토착화된 교회를 개척하여 재빨리 재생산하도록 그들을 격려하고 협력해야 한다. 이들 교회는 서구적인 전통 교회와는 전혀 다르게 보일지도 모르지만 토착화된 현지 교회는 새로운 제자들을 길러내고, 새로운 제자훈련 공동체를 배가하여 그리스도 안에서 왕성한 성장을 보여줄 것이다.

또 다른 교회들을 개척하는 교회

일단 교회개척 배가운동에 가속도가 붙으면 새로운 교회들은 더 이상 외부의 지원 없이도 개척된다. 현지 교회가 자력에 의해 개척되지 않는다면 무언가 분명히 심각한 문제가 있는 것이다. 왜냐하면 이사의 기쁜 소식에 가슴을 울린 새 신자들은 그것을 누군가와 나누지 않고는 견딜 수가 없게 되기 때문이다. 그래서 토착화된 현지 가정 교회는 예외 없이 마을 공동체에서 스스로 재생산하는 주도적 역량을 가지게 된다.

우리가 교회개척 배가운동을 제대로 이해한다면 우리의 최종 목적을 향한 선교전략을 세우고 실행하는데 큰 도움이 될 것이다. 사실 지금까지 우리는 성급한 태도로 서구적인 교회를 이식하려 했기 때문에 현지 신자들의 자발적인 토착 교회 성장을 조력하지 못하고, 교회개척 배가운동의 궤도에서 자주 벗어났던 것이다. 우리가 조심스럽게 내딛는 교회개척 배가운동의 각 발걸음은 이제 곧 13억의 미전도 모슬렘에게 구원의 소망을 제공하게 될 것이다.

그러므로 한 사람의 새로운 MBB로 만족하지 마라. 그리스도를 주로 영접한 모슬렘 한 사람 한 사람은 토착 모슬렘 교회의 첫 번째 성도들이다. 이사 자아마트(토착 모슬렘 교회)는 더욱 교회개척 배가운동을 전개하여 재생산되어야 하며, 배가의 열정으로 채워져야 한다.

전 세계 교회개척 배가운동에 관한 연구 보고서에는 전형적인 공통점이 있는데 그것은 그 운동의 배후에 믿지 않는 영혼과 교회 개척을 향한 열정에 사로잡힌 한 명의 외부 지원자가 있다는 것이다. 바로 모슬렘 평화의 사람이다. 이들은 믿지 않는 한 영혼을 넘어서 한 종족 전체가 그리스도께 돌아오는 비전을 품고 있는 자들이다.

당신은 지금 어디에 서 있는가? 당신이 뿌리내리고자 하는 목적지는 어디인가? 수백만 명의 미전도 모슬렘들의 운명이 당신의 대답에 달렸을 수도 있다.

당신은 낙타 전도법을 사용하여 한 사람 혹은 많은 모슬렘에게 구원의 계획을 전했는가? 그들에게 난생처음으로 성경을 읽고 싶은 영감을 주었는가? 그렇다면 당신은 아마도 그들 중 한 명이 하나님의 은혜로 주께 돌아와 그들 자신의 '이사 자아마트'를 개척하는 것을 볼 수 있을지도 모른다. 그리고 하나님은 그들 중 한 명을 모슬렘 공동체 교회개척 배가운동의 촉매자로 세워 기하급수적으로 예수 모임을 배가시킬지도 모른다. 이 얼마나 흥분되는 일인가!

30) 마가복음 7장 11절 "너희는 이르되 사람이 아버지에게나 어머니에게나 말하기를 내가 드려 유익하게 할 것이 고르반 곧 하나님께 드림이 되었다고 하기만 하면 그만이라 하고"
31) 역자주: 바크리(Bakri)는 양 혹은 염소를 뜻하는 우르두어(語)이다.
32) "이사를 죽이려는 알라의 계획"이란 문장의 사용은 그리스도인들에게 어색할지도 모른다. 복음을 제시할 때 이 문장을 사용하는 목적은 알 이므란 3장 54~55절과의 통일성을 유지하기 위해서이다. 혹자는 이 문장은 "그에게 상함을 받게 하시기를 원하사 질고를 당하게 하셨은즉 그의 영혼을 속건제물로 드리기에…"라고 말하는 이사야 53장 10절의 말씀에 정확히 근거한다고 주장하기도 한다. 코르바니 구원계획 전도법을 전개하는 동안 예수님께서 기꺼이 자신을 희생제물로 드렸음을 당신은 알게 될 것이다.
33) 아브라함이 희생제사를 드리기 위해 어떤 아들을 산으로 데려갔는지 논쟁하는 시간이 아니다. 아브라함이 그의 아들을 희생제물로 드리려 했던 이야기는 코란 수라 as-Saffat Ruku 37장 100절에서 찾을 수 있다. 명심할 것은 코란은 어떤 아들을 희생제물로 데려갔는지 언급하지 않는다. 전통적 모슬렘들은 이스마엘이라고 말하지만 코란의 많은 구절들은 이삭이었음을 강력히 제시하고 있다.
34) 초승달 세상의 좋은 소식(Good News for the Crescent World)의 홈페이지 www.gnfcw.com에서 기탑 알 샤리프(Kitab al-Sharif)라고 부르는 현지화된 아랍어 성경을 구입할 수 있다. 현지화된 성경을 얻으려면 미국 성서협회 (1-888-542-BIBLE)외국어 부서로 연락하여 개인 연락처를 남기든지 혹은 세계 성경 번역 센터 (World Bible Translation Center 1-888-542-4253)로 연락해서 당신이 어떤 언어의 신약성경 혹은 전체 성경을 찾고 있는지 말하면 받아 볼 수 있다(아랍어, 터키어, 이란어, 우르드어).
35) CPM에 관한 더 많은 자료는 David Garrison의 『하나님의 교회개척 배가운동』(서울: 요단출판사 2005)을 보라.

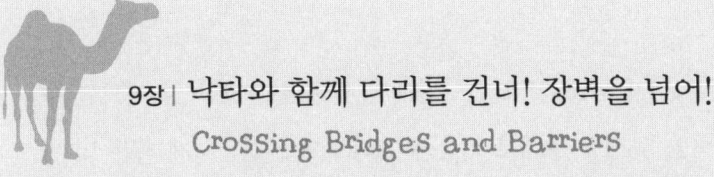

9장 | 낙타와 함께 다리를 건너! 장벽을 넘어!
Crossing Bridges and Barriers

일단 기초적인 낙타 전도법과 코르바니 구원계획 전도법을 숙지했다면 더욱 심화된 단계로 나아가도록 노력하라. 고급 단계의 낙타 전도법은 모슬렘 친구와 더 깊은 이야기를 나누게 해줄 것이다. 그리고 고급 단계의 낙타 전도법을 통해 코란을 더 깊이 탐구하면 모슬렘을 참된 믿음으로 인도하는 여러 부수적인 연결다리를 얻게 될 것이며, 모슬렘 친구들의 믿음을 가로막는 장벽들에 대하여 어떻게 극복할지도 알게 될 것이다.

그러나 실제 현장에서 모슬렘을 만나게 되면 이 장에 제시한 고급 단계의 낙타 전도법 대화를 전부 활용하지 못할 수도 있다. 그러니 그 상황에 맞게 당신이 강조하고 싶은 부분을 발췌해서 사용하면 될 것이다. 다시 한 번 강조하지만 논쟁은 피해야 한다. 예수님의 거룩하심과 전능하심, 그리고 우리를 하늘나라로 인도하실 능력을 보임으로써 이사를 높여드리는 것이 우리의 주목적임을 잊지 말아야 한다.

우리는 이제 기초 낙타 전도법에서 활용했던 코란 알 이므란 수라 3장 42~55절을 토대로 복음에 효과적으로 접근하게 하는 몇 가지의 연결다리를 살펴볼 것이다. 그리고 그다음에는 모슬렘이 복음을 받아들인 후 반드시 극복해야 할 가장 일반적인 장애물을 넘어서는 방법을 알아보고, 이어서 유도질문을 연결다리로 활용하여 우리의 모슬렘 친구가 다리를 건너 복음의 진리에 이르도록 도울 것이다. 연결다리가 나타날 때마다 【다리】라는 단어로 구분하여 기록하였다. 당신이 고급 단계의 낙타 전도법을 숙지하고 나면, 모슬렘 친구에게 이를 증명하는 과정에서 이 연결다리로 사용할 유도질문들이 줄줄이 떠올라 당신도 놀라게 될 것이다.

I. 이사는 거룩하다

C(Chosen)

42절「천사들이 가로되 오 마리아여 진실로 알라께서 세상 모든 여인 중에서 그대를 선택(Chosen)하셨고 그대를 순결하게 하셨노라」
43절「오 마리아여 스스로 겸비하여 주님께 늘 순종하고 예배하는 이들과 더불어 그를 경배하라」

A(Announcement)

44절「이는 우리가 영으로 드러내어 그대의 눈에 보이지 않는 세계를 계시한 사건의 선포문(Announcement)이라 이는 천사들이 그들 중 누가 마리아를 돌볼 것인가(결정하기 위해)를 제비뽑기 위해 의논할 때도 그대는 천사들과 함께 있지 아니하였음이로다」

45절「보라 천사(Angels)들이 가로되 마리아여 진실로 알라께서 당신의 말씀인 기쁜 소식을 그대에게 주셨으니 그의 이름은 마리아의 아들 이사 마시라 칭하며 이 세상과 오는 세상에서 영광 받으실 만한 분으로 알라와 가장 친밀한 자가 되리라」

46절「그는 요람에 있을 때에도 성인이 되어서도 무리에게 말씀할 것이며 의로운 자라 일컬음을 받을 것이라」

47절「마리아가 가로되 나의 주여 지금껏 내가 남자를 알지 못하였거늘 언제 아이를 낳을 수 있겠습니까 그가 가로되 의심치 말라 알라께서는 그의 기뻐하시는 대로 창조하신 분이시며 한 생명을 창조하실 때도 단지 있으라 명하시면 그대로 이루어졌느니라」

복음에 이르는 연결다리

3:42-44 이 구절들은 단지 45절을 소개하기 위한 것이기 때문에 이 내용에 그다지 집착할 필요는 없다.

3:44 일반적으로 모슬렘들은 이 구절을 유대 지도자들이 회당에서 젊은 총각들을 소집하여 마리아의 약혼자 결정을 위해 제비뽑은 사건으로 설명한다. 그들의 전승에 의히면 요셉이 그 제비를 뽑았다고 한다.

3:45 【다리】 알라는 마리아에게 "메시아라고 칭하는 분, 곧 '말씀' 이신 분"을 잉태케 하셨다. 이 구절은 의미심장한 연결다리를 제공한다. 모슬렘들에게는 메시아(Masih, 마시)라는 이름 이외에도, 이사와 관련된 두 개의 의미심장한 이름이 더 있는데 하나는 '알라의

말씀'(Kalim + Allah)이란 의미로 '칼리마툴라'(Kah lee mah TUU lah) 라는 이름이고, 다른 하나는 '루훌라'(Ruhullah) 혹은 '알라의 영'으로 불리는 이름이다. 【다리】 당신의 모슬렘 친구에게 이렇게 질문하라. "'이사-칼리마툴라' 그리고 '이사 루훌라'라는 이름의 뜻을 아시나요?"

'말씀'과 '알라의 영'은 곧 '알라'라는 것을 확실히 가르쳐주라. 한 사람의 호흡과 영혼을 죽음 이외의 방법으로는 없앨 수 없는 것처럼 알라의 호흡과 영은, 곧 알라 자신인 것이다. 【다리】 그에게 이렇게 질문하라. "'알라의 말씀'으로 불린 다른 어떤 선지자가 있습니까?" 그러면 그들은 '루훌라'나 '알라의 영'으로 명명된 어떤 선지자도 없음을 인정할 것이다. 그리고 만약 이를 인정하지 못하는 모슬렘들이 있다면, 그에게 여인 수라 4장 171절과 선지자 수라 21장 91절을 보여주라.

「내가 진실로 말하노니, 마리아의 아들 메시아는 유일한 알라의 사도이며 마리아와 대화하셨던 알라의 영이며 알라의 말씀이다」

「순결함을 잃지 않는 그녀(마리아)를 기억하라 우리는 그녀에게 우리의 말씀을 불어 넣었으며 그녀와 그녀의 아들을 만백성을 위한 이적으로 삼았느니라」

여기에 이사를 사도로 언급하는 구절이 나오는데 당신은 이것이 그리스도의 신성을 부정하는 것으로 생각하지 마라. 왜냐하면 코란은 성경이 아니기 때문이다. 그리고 당신의 목적은 코란으로 그리스도의 신성을 증명하는 것이 아니라 이사가 알라와 친밀한 연합관계에 있음을 보여줌으로써 그의 거룩함은 드러내는 데 있다. 그리고 좀 더 깊이 생각해보면 코란은 이사를 '알라의 영'으로 칭하고 있기 때문에 오히려 그리스도의 신성을 더 빛내고 있는 것으로도 볼 수 있다. 그리고 이것은 그 어떤 선지자에게도 알라의 신성이 부여되지 않았다는 것을 증명하는 유용한 연결다리가 된다.

동정녀 마리아의 아들 이사는 알라께서 하늘에서 직접 내려 보낸 '칼리마툴라'(Kalimatullah)이자 '루훌라'(Ruhullah)임을 코란은 가르치고 있으며 대부분의 모슬렘은 이를 가감 없이 인정한다.

45절은 이사가 현세와 내세에서 모든 이에게 영광을 받으실 분이며, 알라와 가장 친밀한 분이라는 주장으로 결론 맺는다. 이사가 알라와 가까이 있다는 것은 당연한 일이다. 왜냐하면 그분은 '알라의 말씀'(Kalimatullah)이며, '호흡'(Ruhullah)이기 때문이다.

【다리】당신은 이렇게 말할 수 있다. "이사는 현세와 내세에서 존경받으실 분이라는 코란의 언급은 진리입니다. 세상의 주요 종교(기독교, 이슬람, 힌두, 불교)는 예외 없이 이사께 영광과 존경을 나타냅니다. 왜냐하면 이사는 온 세상의 메시아이며 표적이기 때문입니다."

3:46 알라께서 이사는 의로운 자들 중 하나가 되리라고 말씀하셨다. 【다리】당신의 친구에게 질문하라. "이사가 죄를 진 적이 있나요?" 대부분 모슬렘은 이사가 죄를 짓지 않았음에 동의할 것이다.

【다리】이제 아래와 같은 유도질문을 하라. "이사가 결혼을 하거

나 여자와 성관계를 가진 적이 있나요? 누군가를 죽인 적이 있나요? 재산을 모은 적이 있나요?" 그리고 그 사람의 반응을 보기 위해 각 질문 사이에는 생각할 시간을 주라.

대부분의 모슬렘 사회에서 이 세 가지, 즉 순결, 비폭력, 그리고 청빈은 거룩의 특징으로 여겨진다. 그리고 이와 대조적으로 그들의 선지자인 모하메드에게는 이 세가지 특징이 없다는 것을 대부분의 모슬렘은 알고 있다.

3:47 마리아는 알라께서 아들을 주셨다는 소식에 놀랐다. 어떤 남자와도 관계가 없었던 그녀가 어떻게 잉태할 수 있는가? 하지만 알라께서 자신이 원하시는 모든 것이 가능함을 그녀에게 설명하셨다. 그분이 하신 일은 "있으라!"고 말씀하신 것이었고 모든 것이 그대로 된 것이다.

알라가 이사를 창조했다는 이슬람의 거짓 가르침에 미혹되지 않도록 주의하라. 다만 당신이 분명히 해야 할 요점은 알라는 전능하다는 것이다. 아마 모슬렘 친구는 이 같은 요점에 동의할 것이다. 알라가 처녀를 잉태케 하실 수 있다면 그분께서 육신을 입고 우리 가운데 거하시는 것이 불가능하겠는가?

【다리】 코란은 마리아가 처녀의 몸으로 이사, 곧 메시아를 출산하는 것이 가능했음을 가르치고 있다. 이렇게 질문하라. "육신의 아버지가 없는 선지자를 아시나요?" 아마 그들은 아담(아담은 모슬렘의 선지자 목록에 있다)이 육신의 아버지가 없었다고 대답할 것이다. 사실 알 이므란 수라 3장 59절에 이사는 아담과 같다고 말하고 있다. 그

리고 실제로 두 사람은 모두 이 땅에서 육신의 아버지가 없었다.

하나님께 불순종하기 전까지만 해도 아담은 에덴동산에서 죄 없이 알라와 교제하며 살았다. 아담이 알라와 함께 거할 수 있었던 이유는 어떤 죄도 짓지 않았기 때문이다. 그러나 그가 단 한 번의 죄를 범한 후에는 그와 그의 모든 후손이 부정하게 되었고 더 이상 알라와 교제하는 삶을 영위할 수 없게 되었다. 죄와 사망의 저주가 아담과 그의 후손 모두를 지배하게 된 것이다.

이 인간의 타락에 관해 코란이 말하고 있는 바를 모슬렘 친구가 기억하지 못하면 타하(Ta Ha) 수라 20장 121절을 그에게 보여주라.

「그 후 그들(아담과 그의 아내)은 그것을 먹었고 그리하여 그들의 사악한 본성이 그들에게 나타나게 되었으며 그들은 동산 식물의 나뭇잎으로 벌거벗은 자신을 가리기 시작했다 아담은 주님께 불순종하여 그의 삶은 사악하게 되었느니라」

【다리】 이렇게 질문하라. "알라의 존전과 에덴동산에서 쫓겨난 아담이 얼마나 많은 죄를 범했나요?" 이슬람은 행위 중심의 종교이기 때문에 이 질문은 중요하다. 모슬렘들은 선한 행위로 악한 행위를 상쇄한다고 여기기 때문에 자선을 많이 한 사람은 하늘나라에 들어갈 길을 얻을 수 있다고 믿는다. 그러나 하나님의 존전에서 쫓겨난 아담이 지은 죄는 오직 한 가지였음을 모슬렘 친구에게 상기시켜 주라. 그리고 이 죄로 말미암아 아담의 후손 또한 예외 없이 아담과

같이 될 것이다. 이것은 마치 사과나무는 오직 사과만을 맺을 뿐 결코 오렌지를 맺을 수 없는 것처럼 아담의 후손은 언제나 그와 똑같은 죄를 갖고 태어나는 것이다.

【다리】이렇게 질문하라. "어떻게 거룩한 하나님이신 알라와 죄인된 우리들이 함께 하는 날을 꿈꿀 수 있을까요?" 답은 알라께서 동정녀에게서 탄생시킨 이사에게 있다. 즉 새 아담과 함께 새 역사를 시작하는 것이다. 여기서 중요한 것은 이사가 첫 아담과 같이 이 땅에 육신의 아버지가 없었다는 공통점을 갖고 있고, 코란은 이사의 어머니 마리아가 이사를 출산하기 전 순결했음을(알 이므란 수라 3:42 참조) 분명히 밝히고 있어 마리아가 메시아를 출산할 거룩한 요람이 될 자격이 있음을 알려주고 있지만, 가장 큰 차이점은 이사는 아담과 달리 죄와 무관하다는 것이다. 그는 알라께서 거룩하신 것처럼 거룩했다.

알라께서 이사에게 육신의 아버지를 허락하지 않으신 이유는 분명하다. 알라께서는 이사가 거룩한 메시아가 되길 원하셨기 때문이다. 그리고 이사는 아담의 저주받은 죄의 본성을 물려받지 않았으며 아담과는 달리 죄 없는 완전하고 거룩한 삶을 사셨다.

【다리】이렇게 질문하라. "우리는 모두 아담의 자손이기 때문에 그와 동일한 죄인입니다. 누가 우리를 죄에서 능히 구원할 수 있을까요?" 당신의 모슬렘 친구에게 알 이므란 수라 3장 48~49절을 읽도록 권유하라.

II. 이사는 죽음을 이길 능력이 있다

M(miracle)

48절「알라께서 그 아이에게 자부르(지혜서)와 토라(모세오경)와 인질(복음서)을 가르치실 것이라」

49절「그리고 그를 이스라엘 자손의 사도로 삼으실 것이니라 즉 이사는 너의 주인으로서 표증을 가지고 너에게 왔느니라 그 표증은 이것이니 너를 위해 진흙으로 새의 형상을 만든 후 그것에 호흡을 불어넣으니 그것이 알라의 허락으로 새가 되었으며 그의 허락으로 소경들과 문둥병자들을 치유하고 죽은 이들에게 생명을 주었으며 네가 먹을 양식을 창고에 들일 것을 허락하셨느니라 믿는 자에게는 이것이 정녕 표증이 되리라」

복음에 이르는 연결다리

3:48 이 구절은 알라께서 오늘날 성경이 된 토라(모세오경)와 자부르(시편과 지혜서), 그리고 인질(복음서)을 가지고 이사를 가르쳤다고 우리에게 말하고 있다. 알라께서 이사에게 성경 가르친 일을 특별하게 여기셨다면 우리 역시 성경을 아는 것이 중요하지 않은가?

【다리】당신의 모슬렘 친구에게 "이전에 쓰인 경전"을 가지고 있는지 물어보고 그 경전들에 관해 더 깊은 토론을 제안하라. 그러면 이사에 관한 이야기를 들었던 모슬렘 친구들 가운데는 이 놀라운 이사의 능력에 관한 말씀을 더 듣기 원하는 사람들이 있을 것이다.

3:49 알라는 자신의 능력을 이사를 통해 나타내 보이셨다. 코란

은 이사가 진흙 한 덩어리로 새를 만드셨고, 문둥병자와 절름발이를 고치셨으며, 소경을 보게 하셨을 뿐 아니라, 심지어 죽은 자를 다시 살리셨다고 말한다.

도마 복음서

49절에 언급된 이사의 최초 기적은 도마 복음서라 불리는 책에서 모하메드가 차용한 것이다. 만약 우리가 왜 도마 복음서를 정경으로 인정하지 않았는지를 모슬렘 친구에게 부연 설명한다면 핵심을 벗어나 오히려 진리로 인도할 유용한 연결다리 하나를 잃을 수도 있다. 그러니 49절이 언급하고 있는바 "이사께서 진흙에 생명을 불어넣어 새가 되었다"는 것의 핵심 의미를 놓치지 않도록 하라.

【다리】이렇게 질문하라. "이사가 진흙에 생명을 불어넣어 생명체를 창조했다는 기사가 흥미롭지 않나요? 알라께서는 어떻게 사람을 창조하셨을까요?" 그러면 당신의 모슬렘 친구는 알라께서 땅의 진흙으로 사람의 형상을 지으시고 그분의 생명을 그 형상에 불어넣으셨음을 생각할 것이다. 그러면 그때 당신은 이렇게 말하라. "코란에 의하면 이사는 진흙으로 만든 새의 형상에 생명을 불어넣어 알라와 똑같은 창조를 행하셨습니다." 그리고 이어 이렇게 질문하라. "생명을 창조하는 이런 능력을 가졌던 다른 어떤 선지자를 당신은 아시나요?"

【다리】이렇게 질문하라. "인류가 가장 두려워하는 것은 무엇인가요?" 대답은 죽음, 즉 사망이다. 이사가 인간의 가장 큰 두려움을 제압할 능력이 있다는 사실을 납득시킬 기회를 이 질문에서 붙잡아

라. 어느 누구도 죽음의 권세를 이기지 못했지만 이사는 죽음을 이겼다. 당신은 이렇게 말하라. "코란의 이 구절(49절)은 다시 한 번 우리에게 큰 소망을 줍니다. 이사는 죽은 자들을 부활시킬 능력을 가졌습니다. 이사는 사망을 이길 능력이 있습니다. 놀라운 일입니다. 온 인류는 우리 인간의 가장 큰 두려움인 죽음을 제어할 능력을 보여 줄 수 있는 그분을 기다려 왔습니다."

【다리】 "이사와 같이 죽음의 권세를 이길 능력을 소유했던 또 다른 선지자를 알고 있나요?"

III. 이사는 하늘나라 가는 길을 알고 있다

50절 「나는 내가 오기 전에 있었던 옛 율법들을 확증하러 왔나니 비록 전에는 네게 금지되었던 것들을 풀어 자유롭게 할 것이라 나는 주인의 표증을 가지고 네게 왔노라 그러므로 알라께 삼가 의무를 다하는 것처럼 내게 순종하라」

51절 「진실로 알라께서는 나와 너희들의 주(主)가 되시나니 그를 경배하라 이것이 옳은 길이니라」

52절 「이사께서 그들의 믿음 없음을 아시고 가라사대 누가 일라의 사역을 도울 나의 동역자가 되겠느냐 제자들이 대답하되 우리는 알라를 믿으며 알라께 복종하는 흔적을 지닌 알라의 동역자입니다」

EL(eternal life)

53절 「오 주님 우리는 당신의 계시를 믿사오며 그 사도를 따르오리니 우리의 이름을 증인들의 명단에 기록하소서」

54절 「믿지 아니하는 자들이 (이사를 죽이려) 음모했지만 알라께서도 또한 (해결할) 계획을 세우셨나니 이는 알라께서 최고의 계획자이기 때문이니이다」

55절 「보라 알라께서 가라사대 이사 나는 너를 구별하여 내게로 영접할 것이며 불신자들 가운데서 너를 정결케 할 것이라 너를 따르는 자들을 불신자들의 면전에서 부활의 날에 높이 들리우게 하리라 그러므로 너희들은 내게 돌아올 것이며 너희를 에워싼 모든 논쟁들을 내가 잠잠케 하리라」

복음에 이르는 연결다리

3장 50절은 도움이 될 만한 많은 다리를 제공한다. 이사는 자신의 생애가 "이전에 쓰인 경전"에서 선지자들이 그에 관해 예언한 것의 성취이며 확증이라고 말씀하셨다.

【다리】이렇게 질문하라. "이사는 어떤 예언을 성취하셨으며, 지금껏 가려져 있던 말씀을 어떻게 확증하셨나요?" 이 질문의 의도는 이사가 가능케 한 것들의 목록을 작성하려는 것이 아니라 모슬렘 친구가 예수께서 가능케 한 것들을 알기 위해서는 인질, 즉 신약성경을 읽어야 한다는 것을 자연스럽게 알려주기 위함인 것이다. 모슬렘 친구가 당신의 질문에 대답을 마치면 당신이 "이전에 쓰인 경전"에서 발견한 것을 말해주라. "저는 이전에 쓰인 경전, 즉 토라와 자부

르를 읽으면서 선지자들이 언급한 300개가 넘는 이사에 관한 예언을 발견했습니다. 제가 발견했던 한 구절은 이사의 탄생을 이미 700년 전에 기록한 것이었습니다."

> "그러므로 주께서 친히 징조를 너희에게 주실 것이라 보라 처녀가 잉태하여 아들을 낳을 것이요 그의 이름을 임마누엘이라 하리라"(사 7:14).

그의 이름 '임마누엘'은 히브리어로 '하나님이 우리와 함께 하신다'는 의미임을 그에게 설명하라. 이사는 알라와 한 분이라는 진리의 씨앗을 이런 방법으로 계속하여 모슬렘 친구의 마음에 심어주라.

【다리】이 50절은 주의하여 이사의 명령에 순종하라는 경고로 끝맺는다. 그래서 우리는 그분의 명령이 무엇인지 반드시 알아야 하고 이를 위해 인질을 읽어야 한다.

3:51 다른 코란 영어 번역본은 '옳은 길'(a right way) 대신에 '곧은 길'(the straight way)이란 단어가 사용됐다. 당신은 모슬렘 친구에게 이렇게 말하라. "알라께 이르는 유일한 '곧은 길'이 있습니다. 이사는 그 여정을 친히 경험하셨으므로 그 '곧은 길'을 알고 있습니다."

그렇다. 이사는 하늘의 알라에게서 직접(straight) 오셨으며, 알라께로 곧바로(straight) 돌아가셨다.

3:52-53 52절에서 이사는 자신의 사역에 참여하여 불신자를 전도할 누군가를 찾고 계셨다. 후에 제자들이라 불리던 적은 무리들이

이사를 좇아 그를 돕겠다고 말했다. 코란에 따르면 이들 이사의 제자들이 바로 모슬렘(모슬렘의 문자적 의미는 하나님의 뜻에 복종하는 자)이었고 그들은 불신자들에게 하나님을 믿도록 전했다. 게다가 제자들은 알라의 말씀과 알라께서 내려 보낸 (모두 동일하지는 않지만 대부분의 번역본들이 「알라께서 내려 보낸」이라고 기록되어 있다.) 사자(Messenger, 이사)를 믿는다고 말했다. 그분이 어디서 내려왔겠는가? 분명 이사는 하늘에서 보내심을 받아 내려온 것이다.

이사의 추종자들은 모슬렘이라고 불렸다. 이 구절을 연결다리로 사용하라.

【다리】 이렇게 질문하라. "코란에 의하면 이사의 제자들처럼 알라의 뜻에 복종하는 자를 모슬렘이라 불렀다는 사실이 흥미롭지 않나요?"

3:54 대부분의 모슬렘들은 이 구절에서 이사를 죽이기로 모의한 사람들이 유대인이었다는 사실만을 확인한다. 그러나 최고의 계획자이신 알라께서도 이사를 죽이려 계획하셨다는 것을 지적해주라. 알라의 방법은 우리의 방법과 다르다. 그리고 그분의 계획은 우리가 생각할 수 있는 그 어떤 방법보다 훨씬 뛰어나다. 알라는 이 세상을 창조하시기 전부터 이를 계획하셨다. 아무것도 우연히 된 것은 없다.

3:55 【다리】 알라의 계획이 무엇이었는가? 55절에는 모슬렘에게 가장 중요하고 도전적인 한 사람을 보여주고 있으며 이를 알라가 죽이려는 계획에 있음을 알려주고 있다. 그러나 많은 모슬렘들은 이 점을 얼버무리려 하며 심지어 예수가 십자가에서 죽었다는 사실도 부정하려 한다. 하지만 이곳 코란에 기록된 아랍어는 의심할 여지가

없이 "죽이려고 의도하다"(mutawaffika, 무타와휘카)로 기록되어 있다.

　55절을 첫 번째는 아랍어로, 두 번째는 지역 현지어로 두 번 읽게 하여 당신의 모슬렘 친구가 이 사실을 명확히 알게 해라.

　55절을 아랍어를 소리 나는 대로 적으면 아래와 같다.

「이즈 콰 알라 후야 이사 인니 무타와휘카 와라 휘우카 일라이야 와 뮤타히루카 민날 라지나 카파루 와 자 일룰 라지낫타바우 카 화우콸 라지나 카파루 일라 야우밀 퀴야 마흐티 숨마 일라이야 마르지우쿰 화 아흐쿠무 바이나쿰 휘마 쿤툼 휘히 타크탈리후」[36]

　당신의 모슬렘 친구가 **무타와휘카**라는 단어를 발음할 때 멈추게 하고 이 단어에 관해 서로 논의해라.

　【다리】 이렇게 질문하라. "아랍어로 '**무타와휘카**'의 의미는 무엇인가요?" 그가 아랍어를 알면 그의 대답을 유도하고, 모르면 그 단어와 문맥의 의미를 이렇게 설명하라. "그 단어는 '죽다' '죽이려 하다' 또는 '죽이다'를 의미합니다. 그래서 계속 이어지는 알라의 말씀을 연결해보면 '너를 내게로 끌어올리기 위해 나는 너를 죽이노라'는 의미가 됩니다."

　【다리】 그리고 다음과 같은 질문으로 이 진리를 확증하라. "55절은 알라께서 이사를 죽이려 작정하셨으며 그를 자신에게로 이끌어 올리시겠다고 말씀하고 있지 않은가?" 다음에 나올 장벽 #2에서 이 말씀의 심오한 의미를 더욱 자세히 살펴볼 것이다.

　이제 모슬렘 친구의 마음에 남아 있을지 모르는 장벽(질문)들로 우리의 관심을 돌려보자. 그가 전도 현장에서 즉각적으로 반문하지 않는다하더라도 그의 마음속에는 여전히 풀리지 않는 장벽이 남아있을 것이다. 그러므로 그 질문을 미리 예상해 볼 필요가 있다.

장벽 #1: 성경은 신뢰할 수 없다

오늘날 대부분의 모슬렘들은 성경은 왜곡되었으며, 이를 신뢰할 수 없다고 말한다. 사실 이 말은 물라(Mullah,역자주: 이슬람 율법학자)와 이맘이 모슬렘들이 성경의 진리를 인정하면 자신들의 통제권을 잃게 될 것이라 생각하여 광범위하게 조작한 이야기에 불과하다. 왜냐하면 이것을 코란이 입증해주고 있기 때문이다. 코란 여러 곳에서는 성경을 긍정적으로 인정하며 성경이 왜곡될 수 있는 가능성을 부인하고 있다.

당신은 모하메드 선지자의 예화를 연결다리로 사용하여 성경의 신빙성을 확증할 수 있다. 이렇게 질문하라. "모하메드 선지자께서 살아생전에 성경이 변개되어 왜곡되었다고 말씀하신 적이 있나요?" 대답은 "아니오"이다. 하지만 어떤 모슬렘들은 알 이므란 수라 3장 78절을 제기하며 당신의 의견에 반론을 제기할 수도 있다.

「진실로 그들 중에 자기들의 말로 그 책을 왜곡한 한 무리가 있으니 (그들이 읽는 동안) 너는 그것(왜곡된 책)을 그 책의 일부로 생각할 테지만 그것(왜곡된 책)은 그 책의 일부가 아니다 그들은 그 책은 하나님의 것이다라고 말하지만 그것은 하나님의 말씀이 아니다 그 책(왜곡된 책)은 하나님을 대적하여 거짓을 말한 자들의 것이며 그들이 그것을 (잘) 알고 있다」

이 구절이 언급하고 있는 '한 무리'는 성경의 의미를 곡해한 유대인 분파와 관련된 것이 분명하다. 확실히 지적하라. 이 구절은 무리들에 의해 성경의 기록이 변개되었다고 말하는 것이 아니라, 단지 그들이 이 성경에 관해 왜곡된 해석을 하고 있음을 언급하고 있는 것이다.

요나 수라 10장 94절에서는 알라께서 모하메드에게 어떤 의심이 생기면 "이전에 쓰인 경전"을 읽은 사람에게 상담할 것을 친히 명하셨다.

「너의 주로부터 네게 계시된 것과 관련하여 의문이 있거든 전에 쓰인 경전을 읽은 사람들에게 질문하라 진리는 과연 너의 주께로부터 네게 왔나니 의심하는 자들과 함께 하지 말지니라」

또한 코란이 성경은 결코 변개될 수 없다고 언급하고 있음을 모슬렘에게 알려주어야 한다. 안암(가축) 수라 6장 115절은 이렇게 선언하고 있다.

「주의 말씀은 진리와 공의로 완전하여 그 누구도 그의 말씀을 변개할 수 없느니라. 주는 모든 것을 듣고 모든 것을 아시는 분이시니라」

다음과 같이 말하여 당신의 모슬렘 친구에게 극복의 다리를 만들어 줄 수 있을 것이다. "당신이 성경에 관한 그 어떤 이야기를 들었다 할지라도 당신과 나는 주의 말씀은 완전하여 그 누구도 그의 말씀을 변개할 수 없다는 코란의 선언에 동의할 수 있습니다." 도대체 알라를 제압하여 그분의 말씀을 변개할 만큼 강한 자가 어디 있겠는가?

마지막으로 여인 수라 4장 136절에서 알라는 모슬렘에게 "자신이 전에 계시했던 경전"(성경)에서 벗어나지 말 것을 권고하신다.

「오 믿는 그대여 알라와 그의 사자(messenger)와 그리고 그의 사자에게 알라께서 직접 계시하신 말씀과 그리고 예전에 계시하셨던 경전을 믿어라 알라와 그분의 천사와 경전과 선지자와 마지막 날을 믿지 않는 자는 누구든지 진실로 길을 잃고 방황하리라」

이 구절은 한걸음 더 나아가 경전(성경)을 믿지 않는 사람은 진정 길을 잃고 방황할 것이라 말하고 있다.

장벽 #2: 예수는 실제로 죽지 않았다

대부분 모슬렘들은 예수님이 십자가에서 돌아가시지 않았다고 믿는다. 모슬렘들은 하나님께서 예수를 십자가에 못 박아 죽이려는 사람들의 눈을 멀게 하셨고, 예수를 닮은 다른 누군가를 그 십자가에 대치했다는 가르침을 받아왔다. 이 장애물을 제거하는 것은 대단히 중요하다. 왜냐하면 예수님의 죽음이 복음의 정수이기 때문이다. 그리고 코란에 예수가 죽지 않았다고 언급한 부분이 없음을 주지시켜주는 것 역시 중요하다. 모슬렘들이 예수가 죽지 않았음을 증명하는 코란구절은 다음과 같다.

> 「그들(경전의 사람-유대인)은 자랑스럽게 우리가 마리아의 아들이며 알라의 사자인 메시아 예수를 죽였노라고 말했으나 그들은 예수를 죽이지도 못했고 십자가에 못 박지도 못했느니라 다만 그들은 그렇게 생각했을 뿐이니라 이사의 죽음에 관해 의견이 분분한 자들은 그것에 관해 의심하고 망설이고 있나니 그들은 추측만 할 뿐 그것에 관한 분명한 지식이 없느니라 그들은 결코 그를 죽이지 못했느니라」(여인 수라 4:157)

여기서 우리가 잘 살펴봐야 할 것이 있는데, 그것은 이 구절은 이사가 죽지 않았다고 말하고 있는 것이 아니라 예수를 죽인 것이 유대인이 아니라는 것을 말하고 있는 것뿐이라는 것이다. 이것은 인질에도 나와있다. 유대인들은 예수님을 십자가에 못 박을 수 없었다. 왜냐하면 그들은 십자가형을 집행할 권한이 없었기 때문이다. 그리고 그들은 로마제국의 압제하에 있었고 모든 권한은 로마제국이 가지고 있었다. 그래서 그들은 예수를 로마법정에 넘겨야만 했고 로마제국은 그들을 대신하여 예수를 십자가에 못 박기로 결정했던 것이다. 따라서 예수를 십자가에 못 박은 것은 유대인이 아니라 로마인이었다. 그리고 코란의 다음 구절 여인 수라 4장 158절[37]을 보면 알라께서 예수를 자신에게로 들어 올리셨다고 분명히 언급하고 있는 것을 알 수 있다. 그리고 인질에도 이와 동일한 말씀이 있다. 이 부분을 성경에서는 그가 죽은 후 부활하셨음을 기록하고 있다.

예수와 관련된 아랍어 단어 무타와휘카(죽이려고 의도하다)가 사용된 알 이므란 수라 3장 55절로 다시 돌아가 보자. 모슬렘 친구가 아랍어 코란을 가지고 있으면 55절을 읽어달라고 요청하라. 55절을 아랍어로 읽으면 이렇게 들릴 것이다. "이즈 콰 알라 후야 이사 인니 무타와휘카…" 여기 핵심 단어인 무타와휘카[38]는 알라께서 이사를 죽이기로 작정하셨다는 뜻이다.

이사의 죽음을 인정하는 모슬렘의 고백을 듣기 위해 요긴한 코란 구절이 두 개 더 있다.

> 「모하메드는 단지 한 사람의 사자(messenger)에 불과했으며 실로 모든 사자들이 그보다 앞서 죽었느니라」(알 이므란 수라 3:144)

> 「내가(이사) 태어난 날과 내가 죽은 날과 그리고 내가 (다시) 생명으로 들림 받을 날들에 큰 평화가 있을지어다」(마리아 수라 19:33)

모슬렘들이 이사의 죽음에 관한 질문에 사용하는 코란의 주 본문인 여인 수라 4장 157절 「이사의 죽음에 관해 의견이 분분한 사람들은 그것에 관해 의심하고 망설이고 있나니」를 분명히 언급해야 한다. 아무리 잘 살펴보아도 4장 157절에는 이사가 죽었는지 아닌지가 명확하지 않다. 그러나 다른 구절인 알 이므란 수라 3장 55절, 144절과 마리아 수라 19장 33절에는 모두 그가 죽었다고 진술하고 있다.

알라께서 요나 수라 9장 94절에 모하메드 선지자에게 말씀하신 것을 당신의 모슬렘 친구에게 상기시켜라. 「너의 주로부터 네게 계시된 것과 관련하여 어떤 의심이 있으면 '이전에 쓰인 경전'을 읽은 사람들에게 질문하라」

그리고 '이전에 쓰인 경전'을 읽은 우리는 모슬렘에게 말할 수 있어야 한다. 이사는 죽었다고!

장벽 #3: 이사는 하나님의 아들이 아니다

그리스도인들이 예수님을 하나님의 아들이라 부르면 모슬렘에게 관습적인 오해를 불러 일으키게 된다. 왜냐하면 그들에게 '하나님의 아들'이란 칭호는 알라께서 마리아와 육체적인 관계를 맺은 것으로 생각하기 때문이다. 따라서 이것은 알라를 모욕하는 사악한 칭호인 것이다. 만일 이 문제가 불거지면, 우리 그리스도인은 알라와 마리아와의 사이에 육체적인 관계가 없다는 것에 동의함을 분명하게 밝혀야 한다.

이 점에 관해서는 코란의 도움은 매우 제한적이다. 코란에는 하나님은 아들이 없으며 예수는 한 선지자에 불과하다고 말하고 있기 때문이다. 코란의 가축 수라 6장 101절, 이스라엘 어린이 수라 17장 111절, 그리고 순례자 수라 23장 91절은 위와 같이 동일하게 말하고 있는 구절들이다. 하지만 우리가 앞서 언급한 대로 코란을 통해서는 모슬렘을 구원으로 인도할 수 없다. 그래서 어떤 모슬렘이 계속 코란만을 고집한다면 그는 결코 구원받지 못할 것이다. 왜냐하면 그것만으로는 예수님이 하나님의 아들이며 우리 죄를 위해 돌아가셨음을 가르쳐주지 못하기 때문이다.

그러나 당신은 코란을 통해 이사를 메시아, 알라의 말씀, 알라의 영으로 언급하고 있다는 것을 그에게 깨닫게 할 수는 있다.

「우리가 우리의 영을 그녀에게 불어 넣어 그녀와 그녀의 아들을 만백성을 위한 표적으로 삼았느니라」(선지자 수라 21:91)

「마리아여 진실로 알라께서 자신의 말씀인 기쁜 소식을 그대에게 주셨으니 그의 이름은 마리아의 아들 이사 마시이며」(알 이므란 수라 3:45)

위 코란의 두 구절이 인질(복음서)이 이사에 관해 말하고 있는 바를 확증하고 있음을 그에게 보여주어라.

다음과 같은 질문을 던져 그가 스스로 생각하게 하라. "모슬렘 소년이 처음 학교에 가서 받는 두 가지 질문은 무엇인가요?" 그의 대답은 이럴 것이다. "너의 이름은 무엇이고, 네 아버지 이름이 무엇이냐?" 그러면 다시 이렇게 말하라. "만일 이사가 학교에 간 첫날, 이 두 질문을 받았다면 어떻게 대답했을까요? 그는 분명 첫 번째 질문에 '내 이름은 이사입니다' 라고 답했을 것이고, 두 번째 질문에는 '알라가 내 아버지입니다' 라고 답했을 것이다." 당신의 모슬렘 친구가 이 점에 동의하기는 힘들겠지만 분명 마음속으로는 '그렇다' 라고 생각할 것이다.

당신은 이어서 인질이 예수에 관해 가르치고 있는 바를 그에게 설명해주어라.

> "천사가 대답하여 이르되 성령이 네게 임하시고 지극히 높으신 이의 능력이 너를 덮으시리니 이러므로 나실 바 거룩한 이는 하나님의 아들이라 일컬어지리라"(눅 1:35)

> "태초에 말씀이 계시니라 이 말씀이 하나님과 함께 계셨으니 이 말씀은 곧 하나님이시니라"(요 1:1)

> "말씀이 육신이 되어 우리 가운데 거하시매 우리가 그의 영광을 보니 아버지의 독생자의 영광이요…"(요 1:14)

육신의 몸을 입고 오신 하나님의 실체를 이해하는 것이 초대교회의 제자들에게도 쉬운 일은 아니었을 것이다. 따라서 이는 모슬렘에게도 결코 쉬운 일이 아닐 것이다. 그러니 우리는 참고 기다려야 한다. 그가 성경을 읽는 동안 성령님께서 "모든 진리 가운데로 인도하시리니"(요 16:13) 이리할 때만이 그들은 놀라운 계시의 말씀("말씀이 육신이 되어 우리 가운데 거하시매 우리가 그의 영광을 보니 아버지의 독생자의 영광이요 은혜와 진리가 충만하더라" 요 1:14)에 순복하게 될 것이다.

장벽 #4: 당신은 모하메드 선지자에 관해 어떻게 말합니까?

모슬렘들은 자신들의 선지자를 모독하는 자에게 매우 공격적인 태도를 취하기 때문에 이것은 참으로 조심스런 질문이 아닐 수 없다. '모하메드 장벽'을 극복하기 위한 최선의 다리는 다음과 같이 간략하게 말하는 것이다. "모하메드에 관한 코란의 말에 저도 동의합니다."

코란은 모하메드를 가장 위대한 선지자라고 말하지 않는다. 알 아흐잡(동맹) 수라 33장 40절에 그는 "선지자들의 봉인"(seal of the prophets)이라고 칭한다. 여기서 봉인(seal)은 최후를 의미하는 것이지 최고(greatest)를 의미하는 것이 아니다.(주의사항: 우리는 지금 모하메드가 정말로 최고의 선지자였는지 혹은 최후의 선지자였는지를 이야기하고자 하는 것이 아니라, 다만 코란을 통해 당신이 직면하게 될 것을 주지시키는 것임을 명심하라.)

그런 후, 당신의 친구에게 알라께서 모하메드에게 이렇게 말하라고 지시한 구절인 모래언덕 수라 46장 9절을 읽어달라고 요청하라.

「저는 선지자들 중 새로운 사람이 아니며 나와 당신이 당할 일도 알지 못합니다… 저는 다만 평범한 경고자에 불과합니다」

알 이므란 수라 3장 144절에서도 알라께서 모하메드에 관해 비슷하게 말씀하셨다.

「모하메드는 단지 한 사람의 사자(messenger)에 불과했으며…」

우리는 이 구절에서 모하메드 자신도, 그의 추종자들도 모두 모하메드가 최고의 선지자였다고 주장하지 않고 있음을 알 수 있다.

당신의 친구에게 이렇게 질문하라. "당신의 인생에서 가장 큰 궁금증은 무엇인가요?" 대부분 삶의 가장 큰 궁금증은 "내가 죽을 때 나에게 어떤 일이 일어날 것인가?"이다. 그러나 이 중요한 문제에 해답을 모하메드는 주지 못하고 있다. 모래언덕 수라 46장 9절을 보라. 그러나 예수님은 이 의문에 확실한 해답을 갖고 계시다. 당신의 모슬렘 친구에게 인질(복음서)을 보여주라.

> "너희는 마음에 근심하지 말라 하나님을 믿으니 또 나를 믿으라 내 아버지 집에 거할 곳이 많도다 그렇지 않으면 너희에게 일렀으리라 내가 너희를 위하여 거처를 예비하러 가노니 가서 너희를 위하여 거처를 예비하면 내가 다시 와서 너희를 내게로 영접하여 나 있는 곳에 너희도 있게 하리라 내가 어디로 가는지 그 길을 너희가 아느니라"(요 14:1-4)

> "예수께서 이르시되 내가 곧 길이요 진리요 생명이니 나로 말미암지 않고는 아버지께로 올 자가 없느니라"(요 14:6)

이것으로 당신은 고급 낙타 전도법을 마쳤다. 이것은 곧 당신은 그들과 논쟁하지 않으면서도 그들의 독특한 세계관에 거슬리지 않게 복음의 빛을 비추는 전도법을 배웠고, 또한 이를 행할 수 있다는 것을 뜻한다.

이제 풍성한 기도로 당신의 영적 감지기를 작동시켜 하나님이 사역하시는 곳을 찾아 볼 시간이다. 평화의 사람을 찾아라. 그 평화의 사람은 당신이 지금 대화하고 있는 바로 그 모슬렘일 수도 있고, 당신의 대화 내용을 저 구석이나 혹은 당신의 등 뒤에서 유심히 듣고 있는 다른 어떤 사람일 수도 있다. 그렇기 때문에 당신은 이 인생의 중대한 문제를 더 깊이 토의하기 원하는 모슬렘은 누구든지 언제 어디서나 당신과의 만남을 가질 수 있도록 해야 한다.

그리고 당신을 찾아온 사람들을 다시 방문하기 위한 일정표를 만들어라. 그리고 누군가 당신의 메시지에 관심을 보이면 '코르바니 구원계획 전도법'을 그에게 행하라.

36) 3장 54절의 네 개의 다른 영어 번역본을 참고함으로 이 구절을 좀 더 명확히 이해할 수 있다.

   Pickthall – "And they (the disbelievers) schemed, and Allah schemed (against them): and Allah is the best of schemers."

   Hilali-Khan – "And they plotted [to kill 'Iesa(Jesus)], and Allah planned too. And Allah is the best of the planners."

   Sher Ali – "And Jesus's enemies planned and ALLAH also planned, and ALLAH is the Best of planners."

   Palmer – "Bit they(the Jews) were crafty, and God was crafty, for God is the best of crafty ones!"

37) 여인 수라 4장 158절 「알라께서 그를 자신께로 들어 올리셨으니, 알라는 권능과 지혜로 존귀하시도다」

38) 이 단어는 모슬렘 학자들 사이에서도 의견이 분분하다. 내가 모슬렘과 '무타와휘카'라는 단어를 토론할 때마다 "죽이다" 혹은 "죽이려고 의도하다"를 의미한다고 말했다. 그러면 어떤 모슬렘은 가서 그 단어를 더 연구하겠다고 나에게 실례를 구하고 자리를 뜨기도 했다. 3장 54절의 이사를 죽이거나 희생제물로 삼으시려는 알라의 계획을 인정하는 말이 모슬렘들에게는 쉽지 않은 것 같다. 9개의 다양한 코란 영어 번역본을 살펴보라. '무타와휘카'란 단어는 이탤릭체로 번역했다.

Pickthall – "(And remember) when Allah said: O Jesus! Lo! I am gathering thee and causing thee to ascend unto Me."

Yusuf Ali – "Behold! God said: O Jesus! I will take thee and raise thee to Myself"

Shakir – "And when Allah said: O Isa, I am going to terminate the period of your stay (on earth) and cause you to ascend unto Me."

Sher Ali – "Remember the time when ALLAH said; O Jesus, I will cause thee to die a natural death and will raise thee to Myself…"

Khalifa – "Thus, God said, O Jesus, I am terminating your life, raising you to Me…"

Arberry – "When God said, Jesus, I will take thee to Me and will raise thee to Me."

Palmer – "When God said, O Jesus! I will make thee die and take Thee up unto me."

Rodwell – "Remember when God said, O Jesus! verily I will cause thee to die, and will take thee up to myself."

Sale – "When God said, O Jesus, verily I will cause thee to die, and I will take thee up unto me."

기독교에서는 하나님께서 이사를 죽였다고 말하지 않기 때문에 3장 55절은 생소할 것이다. 그래서 하나님에 관한 그러한 구절은 귀에 거슬릴 것이다. 하지만 이것은 분명 하나님께서 행하신 것임을 잊으면 안 된다. 그분은 우리 죄를 위해 예수님을 죽이셨다. 이사야 선지자는 말한다.

"여호와께서 그에게 상함을 받게 하시기를 원하사 질고를 당하게 하셨은즉 그 영혼을 속건제물로 드리기에 이르면 그가 씨를 보게 되며 그 날은 길 것이요 또 그의 손으로 여호와께서 기뻐하시는 뜻을 성취하리로다 그가 자기 영혼의 수고한 것을 보고 만족하게 여길 것이라"(사 53:10-11)

희생은 죽이는 것이다. 이사는 우리 죄를 위한 하나님의 거룩한 희생제물이었다.

5부
'낙타 전도여행' 군단의 행렬들이!
A Camel Caravan

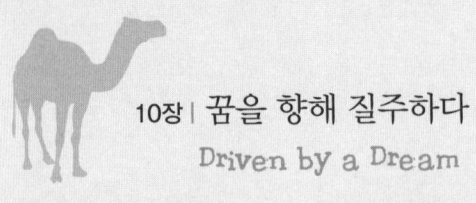

10장 | 꿈을 향해 질주하다
Driven by a Dream

낙타 전도법이 알려지면서 점점 더 많은 전 세계 그리스도인들이 자신들의 마을이나 공동체에서 모슬렘을 전도하기 위해 이 실제적인 방법을 적용하고 있다. 한 명의 그리스도인이 지상위임 명령(마 28:19,20)에 순종하여 남녀노소를 가리지 않고 모든 사람에게-물론 모슬렘도 포함하여-복음을 나눌 때마다 하늘에서는 기쁨이 넘칠 것이다.

오늘날, 전보다 훨씬 많은 모슬렘들이 복음을 접하고 있다. 복음을 처음 접한 모슬렘 중에 많은 자들이 "예수님이 옳은 길입니다"라고 고백한다. 그리고 그로 말미암아 비난과 매질을 당하고, 심지어 죽임을 당하기도 하지만, 그들은 이 새로운 신앙을 지켜내고 있다.

또한 온 천하 만백성이 모든 이름 위에 뛰어난 예수의 이름 앞에 무릎 꿇는 꿈을 꾸며 충성된 낙타 여행단들이 모여들고 있다. 그 여행단에 당신도 초대하고 싶다. 지난 수년간 낙타 전도법과 관련하여 우리가 받은 몇몇 편지와 짧은 격려글 등을 아래에 실었다.

15년간 아랍에 거주하면서 모슬렘 사역을 하고 있는 한 선교단체 대표는 낙타 전도법을 배운 후 아랍권역에서 사역하는 400여명이 넘는 동료 선교사들에게 그것을 보급했다. 1년 후, 그는 여러 나라에서 실행한 낙타 전도법의 사례를 관찰하고서 내게 아래와 같은 이메일을 보내왔다.

> 우리는 낙타 전도법이 매우 흥미롭고 희망적이라는 것을 발견했습니다. 낙타 전도법은 그동안 우리가 잃어버렸던 선교전략의 핵심 열쇠를 찾아주었고, 그것으로 말미암아 지금껏 닫혀있던 문들이 열리고 있습니다. 지난 10년간 북아프리카에서 사역했지만 열매가 없었던 우리 사역자 중 한 명은 지난 두 달 동안 이사의 추종자가 된 여섯 명의 청년을 얻었습니다. 낙타 전도법을 실행 중인 다른 선교사들도 역시 긍정적인 결과를 얻고 있는 중입니다.
>
> IMB NAME(North Africa & the Middle East) 지역 리더

미국 사우스 캐롤라이나주의 큰 도심 교회의 목사님 한 분이 2006년 남아시아를 방문하셨다. 그는 방글라데시와 인도에 있는 모스크와 마드라사를 방문하는 동안 낙타 전도법을 사용하여 이사 알마시의 거룩함, 죽음을 이기신 권능, 그리고 우리를 하늘나라로 인도할 능력이 있음을 모슬렘에게 담대하게 전한 사실에 스스로도 놀랐다.

> 미국인들은 모슬렘을 대게 테러리스트일 거라고 생각합니다. 하지만

저는 이번 모스크 방문에서 낙타 전도법으로 모슬렘을 전도했습니다. 놀랍지 않습니까? 이 경험은 내 인생에 있어서 가장 큰 충격이었습니다. 저는 미국의 모든 목사님이 낙타 전도법을 알아야 할 필요가 있고, 더 나아가 그것으로 모슬렘 전도를 해야 한다고 생각합니다.

마이크 H 목사

한 미국인 여행자가 이라크 북부에서 단기선교 기간에 쿠르드 족을 전도하는 데 유용했던 낙타 전도법에 흥분을 감추지 못했다.

알 이므란 수라 3장 42~55절의 낙타 전도법을 사용하여 한 젊은이에게 복음을 전하자 그가 관심을 보였고, 이내 머뭇거리면서 저에게 다시 되물었습니다. "그럼 당신은 모하메드를 어떻게 생각합니까?" 다행히 바로 전날 밤 그들의 질문을 다루는 장을 읽어 보았기 때문에 저는 이렇게 대답할 수 있었습니다. "저는 모하메드에 관한 코란의 주장에 동의하며 이를 믿습니다." 그리고 모래언덕 수라 46장 9절을 읽어달라고 그에게 요청했습니다. 정말 효과적이었습니다. 그러자 큰 방에 사람들이 모여들기 시작했고, 저는 두 번째 낙타 전도법을 실행했습니다. 그러자 모슬렘들이 모래언덕 수라 본문을 읽더니 머리를 심하게 흔들며 "우리는 지금까지 이런 구절을 들어보지 못했습니다"라고 말했습니다.

케빈 그리슨 선교사님! 우리가 이렇게 교회개척 배가운동을 목격하고 참여할 수 있도록 도와주셔서 감사합니다.

모든 사람에게 구원이 임하도록 이 책의 후속편도 출판해주세요.

BRL

낙타 전도법이 동아프리카에 소개되었다. 많은 그리스도인들이 낙타 전도법은 모슬렘 전도에 관한 그들의 우려를 덜어주었다고 논평했다. 우리는 어떻게 모슬렘과 대화를 시작하고, 어떻게 복음을 전하기 위한 대화를 이끌지 이제 더는 고민하지 않는다. 동아프리카에서 주님을 섬기는 한 형제가 자신이 낙타 전도법을 활용했던 경험담을 자세히 기록해 보내왔다.

저도 이미 코란을 읽었고, 주제별 구절을 선택하여 수년 동안 전도에 활용하고 있었습니다. 하지만 낙타 전도법을 읽은 후 그 간결성과 단도직입적 접근에 고무되었습니다. 복음을 제시하는 데 있어서 부족한 부분이 없지 않지만, 이것은 더 깊은 대화로 이끄는 도구가 되어 제 모슬렘 친구는 저와 함께 성경을 공부하고 있으며, 또 그 친구 스스로 성경을 읽게 하는데 좋은 방법이 되었습니다.

낙타 전도법을 읽은 후 사무실에서 하루 종일 그 기초과정을 연습했습니다. 그리고 제일 가까운 모슬렘 친구를 집으로 초대했습니다. 우리는 예전부터 영적인 대화를 많이 나누었던 사이였지만, 그 전의 대화와는 상황이 완전히 달랐습니다. 그가 도착했을 때 저는 한 권의 코란(그가 내게 선물한)과 성경책을 탁자 위에 올려놓았습니다.

저는 수개월 전에 그가 내게 코란을 선물해 준 것을 화제로 이야기를 시작했습니다. 저는 그 친구에게 코란을 많이 읽었느냐고 묻자, 그는 그렇다고 대답했습니다. 하지만 아랍어나 혹은 다른 언어로 쓰인 코란을 완전히 이해하는 것은 아니라고 말했습니다. 저는 이어서 코란에는 이사에 관한 구절이 많이 나오는데 그것을 알고 있는지 다시 물었습니다. 친구는 조금은 알지만 많이는 아니라고 대답했습니다. 그래서 친구에게 특별히 알 이므란 수라 3장 42~55절을 읽어달라고 부탁했습니다. 그는 아랍어가 아닌, 내게 선물한 코란, 즉 자신의 부족어로 기록된 코란을 읽었습니다. 읽은 것을 이해하는지 물었더니 대답 대신 한 번에 한 구절씩 함께 읽고 토론하자고 제안하는 것이었습니다. 그 상황을 한 번 상상해 보십시오! 그래서 우리는 그렇게 했습니다.

그는 천사와 마리아의 대화 내용을 어렵지 않게 받아들였습니다. 그리고 이어 그 아기, 즉 이사가 알라께로부터 왔음을 인정했습니다. 그는 실제로 이렇게 말했습니다. "이사는 알라의 호흡이며, 영이며, 그분의 본질입니다. 내가 아버지의 모양을 닮고 아버지의 생각을 아는 것처럼 이사는 알라의 아들로서 알라 그분 자체였습니다." 저는 친구의 이 고백에 마음이 평안해졌습니다. 하지만 아들이라는 단어에 관계된 논쟁은 강요하지 않았습니다.

우리는 계속해서 이사에 대한 대화를 나누었고 그는 내게 이사의 삶과 기적과 능력에 관한 성경 이야기를 듣고 싶어 했습니다. 또 다시 저는 용기를 얻었습니다. 그 친구는 이사를 죽이기로 작정하셨다는 알라의 의도를 애매하게 번역한 자신의 모국어 표현을 이해하는 데 꽤 어려워했습니다. 그래서 그는 알라의 계획으로 이사가 죽었다는 사실보다는 단순히 한 진실한 선지자가 폭력에 의해 죽음을 당했다는 것으로 이해한 듯 보였습니다. 그리고 그는 이사가 죽음으로부터 부활할 것이라는 구절을 코란에서 한 번도 본 적이 없었다고 고백했습니다. 그런데 알라께서 이사를 자신의 곁에 두려고 그를 천국으로 데려가셨다는 것과 이사가 천국 가는 길을 알고 있다는 구절을 읽은 후부터 흥분하여 말이 많아지기 시작했습니다. 몇몇 질문이 오고 간 후 잠깐 동안 침묵이 흘렀는데 저는 그가 계속 말할 때까지 기다렸습니다.

그런데 갑자기 그가 웃으며 말했습니다. "만일 이것이 사실이라면, 나는 천국 가는 길에 관해 이사가 말한 모든 것을 연구하고 공부해야만 하겠네요? 정말 그분이 천국 가는 길을 알고 있다면 내가 그 길을 가기 위해서는 그분이 말한 것은 무엇이든 믿고 행해야만 하고 인질도 읽어야 하겠네요?" 이렇게 말하는 그의 반응에 나는 의자에서 거의 떨어질 뻔 했습니다. 저는 놀란 마음을 가라앉히며 친구에게 무엇을 해야 할지 아느냐고 물었습니다. 그러자 그 친구는 모른다고 대답했습니다. 그래서 저는 그 친구에게 복음서인 로마서 10장 9~10절을 설명해주었습니다. 그 친구는 믿음과 신앙에 관한 몇몇 질문을 더 했습니다. 그래서 저는 요한복음 3장 16절 말씀을 보여주고 믿는 자가 되길 원하는지, 그리고 이를 위해 함께 기도하길 원하는지 물었습니다. 그러자 그는 한참을 고심했습니다. 그러나 결정을 바로 내리지는 못했습니다. 하지만 그는 저와 함께 성실하게 이사에 관해 공부하고 있습니다. 아직까지 이사를 영접하지는 못하고 있지만, 그는 이 진리를 알고 있습니다. 자신의 가족과 이슬람 신앙과 그리고 그가 속한 공동체를 거스르는 결심을 한다는 것이 그에게 쉽지 않은 것 같습니다. 그러나 저는 그가 영접하는 날이 속히 오리라 믿으며 기도하고 있습니다.

JB

케냐에서 한 선교사가

낙타 전도법의 가장 감동적인 이야기 중 하나는 남아시아 줄프 화카르(Zulf Fakar)의 MBB 친구가 전해 준 이야기이다. 줄프 화카르는 낙타 전도법을 통해 예수님을 믿게 되었으며, 그 후에도 예수님을 증거하는 일이라면 자신의 생명이라도 내놓겠다는 결심을 했다. 그는 하나님과의 새로운 관계 속에서 열정이 넘쳤으며 복음을 들어야 할 모든 사람들에게 조금도 지체함 없이 다가갔다. 그렇게 하여 그는 자신의 가족과 이웃 세 명을 전도했다. 그리고 그는 이러한 담대한 복음 증거로 인해 순교자의 면류관을 얻게 되었다. 아래 글은 그와 함께 동역했던 사람들 중 한 명이 보낸 보고서이다.

"당신이 나를 죽일지라도 나는 예수님과 함께 거할 본향에 가게 될 것을 믿습니다." 심각한 살해의 위협에 직면한 상황에서 이렇게 말할 수 있는 사람이 몇이나 있겠는 가?

이 모든 사건은 지금으로부터 약 15개월 전에 일어난 일입니다. 한 낯선 사람이 줄프 화카르에게 작은 초록색 전도지를 전해주었습니다. 아랍어 표제가 붙은 이 전도지는 그들에게 친숙한 모슬렘 언어로 되어 있는 20쪽 분량의 작은 소책자였습니다. 그 안에는 코란에 소개된 예수님에 관한 구절과 예수님이 누구인지를 소개하는 내용이 들어있었습니다. 그는 전도지를 읽은 후 예수의 특별한 출생과 기적 행함, 죄 없으심과 세상을 심판하러 재림하실 것, 그리고 능력의 선지자임을(화카르는 자신의 코란에서 이 내용을 모두 읽고) 확인했습니다. 그 후 그의 심장은 불타오르기 시작했습니다. 며칠 후 전에 모슬렘이었던 한 그리스도인이 줄프 화카르에

220 모슬렘을 위한 낙타 전도법

게 예수를 보내신 하나님의 사랑을 증거했습니다. 그 일 후 그의 삶이 완전히 변화되었습니다. 그는 자신의 가족에게도 그 복음을 전해 가족 모두가 침(세)례를 받아 그의 아내와 세 딸 모두는 그와 함께 새로운 신앙을 받아들였습니다.

자신의 가족을 전도한 그는 이웃들에게도 복음을 전했습니다. 그러자 마을 사람들은 그에게 이슬람에 위배되는 낯선 종교를 전하지 말라고 경고하며 전도를 하지 못하게 했습니다. 하지만 줄프는 그들의 위협에 조금도 굴복하지 않았습니다. 그러자 몇 사람이 그의 집에 들이닥쳐 계속 전도하면 "심각한 결과가 초래될 것"이라며 그에게 최후통첩을 전했습니다. 그러나 그는 그 사람들에게 이렇게 대답했습니다. "당신이 나를 죽일지라도 나는 예수님과 함께 거할 본향에 가게 될 것을 믿습니다." 이틀 후, 외딴 시골 마을 장터에서 10여 명의 남자들이 줄프를 둘러싸고 몽둥이로 그를 때려 죽였습니다. 그는 세상의 핍박에 굴복하지 않고 자신의 새로운 신앙을 굳게 지킨 한 소중한 사람이었습니다. 그의 전도로 믿음을 소유하게 된 아내 자비아와 세 어린 딸이 생겼지만 지금 그들은 두려움 가운데 있습니다.

남아시아의 한 그리스도인으로부터

중국에서도 낙타 전도법은 열매를 맺기 시작했다. 수년간 중국의 모슬렘 지역에서 사역하는 고참 선교사가 낙타 전도법을 훈련받고서 몇 달 후 아래와 같은 메일을 보내왔다.

낙타 전도법은 매우 훌륭하게 구성되어 있습니다. 얼마 동안 코란을 사용해야 하는지, 또는 목적 여하에 따라 코란을 사용해야 할지 사용하지 말아야 할지에 대해서도 가르쳐줍니다. 그리고 낙타 전도법은 모슬렘 선교를 처음 시작한 전도자들이 자주 범하는 실수, 즉 모슬렘 전도를 너무 쉽게 생각하여 코란을 필요 이상으로 많이 활용하여 코란의 수렁에 빠져버린 전도자들에게 특별히 도움이 되고 있습니다. 우리가 만난 모슬렘이 평화의 사람인지 아닌지를 분별하기 위해 '성숙'의 시간(제 개인적 의견으로는 3개월)이 필요하다는 개념도 낙타 전도법을 통해 제가 얻은 또 다른 유익이었습니다. 예전에는 한 사람을 평화의 사람으로 판명하는 것은 그 즉시로 가능하다고 생각했었습니다. 하지만 제가 이제 깨달은 것은 모슬렘 가운데는 그런 일도 있지만 늘 그렇지만도 않다는 것입니다.

중국 모슬렘 종족 선교사로부터

다음은 중국의 한 단기 선교사가 '코르바니 구원계획 전도법'을 실행하기 위한 디딤돌로 이 '낙타 전도법'을 매우 효율적으로 사용한 사례를 보내온 편지이다.

저는 지난주에 중국 서부에 있었습니다. 우리는 여러 번 낙타 전도법을 사용했습니다. 저희에게 성령님은 이미 마음을 감동시킨 한 젊은이를 만나게 하셨습니다. 그는 우리가 전도할 때 우리가 말하는 모든 것을 받아들였습니다. 그래서 우리는 더 나아가 '코르바니 구원계획 전도법'을 전했고, 인질(복음서)까지 함께 보았습니다. 세 시간 만에 이 후이족 청년은 하나님의 나라를 사모하게 되었습니다. 참으로 믿을 수 없는 경험이었습니다. 그는 현재 베이징에서 아랍어를 공부하고 있습니다. 그는 ○○○○로 돌아가 아랍어를 가르치는 일을 꿈꾸고 있습니다.

Eric G

낙타 전도법은 사우디아라비아에서도 모슬렘들의 닫힌 문을 열어 그리스도께로 인도하고 있다. 아래 메일은 낙타 전도법을 아랍어로 번역하고 있는 사람으로부터 온 것이다. 그들은 이 전도법이 아랍 모슬렘 사회에 강력하게 퍼져나가는 것을 보고 매우 놀라워 했다.

우리는 아랍권역에서도 사용 가능한 아랍어 낙타 전도법 훈련 지침서를 만들었는데, 그 역동성은 전도자들을 흥분하게 만들었습니다. 불과 몇 주 만에 그들은 평화의 사람을 찾기 위해 낙타 전도법(알 이므란 수라 3장)뿐 아니라 코란의 다른 구절들도 활용하고 있습니다. 그들은 새로운 회심자를 훈련시켰고, 그 회심자는 낙타 전도법에서 배운 대로 즉시 세 명의 가족을 그리스도께로 인도했습니다.

참고로- 저는 ○○○에서 낙타 전도법 훈련을 받기 전부터 낙타 전도법의 효과를 들었습니다만 여러 이유로 시도하기를 주저했었습니다. 하지만 훈련 참석 후 하나님께서 우리의 주저하는 마음을 바꾸셨습니다. 이 훈련과정에서 우리가 얻은 교훈은 '새로운 것 시도하기를 두려워하지 말라' 즉 '새로운 것을 시도하라'는 적극적인 태도였습니다. 그리고 전도자들을 훈련시키자마자 그들이 또 다른 사람에게 전도하는 것을 보며, 낙타 전도법은 하나님께서 이미 그들에게 가르치기 시작하신 사역임을 확인했습니다. 결국 지난 몇 달간 우리가 발견한 성장의 핵심 열쇠는 낙타 전도법이었다고 확신합니다. 평화의 사람에 대한 개념을 이해하면서 새 신자들은 그들의 의도를 드러내지 않고도 전도할 수 있는 방법을 알게 되었습니다.

아랍의 한 선교사로부터

여느 나라의 인구통계와 마찬가지로 모슬렘 사회도 여성이 남성보다 많다. 또한 다행스러운 것은 남성 모슬렘 사역을 위한 남성 선교사들보다 여성 모슬렘을 위한 여성 선교사들이 더 많다는 것이다. 이집트에서 사역하는 한 여성 선교사는 모슬렘 여성에게 복음을 전하기 위해 에반지 큐브(역자주: 복음의 내용을 그림 접기를 하면서 입체적으로 설명하도록 만든 전도도구이며, 휴대하기 간편하게 제작되어 많이 사용되고 있다)를 사용했지만 그다지 좋은 결과를 얻지는 못했다고 했다. 그러면서 그녀는 상대방에게 공손하게 대하는 데도 예상 외로 그들과의 벽은 크고 단단하다고 했다. 그러나 그녀가 낙타 전도법을 훈련받은 후 이것을 자신의 전도법에 접목시켜 코란-큐브(역자주: Koran과 Evangecube의 합성어)라는 새로운 전도방법을 시도하고 있다.

다음은 마리아(가명)라는 한 여학생의 사례이다.

저는 이집트의 대도시에서 가족과 함께 거주하며 아랍어를 열심히 배우면서 복음전하기에 힘썼습니다. 그리고 저에게는 친구도 많았습니다. 저는 복음을 전할 때 에반지 큐브를 사용했습니다. 그 전도법은 간결하면서도 명확하게 복음을 전할 수 있는 도구였기에 그 방법을 즐겨 사용했습니다. 그러나 모슬렘 친구들 중 단 한 사람도 결실치 못해 많은 실망을 했었습니다. 그러나 그 후에 낙타 전도법을 소개받게 되었고, 저는 그것을 훈련받은 후, 저의 전도법에 이를 결합하여 사용하는 것이 효과적임을 알게 되었습니다. 저는 알 이므란 수라 3장의 메시지로 「이사는 거룩하고, 능력이 있으며 하늘나라 가는 길을 알고 있는 분」이라는 것을 설명하기 위해 에반지 큐브의 그림들을 사용했습니다. 그리고 수개월 만에 이사 알 마시를 주님으로 받아들인 모슬렘 여성 친구들을 12명이나 얻게 되었습니다.

이집트에서 모슬렘 여성사역 선교사가

꿈을 향한 질주

하박국 2장 14절에서 하나님은 타락한 세상을 향한 당신의 꿈을 우리에게 보이셨다. 그 꿈은 "물이 바다를 덮음 같이 여호와의 영광을 인정하는 것이 세상에 가득한" 것이다. 이 지식은 단순한 지식의 범주를 넘어서는 것이다. 이것은 하나님과의 개인적이며 친밀한 관계 체험에서 얻어지는 것이다. 하나님은 타락하기 전 에덴동산에서 아담과 하와와 함께 나누었던 따뜻하고 개인적인 바로 그 관계-예수님이 우리에게 본을 보이셨던 아버지 하나님과의 밀접하고 친밀한 관계-를 온 인류와 다시 나누고 싶어하신다.

이 같은 하나님의 꿈과 비전은 그곳이 비록 모슬렘 지역이라 할지라도 결코 멈추시지 않는다. 하나님은 모슬렘들도 그분 안에 있는 새 생명으로 나오길 간절히 원하시기 때문에 그들의 죄를 위해 자신의 독생자 아들을 희생제물로 내주셨고, 그로 말미암아 그들을 당신의 독생자 안에서 영원하고 풍성한 삶을 소유하게 하셨다.

당신은 이 책의 전 과정을 통해 하나님께서 닫힌 모슬렘들의 마음과 이슬람 가정의 문을 열고 그리스도 예수 안에 있는 구원의 영광을 쏟아 부으시기 위해 낙타 전도법과 같은 단순한 도구를 어떻게 사용하시는지를 살펴보았다. 20세기의 끝자락에 지구촌 구석에서 미비하게 시작된 이 전도법은 이제 남아시아 전체에 퍼져가고 있으며 중국, 중동, 동아프리카 그리고 북아프리카까지 번져가고 있다. 낙타 여행단은 유럽, 북아메리카, 남아메리카 등 모슬렘이 있는 곳이면 어디든 떠날 채비가 되어 있다.

오늘날은 선교 역사의 그 어느 때보다도 훨씬 많은 모슬렘들이 예수 그리스도께로 돌아오고 있다는 것은 분명한 사실이다. 그러나 반면 내가 몇 년전에 꿈에서 보았던 것처럼 수많은 모슬렘들이 영원한 지옥에 떨어지고 있는 것 또한 사실이다.

그 무엇이 지옥의 악몽을 하나님의 꿈-하나님의 뜻에 순종하여 그분을 영화롭게 하는 백성이 넘쳐나는 것-으로 되돌려 놓을 수 있을까? 어떻게 모슬렘에게 예수님만이 거룩하시고 사망을 이길 능력이 있으시며 구원의 선물을 제공하신다는 기쁜 소식을 전할 수 있을까? 우리가 선교에 관한 책을 읽는다고 해서, 또 세상의 끝 어딘가에서 누군가 사역을 하고 있다는 말을 듣는다고 해서 그 지옥 같은 악몽을 하나님의 꿈으로 바뀌는 역사가 시작되는 것은 아니다.

"너, 저기 있는 모슬렘 청년을 보았니? 그에게 나를 소개하거라." 이 하나님의 부탁에 우리가 응답하고 겸손히 순종할 때 비로소 그 일은 시작되는 것이다. "저는 코란에서 놀라운 것을 읽었습니다. 그것에 관해 당신과 대화할 수 있을까요?" 당신이 살고 있는 바로 그곳에서, 이 말을 시작하는 순간 이 역사는 시작된다.

'낙타 전도여행'의 지원 품목들!
Camel Accessories

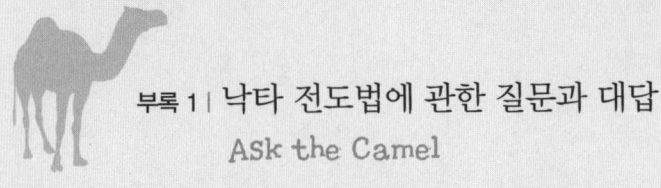

부록 1 | 낙타 전도법에 관한 질문과 대답
Ask the Camel

우리는 지금까지 낙타 전도법에 동행하기 위해 학습해왔다. 당신은 지금 당장이라도 낙타에 올라타고 싶겠지만 출발하기 전에 몇 가지 점검해야 할 것들이 있다. 다음은 지난 수년 동안 우리가 들었던 질문들과 그 질문에 대한 겸손한 대답들이다. 당신에게 꼭 필요한 것들이다.

1. 그리스도인이 하나님을 알라로 불러야 하나요?

많은 신실한 그리스도인들은 하나님의 이름을 알라로 사용하는 것을 주저한다. 그들은 가시돋힌 목소리로 "알라는 성경의 하나님과 다른 신이 아닙니까?"라고 반문한다. 하지만 중요한 것은 하나님에 대한 호칭이 아니고 그 이름이 의미하는 바이다. 전 세계 성경 번역자들은 하나님의 이름을 부를 때 수천 개의 현지 언어를 사용하고 있으며 성경에 근거를 둔 새로운 내용과 의미를 가진 하나님의 이름들을 다시 규정하여 만들고 있다.

만일 하나님에 관한 우리의 교리와 깨달음이 코란에 근거한 것이라면 우리는 기독교의 하나님 관(觀)을 바르게 정립하지 못할 것이 분명하다. 하지만 반대로 우리가 하나님의 이해에 관한 최고의 권위를 성경에 둔다면, 우리의 신관(神觀)은 그분의 이름을 호칭하는 언어에 관계없이 진리에 정립될 것이다.

고대 셈족은 창조주 하나님, 아브라함, 이삭, 이스마엘, 그리고 이스라엘의 하나님을 알라라고 호칭했다. 옛날 아랍권의 그리스도인들은 모하메드가 알라의 이름을 자신의 종교에 차용하기 훨씬 오래 전부터 하나님을 알라라고 불렀다. 오늘날도 아랍권의 그리스도인들 뿐 아니라 서부 아프리카(나이지리아 하우사족)에서 인도네시아(바하사족)에 이르기까지 비 아랍권의 그리스도인들도 동일한 호칭을 사용한다.

오히려 영어권의 그리스도인들이 사용하는 'God'이라는 이름이 성경에 나오지 않는다. 그 명칭은 기독교가 전파되기 전 북유럽에서 사용하는 단어를 차용한 것이다. 원래 북유럽에서 'God'이란 명칭은 거룩한 영 'Gott'를 나타내는 말로써 성경의 교리적 내용으로 그 이름을 새로 규정한 기독교 선교사가 도착하기 전에 옛 스칸디나비아의 오딘(Odin, 역자주: 북유럽 신화에 등장하는 예술, 문화, 전쟁, 사자(死者)등의 신)이란 신을 부르던 명칭이었다.

이러한 번역의 전례를 찾는 사람들에게 요한복음 1장보다 더 좋은 예는 없다. 요한은 감히 예수님을 '로고스'(말씀)라고 불렀다. 당시 '로고스'란 단어는 플라톤의 저술을 통해 1세기에 온 세계에 널리 알려진 용어였다. 플라톤 전에는 그리스의 스토아 학파가 자신들의 철학적 사유의 용어로 사용했다. 하지만 요한은 그 '로고스'란 단어에서 헬라화된 세상에 예수님을 소개하는 완벽한 다리를 보았고 '로고스'란 헬라적 개념에 예수 그리스도의 사역과 그분의 위격 안에 있는 새로운 의미를 채운 것이다.

낙타 전도법도 역시 연결다리이다. 코란에 나온 하나님의 개념에서 성경이 계시하고 있는 하나님께로 모슬렘을 연결하는 다리이다. 모슬렘들이 성경을 하나님의 진리로 받아들이기만 하면, 성경은 그들의 그릇된 고정관념들을 말끔히 해소시키고 성부와 성자와 성령 하나님과의 새로운 관계를 세울 것이다.

2. 왜 모슬렘에게 성경을 직접 가르치면 안 되나요?

이런 시도(성경을 직접 가르치는 것)가 그리스도인에게는 호소력이 있을 수 있다. 왜냐하면 우리는 성경을 통해 하나님을 알게 되었기 때문이다. 하지만 코란을 최고 권위로 생각하는 모슬렘에게 이런 시도는 그 호소력이 약하다. 실제로 몇 세대에 걸쳐 모슬렘에게 성경을 직접 가르치려고 시도해 왔지만 그 열매는 미미했다. 그 이유는 성경의 부족함 때문이 아니고 성경을 받아들일 수 없는 모슬렘들의 선입견 때문이다. 수 세기 동안 모슬렘들은 성경은 왜곡되었으며 코란만이 그 성경을 완전히 대체할 수 있다는 가르침을 받아왔다. 우리가 코란을 매개로 활용하여 성경에는 모슬렘들이 꼭 알아야 할 이사에 관한 핵심 교훈이 담겨 있다는 것과, 신뢰할 만하다는 것을 제시할 때 그들은 성경과 성경말씀에 대한 그들의 태도를 바꿀 수 있을 것이다.

우리가 여러분에게 요청하는 것은 처음 단계에서만 모슬렘의 세계관을 활용하라는 것이다. 모슬렘 문화의 신을 신고 출발하는 것은 코란에 대한 그들의 경외심과 그들 인생을 지배하고 있던 코란의 영향력을 이해하는 데 도움을 줄 수 있다. 그러나 코란을 활용하기 위해 그것을 절대 경외하거나 모슬렘처럼 코란의 권위를 수용할 필요는 없다. 우리는 이슬람의 강력한 진영에서 모슬렘 평화의 사람을 찾아 그와 함께 코란에 있는 적절한 구절들을 읽고 성경에 나타난 하나님, 즉 그리스도 예수 안에서 자신을 드러내신 그분을 발견하게 하려는 것이다.

3. 모슬렘을 그리스도께로 인도하는 연결다리로 코란을 사용해도 괜찮나요?

이것은 낙타 전도법의 가장 근본적인 질문이다. 대답은 '아니오'이지만 논쟁의 여지는 많다. 잠깐 이 질문에 대한 대답을 보류하고 복음을 처음듣은 모슬렘 소년을 한 번 상상해보자. 우선 ㄱ가 아버지에게 달려가서 이렇게 말한다고 하자. "아빠 저는 그리스도인이 되기로 결심했어요." 모슬렘 사역을 해 본 사람이면 누구나 이다음에 어떤 일들이 벌어질 것인지 잘 알고 있다. 아마도 그 아버지는 아들을 매질하고 친척들을 선동하여 그를 죽일지도 모른다. 만일 가족들에게 죽임을 당하지 않으면 그는 가족으로부터 배척당하거나 집에서 쫓겨나게 될 것이다.

이제 반대 상황으로 상상해보자. 한 소년이 자신을 이샤이라고 고백하는 사람에게서 복음을 들었다. 그 이샤이는 코란에 나오는 이사에 관한 정보(코란에서 성경의 내용으로 연결하면서 어떻게 하나님이 이사를 통해 모든 인류에게 구원을 베푸셨는가)를 그 소년에게 전했다. 그 후 그는 이 놀라운 소식을 가지고 자신의 집으로 달려가 아버지에게 말한다. "아버지 선반에 있는 우리 가족 전용 코란을 꺼내주세요. 그리고 알 이므란 수라 3장 42~55절을 읽어주세요." 이렇게 되면 그 가족은 '이사는 거룩하며, 죽은 자를 부활시킬 능력이 있고, 비록 죽임을 당했지만 알라와 함께 하시기 위해 다시 부활하셨다'는 진리를 발견하게 되는 것이다. 그러면 아들은 아버지에게 이렇게 질문한다. "이사는 알라에게서 왔고, 다시 알라께로 돌아갔으므로 하늘나라 가는 길을 알고 계시지 않을까요?" 그리고 아들은 복음의 소식을 언제 전하는 것이 가장 효과적인지를 가늠하며 아버지의 반응을 살필 것이다. 이때 아버지가 할 수 있는 일은 무엇인가? 만일 아들의 견해를 무시한다면, 그는 코란의 권위도 무시하는 것이다. 그리고 아들의 입에서 '그리스도인'이란 말을 전혀 듣지 못했기 때문에 자신의 아들이 그리스도인이 되었다고 징계할 수도 없는 상황이다. 분명히 아버지는 자기 눈으로 코란을 읽었다. 그리고 아들은 아버지에게 한마디 설교도 하지 않았다. 그는 다만 아버지에게 유도질문만을 던졌을 뿐이며, 아버지는 지금 그리스도의 신성을 인정하지 않을 수 없게 된 것이다. 어쩌면 이때 아버지는 아들을 꾸짖고 이맘에게 물어보라고 할지도 모른다. 하지만 적어도 그의 아들이 그리스도인으로 개종했다고 직접 고백했을 때와 같이 물리적 대응으로 징계할 수는 없을 것이다.

  물론 코란을 다리로 사용한다고 해서 예수의 새로운 추종자가 된 모든 모슬렘들의 안전이 보장되는 것은 아니다. 하지만 자신의 믿음과 심경의 변화를 가족들에게 전달할 때 그들에게 거부감 없이 받아들여지는 역할은 한다. 실제로 남아시아 교회개척 배가운동의 MBB들은 어느 정도 예상되는 박해에 노출돼 있는 것은 사실이다. 이 세상에서 복음에 대한 박해를 벗어날 길은 없다. 그러나 낙타 전도법은 순교와 같은 극단적인 박해를 감소시키는 역할을 한다. 실제로 복음을 전하는 다리로 코란의 구절들을 사용함으로써 복음이 빠르게 번져나가는 동안 모슬렘 공동체 전역에서 순교 사건이 거의 일어나지 않고 있다.

  이렇게 생각하면 좀 더 쉬울 것이다. 낙타 전도법을 서구에서 사용하는 전도방법들, 예를 들면 '전도폭발' 'FAITH' 'Roman Road' '하나님과 화목하는 길' 등과 같은 것들 중에 하나로 보는 것이다. 이 전도방법들이 그리스도인들이 불신자를 만났을 때 복음에 대해 어떻게 말해주어야 할지 가르쳐주고 있는 것처럼 낙타 전도법도 믿지 않는 모슬렘 영혼이 코란에서 성경으로, 이슬람 종교에서 그리스도께로 연결하는 다리를 놓으며 그리스도인들과 어떤 대화를 나누어야 할지를 가르쳐주고 있는 것으로 보면 되는 것이다.

4. MBB들을 진정한 그리스도인으로 봐도 되나요?

이 책에서 언급한 MBB들은 진정 거듭난 그리스도인인가? 아니면 이름뿐인 그리스도인인가? 이 질문은 지난 5년 동안 두 번에 걸쳐 수행된 현장 조사에서 가장 중요한 사항이었다. 연구팀들은 실제로 이들 MBB들이 그리스도의 신성과 삼위일체의 교리를 믿는지 알고 싶었다.

2002년 수행된 표본 조사에서 MBB들은 그리스도의 신성에 관해 믿는다고 밝히고 있다. 즉 이 질문을 접했을 때 이들 이샤이 모슬렘들과 지도자들은 주저 없이 그리스도는 완전한 하나님이시며 완전한 사람이라고 대답한 것이다.

그리고 이 연구팀이 현장 조사하는 과정에서 또 한 가지 알아낸 것이 있는데, 이 MBB들은 삼위일체(Trinity)와 같은 용어를 사용하지 않고 있다는 것이다. 하지만 이 문제도 단순한 용어에 관한 문제에 지나지 않았다. 왜냐하면 이들에게 이에 관한 세부적인 질문을 통해 이들이 아버지와 아들과 성령 하나님을 인정한다는 것이 밝혀졌기 때문이다. 이들은 이슬람 전통에서 출발했지만 그리스도를 따르는 자로서 이들의 새로운 신앙 중심에 삼위일체의 교리가 자리하고 있음이 발견되었다.

나머지 조사에서 발견된 세 가지 중요한 결론

a. 권위 – 낙타 전도법과 관련된 MBB들은 성경의 권위를 조금도 의심하지 않는다. 그들은 교회와 그들의 삶에 관한 의문이 생

길 때, 그 의문에 대한 답을 항상 성경에서 찾는다. 그들은 다른 기독교 문서나 외부의 가르침을 접할 기회가 적기 때문에 종종 신약성경의 사도행전에서 그 해답을 얻곤 한다.

b. 정체성 – 같은 조사에서 이들 MBB들은 분명히 이슬람에서 그리스도께로 회심했음을 보여주고 있다. 이런 분명한 회심으로 말미암아 실제로 거의 모든 사람들이 박해에 노출돼 있다. 어떤 이들은 고문을 당했고 심지어 죽임을 당하기까지 했다. 이슬람을 떠난 이런 이샤이에게 정체성의 문제를 거론하는 것은 이제는 의미가 없다.

c. 문화 – 그럼에도 이들 MBB들은 전통적 기독교나 비(非)이슬람 배경의 그리스도인들과는 여전히 문화적 거리를 그대로 유지하고 있다. 그들은 가능한 한 지금도 그들의 공동체에서 다른 모슬렘들과의 관계를 지속하고 있으며 돼지고기와 술을 금하고, 아랍식 문화 형태와 이름 등을 계속 사용하고 있다.

5. 재(再)개종을 어떻게 방지할 수 있나요?

만일 우리식으로 시도했다면, 모슬렘들의 재개종을 막는 것은 아마도 불가능했을 것이다. 사실 모슬렘 선교 역사 전반에 걸쳐 재개종은 계속 야기되었던 문제이다. 거의 90%에 가까운 개종자들이 다시 이슬람으로 되돌아갔다. 그러나 남아시아의 교회개척 배가운동에서는 지금까지와는 정반대로 재개종이 거의 일어나지 않았다. 2002년 조사에 의하면 침(세)례 받은 후 다시 모슬렘으로 개종한 MBB들은 극소수에 불과하다고 알려졌다. 그 이유는 낙타 전도법과 연관된 교회개척 배가운동이 현지 상황에 정착했기 때문이 아닌가 생각된다. 이것은 모슬렘 문화를 송두리째 포기하고 서구 기독교 문화적인 형태를 받아들이는 것만을 개종으로 여겼던 전형적 모슬렘 개종 형식과는 정반대 현상이다. 문화적 단절 형태로 개종한 사람들은 대부분 높은 비율로 재개종의 악순환을 되풀이했다. 그러나 낙타 전도법으로 성장하는 대다수의 교회들은 문화적 개종이 훨씬 적었기 때문에 그 결과 서구 분위기를 완전히 탈피한 새로운 이샤이 모슬렘 공동체를 탄생시켰다.

6. MBB들은 코란을 여전히 권위 있는 책으로 인정하고 있지 않나요?

만일 MBB가 코란을 여전히 성경과 동일한 경전으로 믿고 있다면, 그 연결다리는 미완성된 것이다. 그러나 이샤이 모슬렘들과 인터뷰한 결과 코란을 성경과 똑같은 경전으로 믿고 있는 MBB들은 찾아 볼 수 없었다. 이 문제를 조사하기 위해 우리는 다음과 같은 질문을 했다. "만일 코란과 성경이 당신에게 행하라는 것이 정반대라면 당신은 어느 것을 따르겠습니까?" 대답은 언제나 '성경' 이었다.

그러나 "여전히 MBB들이 코란을 사용하고 있지 않나요?" 그렇다. 하지만 그들이 코란을 사용하는 이유는 자신들이 전도되었을 때처럼 그의 가족과 친구들에게 예수님을 전하기 위한 도구로 코란을 사용하는 것이다. 이것은 MBB들 자신도 코란으로 시작했기 때문에 그들의 친구나 가족에게도 똑같이 현 상황(그들의 영적인 상태)에서 시작하여 빛 가운데로 인도하기 위한 것이다. 이들, 그리스도를 따르게 된 모슬렘들은, 그 연결다리에 감사하고 있다.

7. 당신이 사역하고 있는 나라에서는 낙타 전도법이 통하지만 제가 사역하는 나라에서는 사정이 다릅니다.

물론 모슬렘 개개인이 모두 다른 것처럼 모든 모슬렘 나라들도 다르다. 하지만 모든 모슬렘들이 공통적으로 붙들고 있는 코란이 있기 때문에 낙타 전도법이 광범위하게 효과를 나타내는 것이다.

- 모슬렘은 어디서나 코란을 숭배한다. 낙타 전도법은 코란을 가지고 시작한다.
- 성령님은 이미 모슬렘 영토에서 역사하셔서 죄와 심판과 의를 깨닫게 하셨다. 낙타 전도법은 영적으로 굶주린 모슬렘들이 복음의 현장을 찾도록 당신을 놉는다.
- 그리스도인은 어디서나 모슬렘에게 복음을 소개하기 위한 다리가 필요하다. 낙타 전도법은 그 다리를 제공한다.

낙타 전도법과 관련하여 점점 늘어가는 간증들은 이 방법의 가치가 몇몇 모슬렘 세계에만 국한되어 있지 않음을 보여준다. 낙타 전도법은 현재 인도네시아에서 북아프리카에 이르기까지 광범위한 지역에서 효과적으로 사용되고 있다. 당신이 거주하고 있는 지역에서 낙타 전도법이 통하지 않는다면 당신의 환경 특성에 맞도록 주저 말고 개선하여 다시 시도해보라.

8. 제가 사역하는 나라의 모슬렘은 코란을 전혀 읽지 않습니다.

사실 대부분의 모슬렘이 코란을 읽지 않는다. 그래서 아랍어로 된 코란은 어림도 없는 이야기다. 아랍권 모슬렘에 관한 자료통계를 보아도 코란을 읽는 사람은 극소수에 불과했다. 그뿐 아니라 이들은 자신의 지역 언어로 번역된 코란도 읽지 않는 것으로 나타났다. 이렇게 코란이 읽히지 않는데도 이 시대 대부분의 모슬렘들은 코란을 최고의 책으로 숭배한다. 그들에게 있어서 코란은 위대한 능력과 거룩함, 그리고 권위를 가진 신비스러운 책이다. 그래서 이들, 코란을 읽지 않은 모슬렘은 코란의 내용 속에 예수와 기독교와 성경에 관한 내용이 등장한다는 것을 발견하게 되면 꽤 놀란다.

코란은 10억이 넘는 모슬렘을 휘어잡고 있다. 하지만 그들 대부분은 코란의 단 몇 줄도 읽지 않은 자들이다. 그러나 그렇다고 해서 그들의 삶에 코란의 비중이 적은 것은 아니다. 그들은 코란을 듣고 숭배하고 코란의 권위에 스스로 복종한다. 그래서 비록 코란을 펼치거나 읽지 않아도 낙타 전도법은 모슬렘들에게 예수님과 성경에 대하여 증명하기 위한 도구로 이용할 수 있는 것이다. 그러므로 낙타 전도법으로 모슬렘들에게 이사를 소개하려는 당신에게 그들의 코란에 대한 무지는 결코 걸림돌이 되지 못한다.

9. 기독교 문화를 거부하는 MBB들이 진정 그리스도인이 될 수 있나요?

우리는 이 질문에 답하기 전에 "무엇이 기독교 문화이며, 어떤 문화가 기독교적인가?"를 먼저 정립시킬 필요가 있다. 이샤이 모슬렘이 서구 문화를 거부한다고 해서 복음 자체를 거부하는 것은 아니다. 모슬렘의 전통과 아랍권 문화에는 MBB들이 거절할 이유가 없는 훌륭한 의미를 가진 많은 모슬렘 유산이 있다. 예를 들어 '모하메드'란 이름의 뜻은 '(하나님을) 찬양하는 자'이다. 그리고 '아흐메드'는 '가장 위대한 찬양' 그리고 '압둘라'는 '하나님의 종' '알라후 아크바르'는 '하나님은 가장 위대하시다'를 뜻한다. 그리고 이들이 기도할 때에 손바닥을 펼쳐 위로 향하여 드는 것은 하나님의 축복을 붙잡겠다는 상징적 의미로써 이샤이 모슬렘들은 이런 의식을 포기해야 할 이유가 없다고 생각한다.

10. 오늘날 모슬렘들이 기독교인이 되는 데 가장 큰 걸림돌은 무엇인가요?

가장 큰 걸림돌로 모슬렘들의 마음과 그리스도인들의 마음이다.
첫 번째, 모슬렘들의 마음이다. 몇 백 년 동안 이들의 마음과 복음 사이에는 큰 벽이 가로막혀 있었다. 그것은 모슬렘 지도자들이 세운 것으로써 성경 읽는 것과 하나님이 주신 그리스도의 구원을 받아들이는 것은 코란에 어긋나는 것이라고 가르쳐 온 것이다. 그리고 이것이 너무 오랜 세월동안 지속되면서 그들의 마음에는 하나님이 그토록 간절히 알려 주시려 했던 진리가 가려져 버린 것이다. 그리고 또 다른 문제는 그들 자신의 문화에 대한 맹목적 우월감이다. 모슬렘들은 이슬람 유산에 대한 자부심이 대단하기 때문에 다른 문화를 받아들이는 것을 이슬람을 포기하는 대역죄로 여긴다. 그래서 예수님이 자신들에게 좋은 소식이 될 수도 있다는 것을 인정할 수는 있지만, 서구 사람들이 자신의 문화적 자만심을 배급한다는 느낌을 주면 그들은 절대 수용하지 않는다.

그러나 낙타 전도법은 이 두 가지 문제를 자연스럽게 해결해준다. 왜냐하면 코란이 성경 읽는 것을 금하고 있지 않음을 보여주기 때문이다. 사실 코란은 성경 읽기를 권장하고 있다. 그리고 낙타 전도법은 이 코란과 이슬람 용어를 사용하기 때문에 이슬람 문화권과 서구 문화권 사이의 문화적 장벽을 제거해 준다.

두 번째, 그리스도인들의 마음이다. 즉 그리스도인들은 스스로 마음의 장벽을 쌓고 있는데, 이는 모슬렘의 전도방법을 모르기 때문에 생기는 것들이다. 이들이 복음을 전할 때 모슬렘들이 즉각적으로 거부 반응을 보이면 그리스도인들은 당황할 뿐만 아니라, 세상에서 기독교에 반기를 들고 논박하기 위해 태어난 유일한 종교가 이슬람이라고 속단하게 된다. 그러나 우리가 이해해야 하는 부분이 있는데 모슬렘들은 어려서부터 성육신과 삼위일체 그리고 성경의 권위를 부정하도록 가르침을 받아왔다는 것이다. 그러나 이 사실을 모르는 그리스도인들은 일단 그들이 이것들을 부정하면 말문이 막혀 돌아서고 만다. 그리고 또 다른 문제는 그리스도인이 모슬렘 문화에 무지하다는 것이다. 이런 이유로 전도에 늘 실패하는 것이다. 모슬렘의 종교와 문화는 구분되어 있지 않다. 모슬렘을 전도할 때, 우리는 반드시 그들의 문화적 언어로 전도해야 한다. 만약 그들에게 그들의 문화를 거부하도록 강요한다면 그 시도는 반드시 실패할 것이다. 왜냐하면 대부분 모슬렘은 자신의 문화가 가장 훌륭하다고 여기며, 기독교적 문화는 나쁜 것으로 인식하기 때문이다.

그러나 낙타 전도법은 이런 문제들을 뒤로하고, 그리스도인이 모슬렘에게 어떻게 말하고 무엇을 말할지를 가르쳐준다. 그리고 이 방법은 오직 성경에서만 발견되는 영원한 진리를 모슬렘들에게 밝히 보여주기 위해 그들의 문화 영역에서 그것을 어떻게 전달할지 고민하는 우리를 도와줄 것이다. 낙타 전도법은 모슬렘 친구들이 우리를 배척하거나 쫓아내도 우리가 포기하지 않도록 격려해주기도 한다. 왜냐하면 이 낙타 전도법의 목적은 논쟁이 아니라, 복음을 기쁘게 받아들여 모슬렘 공동체에서 풍성하게 수확할 평화의 사람을 발견하는 것이기 때문이다.

부록 2 | 지역 교회를 위한 모슬렘 CPM 전략 안내서
Your Church and a CPM

개인적인 낙타 전도여행보다는 낙타 여행단에 참여하여 선교의 영역을 확장시키고 싶다면 당신의 교회나 소그룹 모임이 가장 좋다. 당신이 현재 거주하고 있는 지역 사회에서 모슬렘 전도에 자신감을 얻었다면 하나님께 당신의 비전을 모슬렘의 본토 종족들에게도 품어 펼칠 수 있게 해달라고 간구하라. 이제 선교는 더 이상 선교사만의 전유물이 아니다. 과거보다 더 많은 교회들이 국내와 국외에 있는 모슬렘에게 복음 전파의 과업을 성실히 수행하고 있다.

최근 이러한 부르심에 플로리다 네이플즈(Naples)에 있는 한 교회는 선교팀을 파송하여 인구가 천만 명이 넘는 아시아의 한 국가에서 모슬렘 선교사역을 하는 한 선교사를 돕기로 하였다. 그 팀의 특별한 임무는 스포츠 캠프사역이었다. 이 8명의 팀원으로 구성된 단기 선교팀은 임무를 훌륭히 완수하여 운동선수들과 선교사들 간의 새로운 관계를 맺게 하여 선교사의 사역 전초기지를 세우는 데 공헌하였다.

그런데 그들이 네이플즈에 돌아오고 얼마 지나지 않아, 그들은 그곳 선교사가 미전도 종족의 불신자 숫자가 너무 많아 감당하기 어렵다는 것을 알게 되면서 자신들의 사역에 뭔가 미진한 부분이 있음을 감지했다. 그것은 선교사 혼자서 수백만 명에 달하는 미전도 종족의 영혼들을 결코 복음화 시킬 수 없다는 것이었다. 물론 선교사는 그가 할 수 있는 모든 것을 시도하고 있었지만 그의 온갖 노력에도 불구하고 그의 가슴에 담고 있던 수백만 명의 영혼들의 울부짖음에 모두 대응하지는 못한다는 것이다.

이런 상황 중에 이 교회의 선교팀은 교회개척 배가운동을 접하게 되었다. 그들은 곧 교회개척 배가운동이야말로 가장 단시간 내에 불신앙을 제거할 방법임을 알게 되었고, 즉시 선교사와 연락을 취해 그 선교사가 감당하기 힘들어 했던 지역의 종족들을 위해 교회개척 배가운동을 실천할 지부(agent)를 세울 뜻을 밝혔다. 선교사는 이에 동의했고 지난 5년 동안 그의 손이 거의 닿지 못했던 여러 종족의 자세한 정보를 소개해주었다.

선교팀은 전도된 사람이 단 한 명뿐이라도 선교사가 이 사역을 계속할 수 있도록 도와야 한다고 생각했다. 그래서 그들은 선교사의 현재 사역을 방해하지 않는 범위 내에서 그들의 노력을 다해보기로 결정했다. 이렇게 함께 사역하기로 약속한 다음, 그들은 선교사와 마주앉아 교회개척 배가운동의 전략을 세우기 시작했다.

그리 오랜 시간이 지나지 않았지만 그 교회 선교팀은 교회개척 배가운동을 위해서라면 지금까지 해왔던 기존의 단기 선교방법을 포기해야 할지도 모른다는 사실을 감지했다. 과거에 그들은 일 년에 한 번씩 대규모의 팀을 선교 현장에 보냈었다. 대규모 선교팀이 한꺼번에 이동하려면 선교팀 내부의 발생한 문제들을 해결하고 또 그들 중 한 명만 아파도 그를 위해 수많은 시간을 허비해야 하는 일이 많았기에 그들의 목적을 달성한다는 것이 쉽지 않다는 것을 깨달았다.

이런 문제점을 해결하기 위해, 그들은 선교팀을 더 작게 나누기로 결정했다. 그리고 한 두 팀이 선교 입양한 해당 종족 지역에 매년 네 차례씩 방문하도록 조정했다. 그리고 각 개인별로 혹은 2인 1조로 교회개척 배가운동 전략계획에서 배정된 특별한 임무를 부여했다.

그리고 나서 3년 뒤, 그 선교팀은 괄목할 만한 성과를 거두었다. 그들은 현지인이 읽기 쉬운 현지 언어로 된 성경과 전도지, 방송매체 등과 같은 효과적 선교자료들을 수집했고, 이 자료들을 토대로 그들은 선교 입양한 지역의 전도에 집중했다. 그리고 그들은 평화의 사람을 찾고자 낙타 전도법을 사용했다. 또한 헌신된 지역 교회 동역자들을 만나 팀의 새로운 교회개척 사역의 도움을 요청하기도 했다. 그리고 그 과정 중에 발생하는 문제들은 현지 선교사에게 조언을 구해 해결을 받았다.

현재 이 플로리다 교회는 교회개척 배가운동이 만개(滿開)한 현장을 목도하고 있다. 현장 선교사와 현지 교회 동역자들이 협력하여 178개의 새로운 모슬렘 배경의 교회를 개척하는 결실을 맺은 것이다. 그리고 첫 사역지의 성공에 힘입어, 아시아의 다른 나라에 살고 있는 모슬렘 종족들도 선교지역으로 입양할 계획에 있다.

교회의 종족 입양

당신도 역시 모슬렘 종족의 교회개척 배가운동 사역에 당신의 교회가 참여하도록 교회를 준비시키고 일깨울 수 있다. 또한 장거리 선교여행을 위해 낙타 전도법에 동승할 수도 있다. 개인 낙타 여행자도 많은 것을 이룰 수 있지만, 교회의 낙타 여행단은 모슬렘 세상을 변화시킬 수 있는 다양한 은사들을 더 많이 활용할 수 있다.

전 세계 13억의 모슬렘에게 복음을 전하기 위해서는 선교사들에게만 이 일을 의탁할 수 없다. 물론 그들 독자적으로도 많은 열매를 맺을 수 있지만 미전도 모슬렘 세계를 효율적으로 공략하기 위해서는 선교사와 교회의 공조가 필요할 것이다.

혹시 이런 선교여행의 경험이 있는가?

- "더 많은 것들을 할 수 있었는데"라는 아쉬움!
- 믿지 않는 영혼에게 복음을 전하거나 문화적 장벽을 극복하기 위해 투자한 시간보다 팀 내부의 문제를 처리하기 위해 더 많은 시간과 열정을 소비했을 때의… 허망함!
- 복음을 전할 사람을 보내달라고 하나님께 기도했던 땅 밟기 기도팀의 응답이 바로 당신이라고 느꼈을 때의… 당혹감!
- 당신이 도왔던 선교사가 지난 5년간 복음을 전해 그리스도를 믿게 한 영혼이 단 한 명도 없었다는 사실을 알게 됐을 때의… 애석함!
- 믿지 않는 영혼들을 찾아 전도하도록 현지 그리스도인들을 훈련시켰지만 당신이 떠나 온 후 전도가 멈춰졌을 때의… 안쓰러움!

- 하나님이 역사하시는 곳을 발견했지만 팀의 일정으로 인해 하나님의 사역에 당신이 동참할 수 없었을 때의… 안타까움!
- 현지 그리스도인을 위해 교회 건물을 건축했지만 교회는 해가 지나도 스스로 성장하거나 재생산하지 못하고, 내년에 다시 방문하여 건물 수리를 해달라고 요청받았을 때의… 난처함!

위와 같은 경험이 있었다면 당신은 아마도 새로운 선교전략에 준비된 사람일지도 모른다. 특별한 선교전략을 살펴보기 전에 우리에게 도움을 줄 만한 다음 아래의 기본적인 문제들을 언급할 필요가 있다.

- 어느 지역 모슬렘 종족을 선교 입양해야 하는가?
- 현지 지역 교회와 그리스도인들에게 우리가 기대할 수 있는 것은 무엇인가?
- 선교 입양한 종족의 지도자를 양성하기 위해 어떻게 현지 지역 교회를 조직화해야 하는가?
- 선교 입양 동의서는 어떤 형태를 취해야만 하는가?
- 누구를 동역자로 삼아야 하는가?
- 선교사와 우리의 사역은 어떤 관계를 유지해야 하는가?
- 하나님께서 넉넉한 재정적 축복을 우리에게 주셨다면 이제 막 걸음마 단계인 교회개척 배가운동에 해가 되지 않도록 그 재정을 어떻게 집행할 것인가?
- 어떤 도구와 자료들이 전도에 사용가능한가?

- 우리가 선교 입양한 지역에 한 개 이상의 교회개척 배가운동이 필요한가?
- 교회개척 배가운동 전략 참여를 유도하기 위해 교회의 모든 구성원들을 어떻게 자원화할 것인가?

우리는 어느 지역을 입양할 것인가?

입양과정의 첫 번째 단계는 입양할 모슬렘 종족을 고르는 일이다. 입양을 고려할 전 세계 모슬렘 종족 그룹을 다음과 같이 소개한다.

a. 아랍 모슬렘은 중동과 북아프리카 전역에 걸쳐 20개 이상의 나라에 분포되어 있다. 이 지역의 나라들은 접근하기 어렵지만 몇몇 나라들은 외국인을 환영하기도 한다. 특히 이집트, 팔레스타인, 요르단 그리고 레바논은 모두 외국 방문객을 환영한다. 이 국가에는 1억 명 이상의 모슬렘이 거주하고 있다.

b. 터키 모슬렘은 주로 터키에 살고 있지만 그들과 혈연관계에 있는 모슬렘은 중앙아시아와 남아시아의 '스탄'이라고 명칭되는 -카자흐스탄, 우즈베키스탄, 키르기즈스탄, 아프카니스탄 그리고 파키스탄과 같은- 나라에 넓게 분포하여 거주하고 있다. 그 중 터키는 특별히 서구 방문객들에게 문호가 개방되었으며 8천만 명의 모슬렘이 살고 있다.

c. 남아시아 모슬렘은 인디아, 파키스탄 그리고 방글라데시에 거

주한다. 이들 세 나라는 4억 명 이상의 모슬렘 인구를 가진 세계에서 가장 큰 이슬람 국가들로서 외부인에게 문호가 개방되어 있다. 특히 1억 3천만 명의 모슬렘이 있는 인도는 영어를 구사하는 인구가 세계에서 두 번째로 많기 때문에 영어권 교회에는 좋은 입양 후보지 중 하나이다.

d. 인도네시아와 말레이시아는 2억 명 이상의 모슬렘이 살고 있는 본거지이다. 두 나라 모두 여행자들을 환영하며, 특히 말레이시아에서는 영어가 일반적으로 통용된다.

오늘날은 인터넷으로 사무실이나 집을 떠나지 않고도 모슬렘 종족들에 관한 방대한 양의 정보를 얻을 수 있다. 주님의 도우심을 구하고 한 모슬렘 종족을 선택하라.

다음 비법들을 주목해보라.

※ 현재 선교사나 선교단체가 사역하고 있다는 이유로 그 모슬렘 종족을 선택할지 말지 주저하지 마라. 오히려 광범위하게 복음을 전하고 새 신자를 훈련시킬 현지어로 된 다양한 자료(전도지, 성경, 방송매체 등등)가 이미 축적되어 있기 때문에 더 유리할 수 있다.
※ 선교대상 모슬렘 종족의 구역을 선택할 때 소화할 수 있는 능력의 범주로 좁혀라. 예를 들면, 인도 전역에서 우르두(Urdu)어를 사용하는 1억 명의 모슬렘보다는, 서부 우타르 푸라데시 주의 10만 명의

모슬렘이 거주하는 어떤 도시로 선택하는 것이 좋다. 왜냐하면 이렇게 해야 당신이 과업을 실제적으로 수행할 수 있고 그 진행과정을 예측, 평가할 수 있기 때문이다.

※ 시골 지역의 종족들을 선택하는 것을 주저하지 마라. 대부분의 교회들은 좋은 호텔과 공항이 있는 큰 도시에서 시작하길 원한다. 하지만 모슬렘 교회개척 배가운동은 종종 시골에서 발화되어 대도시로 전이되곤 했다. 따라서 당신이 선호하는 도시를 후보지로 선정할 수도 있겠지만 도시에서 몇 마일 더 떨어진 한적한 곳을 찾아보는 것도 좋을 것이다.

※ 모슬렘 종족들 가운데 하나님께서 이미 사역하고 계신 지역을 찾아라. 그리고 그 지역에서 다른 지역으로 불이 번져가도록 시도하라.

당신이 입양한 지역의 현지 지역 교회들

모슬렘 종족의 교회개척 배가운동은 종종 복잡한 문제에 봉착되기도 한다. 항상 모슬렘 정부나 이슬람 극단주의자들만이 교회개척 배가운동을 저지하는 것은 아니다. 때론 현지 지역 교회가 그 운동의 훼방꾼이 되기도 해 실제 이 운동을 현지 지역 교회에 접목하려 했던 선교사들을 종종 실망시키기도 했다. 하지만 이 운동을 위해 훈련시켜야 할 전도자들과 교회개척자들은 결국 대부분 지역 교회에 출석하는 사람들이기 때문에 새로운 MBB들을 훈련시킬 가장 좋은 곳이 될 수 있다. 하지만 안타깝게도 지금까지 그런 경우는 많지 않았다. 이미 터를 잡고 있는 기존 교단의 현지 교회들은 이 비전을 공유하지 않을 뿐 아니라, 어떤 경우에는 복음전도의 노력을 수포로 돌아가게도 했다. 왜냐하면 이 새로운 전도의 노력으로 박해가 생기면 그들이 가장 큰 위해(危害)를 당하기 때문이다.

그리고 해당 지역의 정황을 훤히 꿰뚫고 있는 선교사가 당신의 사역을 적극 도와줄 수 있는 그런 지역을 선택해야 한다. 그는 기존 지역 교회가 개방해야 하는 필요성과 이제 막 태동하는 지하 교회가 개척운동을 지속해야 하는 필요성 사이에서 어떻게 균형 감각을 유지해야 하는지를 잘 이해하고 있기 때문이다.

현지 지역 교회와 바람직한 관계를 맺기 원한다면 교회 전체와 형식적인 사역관계를 맺지 말고, 그 교회 안에 마음을 같이하는 구성원 한 사람 한 사람과 사역관계를 형성하라.

모슬렘 선교단체

대부분의 모슬렘 선교단체들은 그들이 사역하는 곳을 드러내지 않기 때문에 약간의 조사를 통해 그들의 연결 조직망을 살필 필요가 있다. 도움을 얻을 수 있는 모슬렘 선교단체와 함께 사역을 시작할 수 있는 단체들을 소개한다.

  a. Frontiers 이 선교단체는 지금껏 모슬렘을 향한 열정을 보여준 관록 있는 기관으로 전 세계 많은 모슬렘 거주지에서 사역하고 있다. www.frontiers.org
  b. 아랍 세계 사역팀(Arab World Ministries)은 AWM으로 소개되고

있으며 지금까지 100년 넘게 3억 명의 아랍권 모슬렘을 위해 헌신해 온 선교단체이다. www.awm.Gospelcom.net

c. 미국 남침례교 국제선교부(Suthern Baptist International Mission Board)는 IMB라 통칭되며 교단 소속 선교단체이지만 그리스도께 돌아오는 모슬렘들의 점진적 성장 기록을 집계하기도 한다. 교회개척 운동과 함께 널리 사용되고 있는 낙타 전도법 자료를 www.imb.org에서 얻을 수 있다.

d. C.C.C(Campus Crusade for Christ international)는 세계에서 가장 큰 선교단체 중 하나이다. 전도와 제자훈련에 관한 그들의 열정은 전 지구촌의 모슬렘과 비 모슬렘 지역까지 확장되고 있다. www.ccci.org

e. O.M(Operation Mobilization)은 미전도 종족에게 문서를 보급하는 사역으로 시작된 단체이다. 오늘날도 OM은 계속하여 10/40 창에 거주하는 미전도 종족과 모슬렘들에게 복음을 전하고 있다. www.om.org

f. 예수 전도단(Youth With A Mission)은 이제 더 이상 젊은이들만을 위한 선교단체가 아니다. 10만 명 이상의 선교사가 사역하고 있으며 수많은 지부를 세계 전역에 두고 있다.
www.ywam.org

g. 기타 선교단체 다음과 같다.

Pioneers

TEAM(The Evangelical Alliance Mission)

SIM(Send International Mission)

WEC(Worldwide Evangelization for Christ)

선교사 혹은 선교단체와 동역하기

당신의 교회가 아직 외국에서 교회개척 배가운동에 참여해 본 경험이 없다면 개인 선교사나 선교단체의 행정적 도움과 보호 아래서 사역을 시작하는 것이 좋다. 선교 입양한 모슬렘 지역에 관한 그들 선교단체의 전문적인 지식과 경험을 요청하는 것은 노력한 것만큼의 가치 있는 결과를 얻게 할 것이다. 선교단체들은 이미 가장 효과적으로 수행된 결과 자료와 현지 지역 교회들의 동역 가능성 여부, 그리고 당신이 선교 입양한 지역에서 동원 가능한 교회들에 관해 상세한 정보를 가지고 있다. 하지만 신중하게 선택해야 한다. 왜냐하면 많은 선교단체와 선교사들이 사역을 훌륭히 수행하고 있다고는 하지만 모두가 교회개척 배가운동의 비전을 가지고 있는 것은 아니기 때문이다. 교회개척 배가운동을 착수하기 위한 원리를 이해하고 있는 선교단체와 선교사를 찾는 것이 좋다. 그리고 당신이 교회개척 배가운동의 동일한 비전을 품은 선교사나 선교단체를 발견했다 할지라도 그들이 당신과 협력할 준비가 아직 미진한 상태일 수도 있다. 많은 선교사들이 힘든 사역지에서 수년 동안 신실하게 사역해왔는데 어느 날 검증되지 않은 외국 교회의 선교팀과 동역해야 하는 상황에 직면했다고 생각해보라. 그리고 만일 당신 교회가 미약한 선교열매를 보고 교회개척 배가운동으로 선교전략을 전환하자고 제안한다면, 현지 선교사들이 자신의 목을 조르는 시도로 받아들이지 않겠는가?

하지만 대부분의 선교단체는 모슬렘 세상 밖에 있는 교회들이 풍성한 수확에 동참함으로써 선교의 새로운 장을 열고 있으며, 점점 그 가능성이 밝아오고 있음을 인식하고 있다.

다음은 당신이 선교 입양한 모슬렘 종족을 향해 동일한 관심을 갖고 있는 선교사(혹은 선교단체)와 동역하기 위해 필요한 몇 가지 정보이다.

- 선교사에게 전도 예정지인 행정구역 내의 현지 종족이나 인구분포도와 같은 자료를 갖고 있는지 확인하라. 왜냐하면 종족 그룹의 크기에 따라서는 선교사가 특정한 행정구역을 감당하는 데 약 5~10년이 걸리기 때문에 갖고 있지 않을 수도 있기 때문이다. 그리고 만일 선교사가 자료를 갖고 있어 그 정보를 당신에게 제공할 수 있다면 그 지역을 입양하는 선교사역에 동역이 가능한지도 확인하라.
- 당신이 도움을 받을 선교사와 연락을 주고받아라. 하지만 당신 교회의 목표가 현지 선교사의 사역에 방해되어서는 안 된다는 것을 명심하라.
- 모슬렘 전도에 관한 귀중한 경험과 모든 정보를 선교사로부터 배워라. 경험은 당신이 추구하는 목적을 이룰 수 있는 가장 효과적인 수

단이다.
- 당신이 입양한 지역에 당신의 목적에 방해가 될지도 모를 기독교 단체가 있는지 찾아보라.
- 선교사가 추천하는 통역인을 고용하고, 통역인과 개인적으로 계약하는 것을 피하라.

교회 선교팀의 효율적인 전략 수행을 위해서는 입양지역에 상주하는 인력을 팀원이나 교회 성도들 중에서 신중하게 선택해달라고 요청하라. 당신이 입양한 지역을 위해 교회개척 배가운동 전략을 시도하려는 선교단체를 물색하고, 그 단체를 통해 교회 성도를 파송하도록 하라. 만일 파송 선교기관이 당신 교회가 파송한 선교사(성도)의 재정지원이 불가능하여 그의 모든 필요를 채워줄 수 없는 상황이라면 그들을 지원하고 파송해 줄 다른 선교단체를 찾아라. 그리고 당신 교회에서 파송한 선교사가 입양한 지역에 교회개척 배가운동이 실행되도록 그와 합의를 도출하라.

종족 입양전략을 위한 지도부 구성

교회의 종족 입양전략은 교회 안의 헌신된 소그룹이 이 일에 주도적 관심을 표할 때 가장 생산적이 된다. 입양팀(이제부터 종족 입양계획을 준비하는 사람들을 편의상 '입양팀'이라 부르겠다.)과 비전을 공유한 교회 성도라면 다양한 역할로 참여할 수 있다. 그리고 참여한 자들(팀원)에게는 개인적인 특별한 임무가 주어질 것이다.

팀원들은 아래 임무수행에 필요한 다양한 재능과 영적 은사를 제공할 것이다.

팀 리더(Team Leader)는 팀 모임을 주재하고, 전략에 따라 팀을 이끌며, 진행과정을 점검하고, 팀원 각자에게 개인 임무에 대한 책임감을 심어주고, 팀의 당면한 문제를 해결하며 팀의 대변인으로 섬긴다.

기도팀장(Prayer Mobilizer)은 기도자들의 연결망을 조직하고, 선교 입양지역을 여행 중인 개인과 선교팀을 위한 기도회를 주최하고 인도한다. 그리고 기도팀장은 연구팀장(Research Coordinator)을 도와 기도회와 기도자 모집에 사용할 영적 도해(圖解) 지도나 선교 입양지역의 모슬렘 사진을 수집하는 일을 한다.

연구팀장(Research Coordinator)은 입양 종족과 선교 입양지역 정보를 수집하고, 온라인을 통해 선교 입양지역의 국영 신문과 지방 신문을 읽고 그곳에서 사역하는 선교사나 선교단체, 그리고 현지 교회개척자들과 면담하여 정보를 수집한다. 팀장은 팀의 목적 성취에 도움이 될 필요 재원과 가능성, 그리고 예리한 통찰력으로 선교팀에 도움을 준다.

후방 지원팀장(Saturation Coordinator)은 복음전파 추가 예상 지역과 복음전파의 현황에 관한 지도는 물론 복음증거의 침투 상태를 감지할 수 있는 시스템을 개발한다.

낙타 탑승자(Camel Rider)들은 낙타 전도법으로 사역하는 사람들이거나, 선교 입양지역의 모슬렘에게 복음을 전하고자 현장으로 들어갈 준비를 끝마친 사람들이다. 이들은 또한 입양한 지역의 모슬렘에게 낙타 전도법을 사용할 줄 알아야 하고, 현지 교회개척자들과 MBB들을 훈련시킬 수 있는 자들이어야 한다. 또한 이들은 선교 입양종족에게 배포할 기독교 문서, 모슬렘 친화적인 성경과 『예수』영화 등을 다양하게 준비해야 한다.

입양 동의서

선교 입양사역팀은 기록된 입양 동의서를 준비해야 한다. 입양을 위한 사역 기간을 2년으로 한정하라. 혹자는 교회개척 배가운동의 토대를 세우는 일에 2년은 턱없이 부족하다고 생각할 것이다. 그러나 2년을 전략 기한으로 정한 것은 전략 수행의 급박성을 상기시키기 위함이다. 그리고 입양과정을 1년 혹은 2년 더 연장 할 수 있다. 하지만 한 지역에서 너무 오랫동안 사역하는 것은 새로운 신자들이 당신 교회의 자원만을 바라보는 건강치 못한 의존감에 빠지게 만들 수 있다.

입양 동의서를 목사님과 교회 회중에게 제출하라. 회중도 기도와 헌금과 입양지역 방문 등을 통해 자신들도 참여해야 한다는 것을 분명히 인식해야 한다. 입양팀은 단독으로 전략을 수행하지 말고 교회와 협의하며 입양지역 선교전략을 수행해야 한다.

재정

당신의 교회가 재정적으로 넉넉하다 할지라도 선교 입양지역에 재정을 집행할 때는 심사숙고해야 한다. 왜냐하면 우리는 눈에 보이는 결과를 얻으려고 재정을 너무 쉽게 사용하는 경향[39]이 있어 대부분 걸음마 단계의 교회개척 배가운동이 외부로부터 들어온 기금의 무분별한 집행으로 큰 손해를 보게 되기 때문이다. 그래서 외부 기금의 부정적 효과를 최소화하기 위해 다음의 원칙들을 지키는 것이 좋다.

- 현지 교회 목사님들의 사례금을 지급하지 마라. 현지 교인들이 현지 목사님들의 수입을 책임져야 한다.
- 교회 건물을 건축해주지 마라. 현지 교회 성도들이 직접 교회 건물을 지어야 한다.
- 만일 새 신자에게 구제와 재정적 도움을 제공했다면 이웃 미전도 모슬렘들에게도 똑같은 자선을 베풀어야 함을 잊지 마라. 왜냐하면 이렇게 하면 선한 의도가 소문날 뿐 아니라, 회심자가 돈으로 '매수' 당했다는 비난을 면할 수 있기 때문이다.
- 자신들의 지역을 떠나 다른 곳에서 교회개척 배가운동을 하려고 떠나는 복음 전도자나 평화의 사람들에게는 교통비를 지급할 수 있다. 그러나 현지에 거주하는 현지 평화의 사람에게는 여행 경비가 필요 없으므로 교통비를 주지 마라.

다만 선교사의 역할을 감당하는 사람은 재정지원을 받아야 한다. 여기서 선교사란 새로운 지역에 복음을 가지고 가는 외부자(현지에서 재정적 후원이 없는)를 의미함으로 자신의 마을에서 모슬렘 이웃들에게 전도하는 지역 성도들은 이에 포함되지 않는다.

당신의 선교 입양지역에서 현지 신임 교회개척자를 모집하고 동원하기 위한 지침

- 당신의 선교 입양지역에서 현지 교회들이 전도자들을 이미 후원하고 있는지 파악하라. 교회개척 배가운동을 실행하도록 그들을 격려하고 설득하라.
- 교회개척자를 지원할 때 재정지원을 시작하는 날짜와 종결할 날짜를 명확히 하라.
- 교회개척자가 그리스도인이 되기 전에 받았던 급여 수준 그 이상으로 재정을 지원하지 마라.
- 고아와 과부를 돕기 위한 약간의 기금을 따로 책정하는 것도 염두에 두라. 최일선(最一線)에서 사역하는 현지 교회개척자는 굉장히 위험한 상황에 노출되어 있다. 현장사역 중에 부상을 당한 사역자의 병원 치료비를 준비해놓고, 상황에 따라 그의 가족과 아내를 위해 그 기금을 사용하라.
- 현지인 교회개척자의 재정지원을 결정하기 전에 그에게 작은 사역을 맡겨 보고 그의 헌신, 동기, 인성 그리고 능력 등을 검증하라. 현지인 교회개척자에게 분명한 목표치를 제시하고 책임감을 부여하라.

전도자료

입양 프로그램이 끝나갈 무렵에 당신의 교회는 이렇게 말할 수 있어야 한다. "어떤 모슬렘이건 그들이 복음을 듣고자 한다면 언제든지 들을 수 있게 되었습니다." 혹은 "복음을 접하기 위해 모슬렘 구도자들이 이제 멀리 가지 않아도 됩니다."

이러한 목표를 달성하려면 이미 명쾌하고 효과적이라고 입증된 복음전파용 전도지들을 당신의 선교 입양지역에 흠뻑 뿌려 놓아야 한다. 또한 문맹자를 위해서 『예수』영화나 현지 언어로 된 녹음테이프도 필요하다.

당신의 입양팀은 모슬렘 종족에게 가장 효과적인 전도자료들을 연구 조사해야 한다. 팀원 중 한 명에게 임무를 부여하여 당신의 모슬렘 입양 종족들에게 현재 사용 가능한 토착화 성경, 전도지, 비디오, 성경 통신과정 프로그램, 라디오 복음 방송사역 그리고 복음 인터넷 사이트 등을 포함한 많은 자료들을 견본으로 수집하라. 당신의 목적은 입양기간 안에 그 지역을 복음으로 흠뻑 적시는 것이다.

여러 장소에 교회개척 배가운동을 시도하라

교회개척 배가운동은 하루아침에 이루어지지 않는다. 그것이 태동하기까지는 수년이 걸리기도 한다. 어떤 곳에서는 매우 느리게 성장하는 반면 또 어떤 곳에서는 빠르게 성장하기도 한다. 이런 점을 고려할 때 당신은 선교 입양지역 내에서 여러 곳에 교회개척 배가운동의 기초를 놓는 작업을 시도해야 한다.

여러 곳의 교회개척 배가운동을 시도하면 당신이 상상하지 못했던 방법으로 성장될 수 있다. 서로 다른 지역에서 여러 개의 교회개척 배가운동을 착수함으로써 당신은 여러 결과들을 시험할 수 있을 뿐 아니라, 단일 지역에만 당신의 모든 노력을 집중함으로써 얻게 될지 모를 위험을 최소화할 수 있다.

선교 입양지역에서 여러 곳의 교회개척 배가운동 사역을 시도하는 것은 높은 효율성과 생산성이 있다고 밝혀졌다. 이는 하나의 전략이 한 지역에서 실패하면 다른 곳에선 그 전략을 수정할 수 있기 때문이다.

교회 모든 성도의 동참

교회의 모든 성도가 선교 입양 프로그램에 적극적으로 동참하지는 못한다. 하지만 많은 이들이 특정 부분에서 전략적 과업을 수행하고 싶어 할 것이다. 어떤 이들은 건강과 사업 일정 때문에 선교 입양지역을 직접 방문하지 못할 것이다. 그래서 입양 지도부는 교회 안의 그룹들과 각 개인들을 위한 창조적인 임무를 제공해야 한다. 선교 입양지역에서 영향력을 끼칠 수 있는 일련의 아이디어를 아래와 같이 제공한다.

1. 모든 정치인과 경찰들에게 『예수』비디오를 보낸다. 『예수』영화는 역사상 가장 많은 사람들이 본 영화이다. 당신은 입양팀원

들이 수집한 주소록을 보며 당신의 편지를 받고 가정 혹은 사적인 장소에서 현지어나 영어로 된 『예수』를 볼 가능성이 있는 지역 유지들을 파악하라. 『예수』비디오는 플로리다 올란도의 CCC에서 구입할 수 있다.

(1-800-432-1997, e-mail: jesusfilmstore@jesusfilm.org)

2. 『예수』영화 필름을 구입한 후, 본 교회 성도들을 저녁식사에 초대하라. 입양지역의 전통 음식을 준비하여 식사를 한 후, 선교 입양지역의 정치인과 법률 입안자들을 위해 기도하는 시간을 가져라. 그리고 봉투에 지역 사회 유지들의 주소를 적어라. 『예수』비디오에 손을 얹고 수신인들을 위해 기도한 후 봉투에 『예수』비디오와 자신의 인적사항을 넣고 우편으로 보내라.

3. 입양지역의 모든 도서관에 성경 한 권과 기독교 문서를 우편으로 보내라. 학교와 대학 도서관도 포함하라.

4. 전화번호부, 광고 책자, 홈페이지 등을 통해 e-mail을 수집하여 낙타 전도법과 쪽 복음서를 보내라. 그리고 어떤 수신자가 더 알고 싶다고 관심을 보이면 인터넷으로 누가복음을 보내라.

5. 입양지역 전화번호부에 등재된 모든 비디오 가게에 『예수』비디오를 우편으로 보내라. 그리고 유선 방송회사에도 보내어 크리스마스나 부활절에 상영하도록 요청하라.

6. 모스크와 마드라사에 현지 지역 언어로 된 성경을 보내라.(마드라사는 이슬람 어린이 학교로서 모든 마드라사의 도서관에는 성경 한 권쯤은 비치할 서고가 있다)

7. 선교 입양지역의 현지 교회에 전화하라. 현지 교회에 전화가

있다면 영어로 대화가 가능한 사람을 찾아보라. 그리고 그들의 기도제목을 물어보고 전화로 기도해주며 격려해주라. 그리고 그들의 마을에 예수나 성경에 관해 질문하는 모슬렘이 있는지 물어보라. 만일 있다고 하면 그 모슬렘 구도자의 주소를 물어보아 교회개척자로 하여금 방문하게 하거나 복음자료들을 그들에게 메일로 보내라.

8. 입양지역의 모슬렘과 온라인으로 채팅하라. 이때 낙타 전도법의 토론방법을 사용하라.

9. 입양지역에서 발행되는 신문에 광고나 메시지를 게재하라. 크리스마스나 부활절 시즌이 되면 인터넷 신문에 이들 절기의 진정한 의미를 설명해서 올려라. 그리고 모슬렘들 중에 코르바니 절기를 의미 있게 보내고 싶어하거나, 희생제사의 기원과 진정한 의미를 알고 싶어하는 사람이 있다면 그에게 e-mail을 보낼 것을 요청하라. 편지나 e-mail 펜팔 광고를 올려라.(비용은 신문사에 우편환이나 환어음(Money order)등으로 지불하면 된다.)

10. 선교 입양지역의 신문에 알 이므란 수라 3장 42~55절에서 발견한 그리스도의 위대함을 알리는 논설을 기고하라. 조사를 위해 인터넷을 사용하고, 선교 입양지역 신문사와도 연락하라.

11. 인터넷을 통해 선교 입양지역의 펜팔 친구를 찾아라. 당신의 간증을 기록하여 전하라.

12. 선교 입양지역에 보낼 전도자료와 성경 구입을 위한 기금조성 모임을 조직하라.(모든 마을에 성경책 한 권씩 보낼 목표를 세워

라. 한 도시에 최소한 100권의 성경이 필요할 것이다.)

13. 선교 입양지역에서 살다가 당신의 국가나 지방에 와서 거주하는 모슬렘을 찾아라. 우선 지역의 대학들을 살펴보고, 추수감사절이나 크리스마스 저녁만찬에 학생들을 초대하라.

14. 선교 입양한 지역에 있는 대학에 전화하여 유학 온 학생들이 있는지 물어보라. 그래서 전화나 e-mail을 통해 당신이 만나고 싶어하는 입양지역 출신 학생과 이야기하라. 그 학생들이 당신과 가까운 지역에 살고 있지 않아도 전화로 그들을 격려하고 학생들의 유학 초기 정착을 보살펴주라. 그리고 그리스도인과 생활하게 될 것이므로 기독교를 이해하는 것이 그들에게 좋을 것임을 말해주라.

15. 선교 입양한 지역의 대학교 영문학과(한국어학과)에 문의하라. 혹시 영어 작문(한국어 작문) 연습을 하길 원하는 학생이 있는지 물어보고, 있다면 그들을 당신의 e-mail 펜팔 친구로 만들어라.

16. 입양지역에 당신과 비슷한 업종에 종사하는 사업가와 접촉하기 위하여 전화번호부를 살펴보라. 전화로 사업에 관한 문제를 이야기함으로써 관계를 맺어 당신의 간증을 나누고, 낙타전도법을 사용하여 복음을 전하라.

17. 선교 입양지역의 모슬렘들이 꿈에 예수님을 볼 수 있도록 기도하라. 당신이 선교 입양한 지역의 모슬렘들이 꿈에 예수님을 보도록 기도하는 특별 중보기도 드림팀(Dream Team)을 만들어라.

18. 당신 교회에서 기도사역으로 돕는 사람들에게 선교 입양지역의 소식, 사진 그리고 특별한 기도제목 등을 제공하라. 온라인으로 선교 입양지역의 영어 신문을 읽고, 고난을 받거나 영적 결박 아래 있는 모슬렘들의 기사와 무너지지 않을 것 같은 영적 장벽들을 사진으로 출력하여 기도실에 붙여놓아라.

교회개척 배가운동 전략

당신의 교회개척 배가운동 전략은 두 부분으로 요약된다. 첫 번째는 '평화의 사람 찾기'로 명명(命名)되는 "하나님이 일하시는 곳을 찾아내는 것"이다. 그리고 두 번째는 "하나님의 사역에 동참하는 것"이다.

당신의 목표는 교회개척 배가운동을 시작하는 것이 아니라, 교회개척 배가운동을 시작할 민족을 선교 입양지역에서 찾아내는 것이기 때문에 2년 안에 당신의 입양 프로그램이 완료될 수 있다. 만약 교회개척 배가운동이 당신이 출국한 뒤에 그곳에서 실현되었다면 그것은 당신이 전적으로 평화의 사람을 찾아내서 그들을 지도자로 훈련시켰던 사역의 결과인 것이다. 당신의 첫 번째 선교 입양사역을 학습경험으로 활용하라. 당신이 배운 것을 붙잡고 그 교훈들을 다음 입양사역에 교훈으로 적용하라.

Part one: 하나님이 사역하시는 곳을 찾기

Step one: 모슬렘 종족을 선택하기

이곳저곳에 흩어져 있는 모슬렘 미전도 종족을 위해 기도하고 탐색하는 데 시간을 쏟아라. 모슬렘 종족을 선택할 때 주의할 점은 단지 그곳에 당신의 교회와 관련된 선교사가 있다는 이유로 선택하지 마라. 왜냐하면 당신은 모슬렘 종족을 입양하는 것이지 선교사를 입양하는 것이 아니기 때문이다. 선정과정에서 혼란을 피하기 위해서는 교회 안의 개인이나 소그룹에게 선택권을 주고, 당신의 거주지에 특정 모슬렘 종족이 살고 있다면 그들의 생각도 물어보라.

마지막으로 모슬렘 종족을 선택할 때 이미 교회개척 배가운동이 시작되어 있거나, 혹은 교회개척 배가운동이 태동하는 모슬렘과 비모슬렘 교회 근처에 거주하는 종족을 선정하라. 당신은 성공적으로 정착된 교회개척 배가운동의 영향권에서 멀리 떨어진 모슬렘 종족들의 지역을 입양하고 싶겠지만 교회개척 배가운동이 일어난 주변에서 성공적으로 전도에 사용된 결과들은 당신이 그 지역을 입양하여 선교할 때 많은 도움이 될 것이다.

Step Two: 자료 준비하기

인터넷이나 여러 다른 정보들을 사용하여 선교 입양족종들의 정보 개요표를 만들어라. 몇몇 선교단체들은 이미 거의 모든 모슬렘 종족의 정보에 대한 윤곽을 그려놓고 있다.

Step Three: 갈렙팀 조직하기

선교 현장을 답사할 팀을 만들어라. 이 팀을 '갈렙팀'이라 부르자. 그들은 모세가 약속의 땅을 정탐하기 위해 파송했던 여호수아와 갈렙과 유사한 형태로 섬길 것이다. 많은 그리스도인들이 모슬렘 종족들을 마치 위협적인 거인처럼 여기기 때문에 갈렙팀의 긍정적인 보고는 매우 중요하게 활용될 것이다.

갈렙팀의 역할은 선교 공동체의 운명을 결정할 수도 있다. 그들의 보고를 기초로 입양팀이 전략을 세우기 때문에 만약 갈렙팀이 불확실한 정보를 가져오면 세밀한 전략을 수립하는 데 그만큼의 어려움이 있을 수 있다. 2년 안에 입양 목적을 완수하기 위해서는 보다 신뢰할 만한 특별한 정보가 필요하다. 갈렙팀이 지역 정탐을 하기 위해서는 최소한 8일 정도의 기간이 필요하다. 하지만 팀이 현장을 방문하기 전에 선교 입양지역을 확정했다면 그보다 짧은 시간이 소요될 것이다. 그리고 인터넷이나 선교 입양지역 근처의 선교사에게 팀이 찾고 있는 어떤 특정 정보들을 얻을 수도 있다.

Step Four: 전략 세우기

당신의 계획은 비전이 분명해야 한다. 당신의 비전은 아래 사항들을 포함해야 한다.

1) 선교 입양종족의 지역에서 하나님이 역사하시는 곳을 확인하는 것.
2) 복음과 기도로 당신의 선교 입양지역을 흠뻑 적시는 것.
3) 선교 입양지역에서 하나님의 평화의 사람들을 찾는 것.

입양팀은 복음을 흠뻑 스며들게 하려는 목적을 성취하는 데 필요한 계획들을 수정하고, 평화의 사람을 찾아 교회개척 배가운동을 착수하는 등 모든 진행과정을 매달 평가해야 한다. 2년의 기한이 마치면 한 해를 연장할 필요가 있는지 결정할 수 있다. 그리고 도움이 될 만한 외부인이나 단체를 초청하고 동역하는 것을 꺼리지 마라.

(자신들의 선교 입양지역에 기독교 문서배포 사역기금이 필요했던 어떤 교회는 이웃 교회의 선교사업 기금에 도움을 요청했다. 이웃 교회의 도움이 없었다면 그 선교 사업은 불가능했을 것이다.)

전략 수립을 위한 참고자료로 아래 개요들을 참고하라.

I. Part one: _____지역의 _____종족 가운데 사역하시는 하나님을 찾기
  A. 갈렙팀 정탐 여정
  B. 복음 침투전략
  C. 기도전략
  D. 확인된 평화의 사람
   1)_____
   2)_____
   3)_____
   4)_____

II. Part Two: 하나님의 사역에 동참하기

전략의 두 번째는 하나님께서 사역하시는 곳을 찾아 그분께 모든 것을 맡기는 것이다. 이 단계에서는 어떤 지침도 필요하지 않다. 다만 당신이 판단하고 결정할 일이다. 명심할 것은 당신이 평화의 사람을 찾았다면 그곳은 하나님이 역사하시는 곳이 분명하다는 것이다. 누가복음 10장 7절에 나오는 예수님의 명령을 따라, 당신은 지금 하는 일을 즉시 멈추고 평화의 사람을 격려하고 훈련하여 그 사람의 마을에 새로운 교회를 개척하시려는 하나님의 비전을 그와 나누는 일에 시간을 투자하라.

결론

당신의 교회는 지금 국내와 국외의 모슬렘들을 향한 구원의 도전에 응답하고 있는가? 과연 교회는 선교 사명을 감당하고 세계의 수많은 미전도 공동체 위에 교회개척 배가운동을 점화시킬 수 있을까? 지난 수 세기 동안 이것은 상상조차 할 수 없는 일이었다. 하지만 오늘날은 의사소통 매체, 교통, 정보통신 분야의 획기적인 발달로 말미암아 기독교 선교 지평도 급속하게 확장되고 있다. 10년 전에는 불가능했던 일들이 오늘날은 가능해졌을 뿐 아니라 시시각각 그 일의 유효 기한도 짧아지고 있다. 사람으로서는 불가능하지만 하나님은 가능하시다.

만일 한 지역 교회가 모슬렘 세계의 중심 지역에서 새로운 교회개척 배가운동을 시작할 수 있다면, 그것은 현대 선교의 새로운 지평을 선도하는 사건이 될 것이다. 그렇게 되면 선진국의 많은 교회는 곧 현장 선교사들을 후원할 뿐 아니라 그 교회들도 하나의 선교사가 될 것이다.

---

39) 『하나님의 교회개척 배가운동』 pp. 290-295. 태동하는 CPM에 외부로부터 재정을 지원하는 것은 치명적일 수 있다. 데이비드 게리슨은 외국 재정의 오용을 '사탄의 캔디'라고 불렀다. 하지만 외부 기금의 사용을 전면 부정하는 것은 아니다. 후에 그는 이렇게 언급했다. "불신자들은 자기 민족의 복음화를 위해 돈을 지불하지 않는다"(p.313).

용어해설

알 이므란(Al-Imran) - 코란의 수라, 혹은 3장의 제목이다. 가끔 모세의 가족과 연관된 '이므란의 가족'이라고 번역하기도 한다. 출애굽기 6장 20절에는 모세의 아버지를 아므람(Amram)이라고 기록하고 있다.

알라(Allah) - 세상과 역사를 창조하신 하나님의 아랍식 이름이다. 이슬람 종교가 탄생하기 전에 사용된 호칭이다. 6세기(모하메드가 태어나기 100년 전)에 아랍 그리스도인들의 묘비에서 그 이름이 발견되었다. 서부 아프리카 하우사족에서부터 인도네시아에 거하는 모슬렘과 그리스도인 모두가 하나님을 이 호칭으로 부른다.

C1에서 C6까지 - 인도네시아 선교사인 존 트라비스(John Travis)가 고안한 것으로 모슬렘 전도에 있어 상황화의 단계별로 분류한 것이다. C1은 상황화가 가장 낮은 단계이고, C6는 가장 높은 단계이다. C1 단계의 MBB는 전통적인 서구 기독교의 언어와 예배 형태를 취한다. 그리고 C6 단계의 MBB는 자신들의 공동체에서는

모슬렘처럼 살아가지만 이들은 은밀하게 그리스도를 경배하는 자들이다.

상황화(Contextualization) – 기독교의 형태와 모양과 신앙 언어와 메시지를 전도 대상자들에게 맞추려는 노력.

상황화된 성경(Contextualized Bible) – 아래의 모슬렘 친화적 성경을 보라.

이드(Eid) – 모슬렘의 성일이나 절기를 말한다. 매주 금요일 예배 외에 매년 모슬렘이 지키는 두 개의 특별한 절기가 있는데, 이드 알-휘트르(Eid al-Fitr)와 코르바니 이드(Korbani -Eid)이다.

이드 알 휘트르(Eid al-Fitr) –문자적으로 '금식을 파하는 절기'인데, 라마단 금식 기간의 마지막 명절날이다.

이드 알 카비르(Eid al-Kabir) – 문자적으로 '큰 명절'을 의미하며, 쿠르바니 이드(Korbani -Eid) 혹은 이드 알 아다하(Eid al-adha)의 또 다른 이름이다.

이맘(Imam) – 문자적으로 '앞에 선 사람'을 의미한다. 모스크나 이슬람 공동체의 지도자를 지칭하는 용어이다. MBB들도 자신들의 기독교 지도자를 부를 때 이 용어를 사용한다.

인질(Injil) - 복음서와 신약성경의 일반적인 이슬람식 명칭.

토착화(Indigenization) - 문자적으로 '내부에서 생성됨'을 의미하고, 외국인의 사역에 의존하기보다 현지인 스스로가 전도하여 새 교회를 개척하고 지도자와 신학을 세우는 현지 성도들과 연관된 용어이다.

이사(Isa) - 코란에서 발견되는 예수님의 이슬람식 이름.

이사 알 마시(Isa al-Masih) - 문자적으로 '예수 그리스도'를 뜻한다. 코란에서 발견되는 예수 그리스도의 이슬람식 호칭.

이샤이(Isahi) - 예수께 속한 사람을 의미함. MBB들이 스스로를 부르는 호칭이다. 그들은 예수를 따르면서, 하나님의 뜻에 복종하는 사람이라는 뜻의 '모슬렘'이란 용어와 함께 사용한다.

자마아트(Jamaat) - 문자적으로 '모임이나 공동체'를 의미한다. 종교 공동체를 지칭하는 용어로 이샤이들에게는 '교회'를, 모슬렘들에게는 '모스크'를 의미한다.

지부릴(Jibril) - 천사 가브리엘의 아랍식 이름.

지하드(Jihad) - 문자적으로 '몸부림'을 의미하며 이슬람의 거룩한 성전(聖戰)을 의미하지만, 실제로는 하나님이 기뻐하시는 순결한 삶을 살고자하는 몸부림을 의미한다.

기탑(Kitab) – 문자적으로 '책'을 의미하고 코란에서는 유대인이나 기독교인 혹은 모슬렘들이 사용하는 종교 경전을 의미한다.

기탑 알 모콰디스(Kitab al-Moqaddis) – 문자적으로 '거룩한 책'을 의미하며 코란보다 먼저 있었던 책들을 의미한다. 이 책들은 구약과 신약으로 나누어져 있다. 아랍에서는 토라와 자부르와 인질을 거룩한 책이라 부른다.

코르반(Korban) – 문자적으로 '희생'을 의미하며 죄의 용서를 위해 알라께 매년 드리는 이슬람의 희생제사이다.

L10 전도 – 누가복음 10장에 나오는 평화의 사람을 찾으라는 명령과 관련된 전도법이다.

평화의 사람(Man of Peace) – 예수님이 마태복음 10장 11·13절과 누가복음 10장 5~6절에서 소개하신 용어로 복음이 선포되었을 때 복음의 메시지에 반응하도록 준비된 남녀 개개인을 의미한다.

마드라사(Madrasa) – 모슬렘 소년들의 초등교육과 종교교육을 위한 이슬람 학교의 명칭.

마리얌(Maryam) - 예수님의 어머니인 마리아의 아랍식 이름.

마시(Masih) - 메시아 혹은 그리스도의 아랍어 단어.

MBB - 모슬렘 출신 신자(Muslim Background Believer)의 줄임말.

모슬렘 친화적 성경 - 모슬렘 독자들을 위해 그들에게 익숙한 아랍식 이름과 용어를 사용하여 상황화한 성경 번역본.

코란(Quran) - 문자적으로는 '암송'을 의미하며, 천사 가브리엘이 모하메드에게 계시하였다고 전하는 모슬렘들의 경전으로 114개의 '수라' 라고 불리는 장(Chapter)으로 이루어져 있다.

라마단(Ramadan) - 모슬렘의 금식하는 달로 라마잔(Ramazan) 혹은 람잔(Ramzan)으로 발음하기도 한다.

토라트(Taurat) - 구약성경 모세오경의 코란식 이름.

자부르(Zabur) - 모세오경 외에 구약성경의 다른 책들에 관한 코란식 이름.

CPM - 교회개척 배가운동(Church Planting Movements)의 줄임말.